제3판

관광 · 호텔

인적자원관리론

Human Resource Management

공 기 열 저

기문사
www.kimoonsa.co.kr

머리말 P·r·e·f·a·c·e

McKinsey & Company의 회장은 "미래는 인재확보 전쟁의 시대(the war of talents)가 될 것"이라고 예견하였고, 또한 삼성의 이건희회장은 "디지털시대는 총칼이 아닌 사람의 머리로 싸우는 두뇌전쟁의 시대"라고 역설하였듯이 오늘날 우리는 21세기 디지털혁명의 소용돌이 속에서 세계를 무대로 뛰어야 하는 무한경쟁의 시대에 살고 있다.

이처럼 인적자원관리의 새로운 패러다임이 요구되는 오늘날의 현실속에서는 기업이 곧 사람이며 기업의 성패는 사람에 의하여 결정되므로, 인적자원의 관리에 대한 전략과 전술의 중요성이 그 어느 때보다도 강조되고 있다.

이러한 현상은 오늘날 날로 발전해 가는 관광호텔산업에서도 예외가 될 수 없으며, 이에 따라 저자들은 지금까지 이 분야에 대한 교재가 다소 부족한 점을 깨닫고, 기존의 훌륭한 저서들을 토대로 하여 약 20여 년 동안 관련산업에 종사하면서 쌓은 부족한 지식과 경험에 바탕한 실무적 내용을 담아 이 분야를 공부하는 학생들에게 도움을 제공하고자 노력하였다.

그러나 본 저서의 내용은 저자의 성의와 노력의 부족으로 아직 많이 개선되어야 할 것으로 생각하며, 따라서 이에 대한 강호제현의 가감없는 지도와 편달을 기대한다.

끝으로 본 졸저가 나오기까지 애써주신 기문사의 임직원 여러분들께 감사드리며, 아울러 원고작업에 도움을 준 상현, 재은, 재석 등 다정한 친구들에게 진심으로 고마움을 표한다.

2019년

저자 씀

차 례 C·o·n·t·e·n·t·s

관광 · 호텔 인적자원관리론

제1장

조직

관광 · 호텔
인적자원관리론

1장

01

조직

제1절 조직의 개념과 특성

인류가 발견한 4대 발명품은 흔히 불, 언어, 수레바퀴, 그리고 조직이라고 일컬어진다. 이들 중에서 현대생활을 영위하기 위해서 가장 중요한 것은 무엇일까? 그것은 바로 조직이라고 할 수 있다.

왜냐하면 불과 언어와 수레바퀴가 없으면 살아가는데 불편하지만 버틸 수는 있다. 그러나 조직의 혜택이 없이는 이 세상에 태어날 수도 없고, 공부를 하거나 또는 일을 할 수도 없으며, 또한 제대로 죽을 수도 없다. 왜냐하면 사람이 태어나기 위해서는 병원이 필요하고 공부를 하기 위해서는 학교와 같은 교육기관이 필요하며 또한 죽어서 땅에 묻히기 위해서는 장의사가 필요한데 이들 모두가 바로 조직이기 때문이다.

이처럼 인간은 태어나자마자 조직의 도움으로 이 세상에 왔다가 조직의 울타리 안에 속하여 살다가 조직의 도움으로 저 세상으로 간다. 즉 인간은 조직을 떠나서 존재할 수 없을만큼 조직과 불가분의 관계를 갖고 평생 조직의 신세를 지지 않을 수 없는 조직인이며, 이러한 현상은 문명의 발달과 함께 앞으로 더욱 심화될 것이다.

그러면 사회를 구성하는 수많은 조직(organization)이란 과연 무엇이며 어떠한 특성을 지니는가? 조직에 대해서는 여러 가지로 정의할 수 있지만 한마디로 원하는 것을 이루기 위해 체계적으로 일하는 사람들의 모임이라고 할 수 있다. 우리는 조직을 통해서 일을 하고 꿈을 달성하려고 한다. 그래서 인생의 대부분을 학교, 직장, 종교단체 등 여러 형태의 조직에 속하면서 남과 더불어 생활하고 있다.

이러한 조직이 무엇인지 보다 자세히 알아보기 위해 조직의 특성을 간단히 살펴보면 다음과 같다.

❶ 공동목표

조직은 공동의 목표를 갖는다. 즉 조직의 구성원들은 물건이나 서비스를 생산하여 이익을 남기고, 아픈 사람을 치료해 주고, 친목을 도모하는 등의 경우와 같이 동일한 조직원들끼리 동일하게 느끼는 공동의 목표가 있다. 물론 이러한 목표에는 영리적인 것도 있는가 하면 비영리적인 것도 있으며 또한 공적이거나 사적인 목표도 있다. 아무튼 이 세상의 수많은 조직들은 그 조직 나름대로의 다양한 목표를 지닌다. 또한 그 목표가 달성되거나 목표가 분명하지 않을 때 조직은 사라지기도 한다.

❷ 분업

조직에는 업무가 분업화되어 있다. 왜냐하면 조직원들의 능력과 적성을 고려하여 업무를 분담하여 추진하면 높은 성과를 올릴 수 있기 때문이다. 그래서 기업이라는 조직에는 보통 인사, 재정, 마케팅, 구매 등과 같이 다양한 부서를 두어 업무를 분담시킨다.

❸ 권한체계

조직은 조직 구성원들의 권한에 차이를 둔다. 즉 조직은 효율적인 업무추진을 통해 성과를 높이고 공정한 대우를 위해 조직원들의 업적, 능력 등에 따라 권한에 차이를 둔다.

❹ 유기체

조직은 유기체이다. 유기체(system)란 상호 관련된 개체들이 모여서 하나의 큰 조직을 이루는 것을 말한다. 사람의 몸이 음식물과 공기를 받아들이고 배설해야 하듯이 조직도 바깥과 상호작용을 계속한다. 그래서 조건이 적합하면 성장을 하고 나쁘면 소멸한다. 예를 들어 기업은 인력, 자금, 원자재, 정보자원을 원활하게 공급받아 제품이나 서비스를 팔 수 있을 때에만 존재할 수 있다.

제2절 조직의 유형

1. 단순조직

단순조직이란 경영자와 소수의 종업원으로 구성되어 있는 조직을 말하며 이러한 조직에서는 과업이 세분화되어 있지 않고 규칙이나 절차도 명확하지 않으며, 따라서 경영자가 모든 의사결정을 직접 내리며 모든 활동을 감독하며 그 아래의 종업원들은 여러 가지 업무를 수행한다.

이러한 조직은 특정 시장영역을 대상으로 소수의 제품이나 서비스를 생산, 판매하는 소규모의 창업자형 기업에서 쉽게 볼 수 있으며, 권한의 집중으로 의사결정이 신속하여 시장의 변화에 재빨리 대응할 수 있는 반면, 표준화된 절차가 없기 때문에 구성원들의 갈등과 혼란이 초래될 수 있다.

■ 단순조직

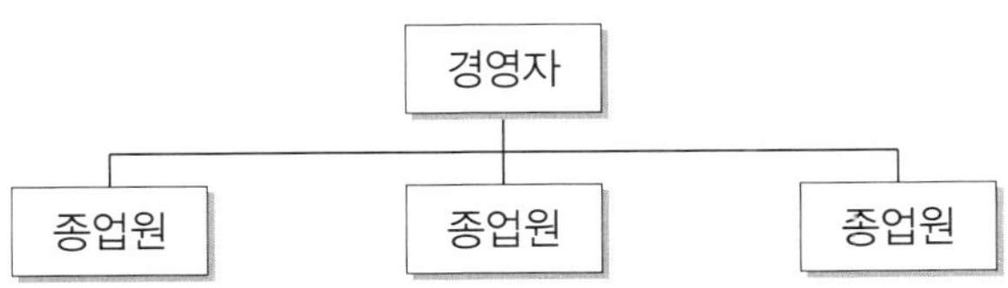

2. 기능별 조직

기능별 조직이란 유사한 기능을 수행하는 부문들로 집단화하여 전문성을 지닌 관리자가 해당 부문을 관리하는 조직을 말한다. 이러한 조직은 유사한 과업을 수행하는 사람들을 동일한 조직단위에 배치함으로써 전문성이 촉진되고, 효과적인 운영 및 통제가 가능하여 기업활동의 효율성이 증대되고 비용이 절감되는 장점이 있다. 반면에 부서 간의 의사소통이 잘 되지 않아 업무조정에 시간이 많이 소요되므로 환경변화에 신속하게 대응하기 어렵다.

■기능별 조직

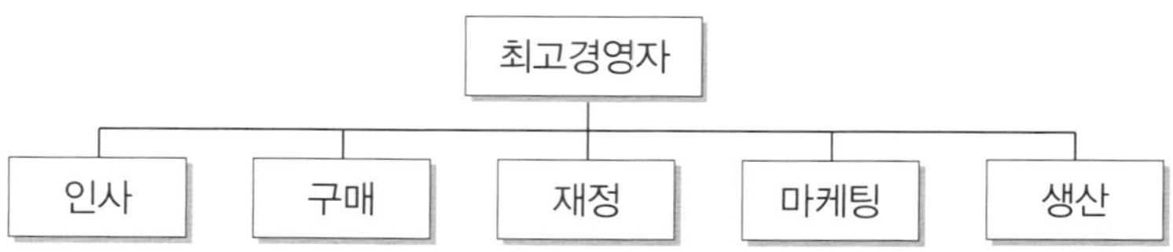

3. 사업부 조직

사업부 조직이란 기업 내 각 사업부별로 생산, 마케팅, 인사, 재정 등 모든 기능에 대한 권한이 부여되어 독립적으로 운영되는 조직을 말한다. 이러한 조직은 사업부에 대한 권한위양을 통해 환경변화에 신속, 유연하게 대응할 수 있고, 최고경영자가 회사 전체의 전략적 의사결정에만 시간과 노력을 집중할 수 있으며, 사업부의 성과에 대한 평가가 용이하므로 경영자가 기업활동을 통제하기 쉽다. 반면에 자원의 중복으로 인한 비효율성이 초래되고 관리비용이 증대된다. 또한 사업부 관리자와 본사 스태프간에 마찰이나 갈등의 소지가 있다.

■사업부 조직

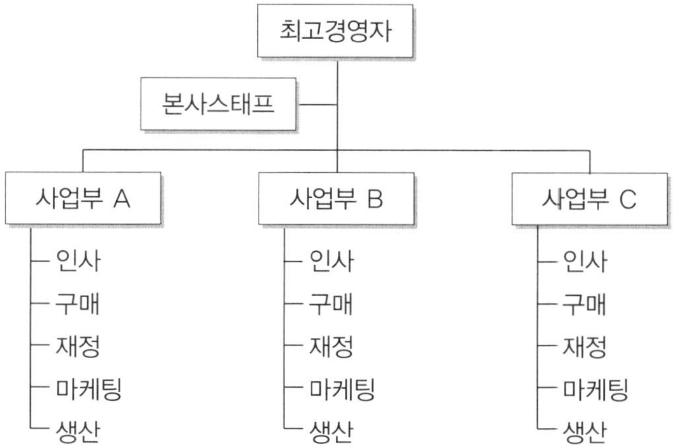

제3절 호텔의 조직

호텔의 조직도 하나의 조직이므로 일반기업에서 볼 수 있는 부서들도 있으나 반면에 호텔조직의 특성상 일반기업에서는 볼 수 없는 부서들이 있다. 일반기업의 경우와 유사한 부서로는 인사부, 구매부, 재정부, 시설부, 판촉부, 안전관리부 등이 있으며 반면에 호텔에만 있는 부서로는 객실부, 객실관리부, 식음료부 및 조리부 등이 있다.

또한 우리나라 호텔의 조직은 크게 Chain형과 Local형으로 나누어 볼 수 있는데, 먼저 Chain형 호텔에서는 최고경영자는 총지배인이며 그를 가장 가까이에서 보좌하는 사람은 부총지배인과 Operation Analyst, 그리고 1~2명의 Secretary이다. 총지배인은 10개 정도의 각 부서를 책임지고 있는 부서장들을 관리, 감독하며 호텔을 운영한다. Chain 호텔의 조직은 대부분 이러한 형태를 띠고 있다.

한편 Local형 호텔의 경우는 대표이사가 최고경영자가 되며 모든 부서들을 크게 관리파트(Back Side)와 영업파트(Front Side)로 분류하여 각 파트별로 임원을 두고 있다. 관리담당임원 밑에는 인사부, 구매부, 재정부, 시설부 등이 있으며, 영업담당임원 밑에는 판촉부, 객실부, 식음료부, 객실관리부, 조리부 등이 속해 있다.

■ 일반적 호텔의 조직

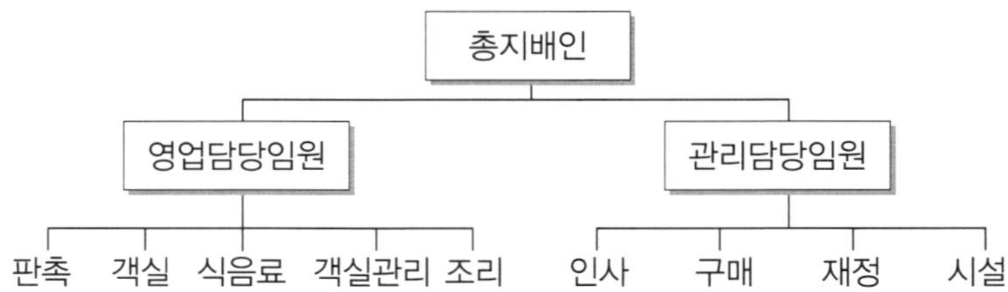

■R호텔의 조직

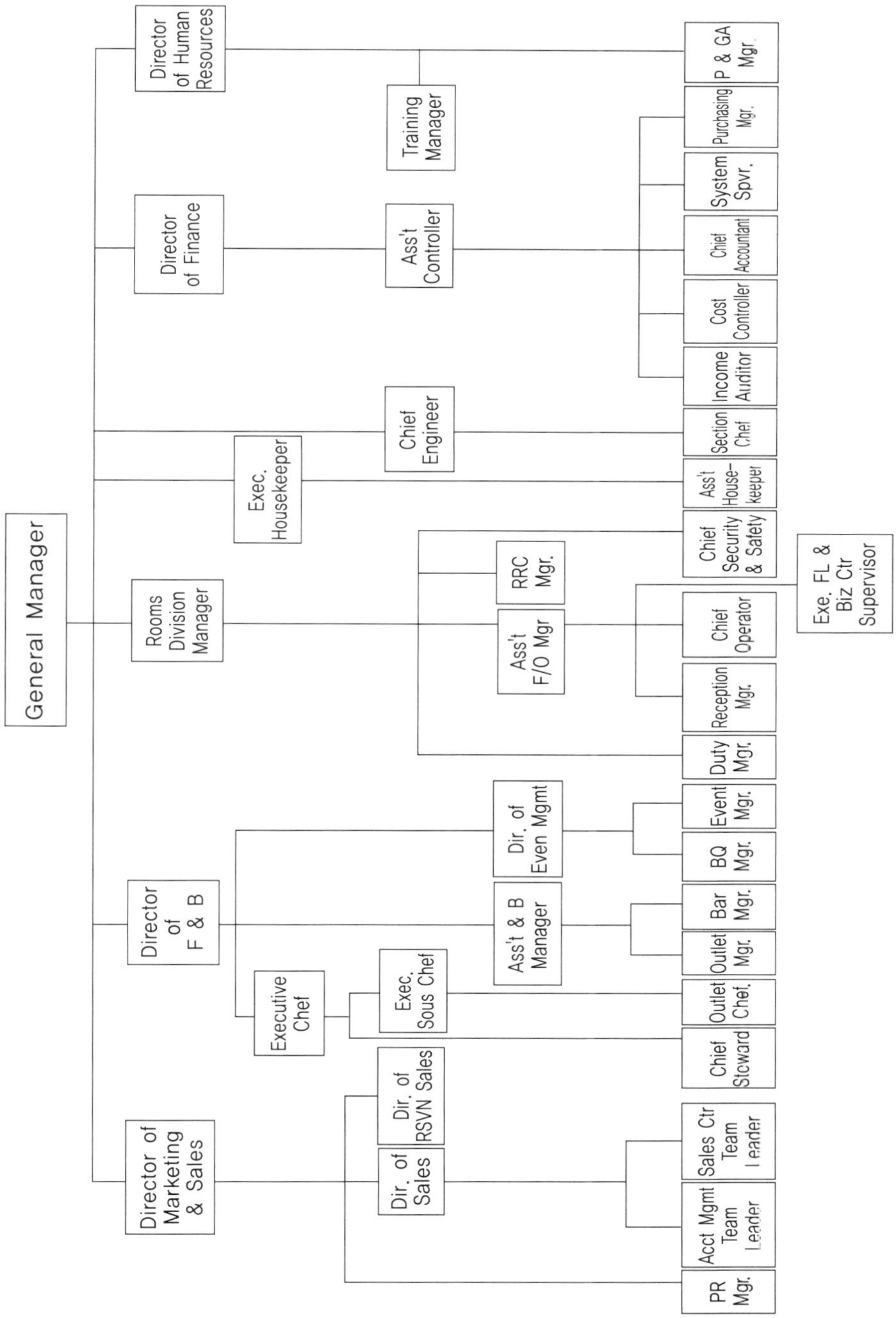
General Manager
Director of Human Resources
Training Manager
P & GA Mgr.
Director of Finance
Ass't Controller
Purchasing Mgr.
System Spvr.
Chief Accountant
Cost Controller
Income Auditor
Chief Engineer
Section Chef
Exec. Housekeeper
Ass't House-keeper
Rooms Division Manager
RRC Mgr.
Ass't F/O Mgr
Chief Security & Safety
Chief Operator
Exe. FL & Biz Ctr Supervisor
Reception Mgr.
Duty Mgr.
Director of F & B
Dir. of Even Mgmt
Event Mgr.
BQ Mgr.
Ass't & B Manager
Bar Mgr.
Outlet Mgr.
Executive Chef
Exec. Sous Chef
Outlet Chef.
Chief Steward
Director of Marketing & Sales
Dir. of RSVN Sales
Dir. of Sales
Sales Ctr Team Leader
Acct Mgmt Team Leader
PR Mgr.

■G호텔의 조직

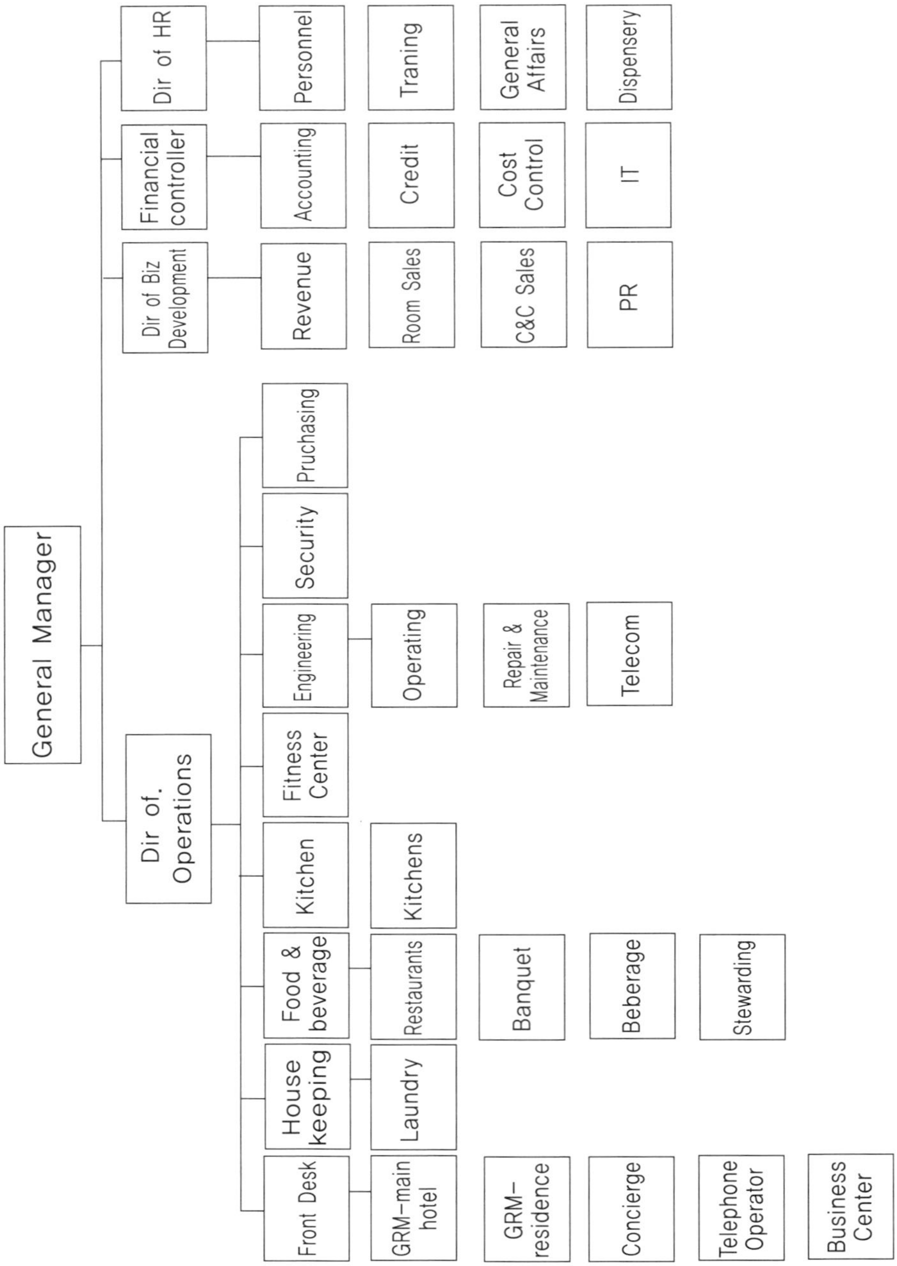
General Manager
Dir of HR
Personnel
Traning
General Affairs
Dispensery
Financial controller
Accounting
Credit
Cost Control
IT
Dir of Biz Development
Revenue
Room Sales
C&C Sales
PR
Dir of. Operations
Pruchasing
Security
Engineering
Operating
Repair & Maintenance
Telecom
Fitness Center
Kitchen
Kitchens
Food & beverage
Restaurants
Banquet
Beberage
Stewarding
House keeping
Laundry
Front Desk
GRM-main hotel
GRM-residence
Concierge
Telephone Operator
Business Center

■W호텔의 조직

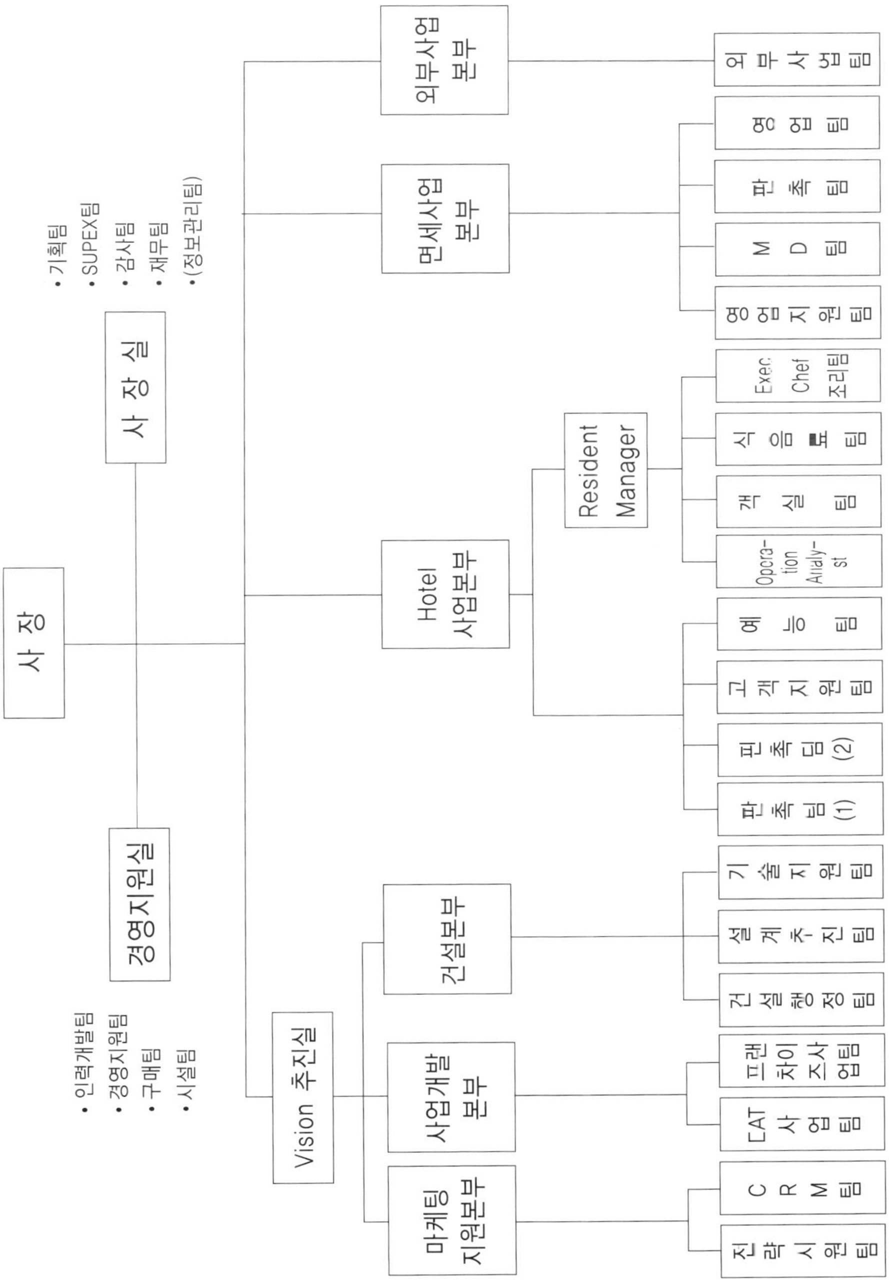

자료 : 이순구 · 서원석, 호텔인사관리론, 대왕사, 2004, pp.28~31.

사례연구 제조업의 상징 GE, 111년만에 다우지수서 쫓겨나

에디슨 · 잭 웰치 · 이멜트… GE의 사람들 – 제너럴일렉트릭(GE)은 발명가 토머스 에디슨(왼쪽 사진)이 1878년 창업해, 한때 미국 최대 시가총액을 기록했던 미 제조업의 상징이었다. 1981년부터 2001년까지 GE를 이끌었던 잭 웰치(중간쪽 사진의 왼쪽) 회장은 GE를 의료기기 · 미디어 분야를 아우르는 세계 최대 복합 기업으로 키웠다. 하지만 그의 후임자 제프리 이멜트(중간쪽 사진의 오른쪽) 때 GE는 금융업에 집중하며 경쟁력 없는 공룡이 됐다.

"5년, 10년 뒤 무엇을 먹고 살지 생각하면 등에서 식은땀이 흐른다." 2002년 삼성그룹 송년 모임에서 이건희 회장이 한 말이다. 그해 삼성그룹은 창사 이래 최대 실적을 올렸다. 일각에서는 과장된 말이라고 했다. 그러나 기업의 세계에서 그 말은 단순한 레토릭(수사)이 아니라 현실이었다. 한때 미국 기업 시가총액 1위였던 제너럴일렉트릭(GE)이 다우존스 산업평균지수(DJIA)를 구성하는 30개 종목에서 111년 만에 빠지게 됐다. '토머스 에디슨이 창업한 기업' 이자 '제조업의 상징' '세계 모든 기업의 경영 교과서' 이기도 했던 GE가 안이한 경영과 미래에 대한 대처 부족으로 추락한 것이다.

19일(현지 시각) 스탠더드앤드푸어스(S&P) 다우지수 위원회는 GE를 오는 26일부터 다우지수 구성 종목에서 제외하고, 약국 체인업체 월그린스 부츠 얼라이언스로 대체한다고 발표했다. 1907년 이후 111년간 다우지수의 대표 기업이었던 GE가 지수에서 빠지면서 다우지수의 원년 멤버는 하나도 남지 못하게 됐다.GE는 미국뿐 아니라 전 세계 기업의 '선생님' 이었다. 1981년부터 2001년까지 GE를 이끌었던 잭 웰치 회장은 1000개에 달하는 기업 인수를 통해 전력, 기관차, 항공엔진 산업으로 성장한 GE를 금융, 의료기기, 미디어

분야까지 아우르는 세계 최대의 복합 공룡기업으로 변신시켰다. 2000년 GE의 시가총액은 5940억달러(약 660조원)로 미국 1위에 올랐고, 웰치는 '경영의 신(神)' 으로 불렸다.

이 시기 세계 모든 기업은 GE 벤치마킹에 나섰다. GE가 운영하는 '글로벌 인재 사관학교' '크로톤빌 연수원' 에는 세계 각국의 최고경영자(CEO)와 정 · 관계 유력 인사들이 프로그램 참여를 위해 '줄' 까지 대며 몰려들었다. 삼성전자 이재용 부회장도 크로톤빌에서 교육을 받았다. 이곳에서 교육받은 국내 인사들이 모임을 만들어 'GE 인맥' 을 형성할 정도였다. 웰치의 뒤를 이어 2001년 CEO에 오른 제프리 이멜트 회장은 웰치가 설립한 미국 최대 대부회사 GE캐피털이 한때 GE 전체 영업이익의 60%를 차지할 만큼 급성장하자 GE캐피털을 통해 조달한 돈으로 다른 계열사의 해외 사업에 투자하는 '문어발 확장' 을 계속했다.

월스트리트저널(WSJ)은 GE의 몰락에 대해 "금융업에서 제대로 벗어나지 못했고, 경쟁력 저하를 막지 못했기 때문"이라고 분석했다. 손쉬운 금융사업에서 나오는 이익에 취해 본업인 제조업 경쟁력을 잃어버렸다는 것이다.

2008년 금융 위기 때 GE캐피털은 직격탄을 맞아 연방정부에서 1390억달러를 빌려 겨우 연명하게 되자 이멜트는 "제조업 근본으로 돌아가자"며 구조조정에 나섰지만 이미 거함은 기울어가고 있었다. 지난해 8월 '구원투수'로 등장한 존 플래너리 CEO도 10개가 넘는 사업을 정리하고 전력 부문에서 1만2000명을 감원했지만 역부족이었다.

GE 주가는 다우지수가 15% 오른 지난 1년간 혼자서 53%나 떨어졌다. '투자의 귀재' 워런 버핏 버크셔 해서웨이 회장이 지난해 GE 지분 전량을 처분한 것도 GE 주가에는 치명타가 됐다. GE 주가는 19일 12.95달러로 마감, 다우지수 편입 30개 기업 중 최고가 종목인 보잉(344.47달러)의 30분의 1 남짓한 수준까지 떨어져 퇴출이 불가피하게 됐다.

GE의 퇴출로 다우지수에서 전통 제조업은 보잉, 캐터필러만 남게 됐다. S&P 다우지수 위원회는 "미국의 경제는 변했다. 이제 미국 경제에서 소매와 금융, 헬스케어, 테크놀로지 기업이 더 대표성을 띤다"고 설명했다.

GE의 몰락은 남의 일이 아니라는 지적이 나온다. 한 대기업 임원은 "4차 산업혁명에 제대로 대비하지 못하면 한순간에 나락에 빠지게 되는 게 냉혹한 기업현실"이라며 "이런 때에 개별기업의 사업 내용까지 간섭하며 경쟁력을 옭아매는 정책이 쏟아지고 있는 게 매우 걱정스럽다"고 말했다.

☞ 다우존스 산업평균지수(DJIA)

미국 기업정보회사 다우존스가 뉴욕 증시에 상장된 애플, 나이키, 보잉, 코카콜라, 월트디즈니 등 30개 우량 기업의 주가를 평균해 산출하는 지수. 1896년 미국 월스트리트저널 편집장 찰스 다우(Dow)가 발표했다. 스탠더드앤드푸어스(S&P)500지수, 나스닥 종합지수와 함께 미국 증시 동향과 시세를 알려주는 3대 지수 중 하나다.

〈조선일보 2018. 6. 21〉

제2장 집단

관광 · 호텔
인적자원관리론

2장

02

집단

제1절 집단의 개념과 특성

흔히 사람들이 모이면 그것을 집단(group)이라고 부른다. 그러나 엄격한 의미에서 사람들의 단순한 모임과 집단은 다르다. 즉 시장이나 버스터미널에 모인 군중들은 집단이 아니다. 그러면 집단이란 무엇이며 왜 필요한가? 집단이란 여러 가지로 정의되고 있지만 한마디로 공동의 목표를 달성하기 위해 노력하는 집합체라고 할 수 있다.

이러한 집단의 성격을 보다 정확히 파악하기 위해 집단의 특성을 알아보자. 먼저 집단은 공동목표를 갖고 있어야 한다. 그것은 주어진 과업을 달성하려는 것일 수도 있고 어떤 경우에는 공동이해나 관심을 충족시키려는 사회적 성격을 지닐 수도 있다. 집단이 추구하려는 목표의 성격은 조직 내의 여러 집단들을 서로 구분지울 수 있는 중요한 기준이 된다. 그리고 집단의 구성원들은 직접적이고 규칙적으로 상호작용을 하여야 한다. 상호작용이란 한 사람의 행동이 다른 사람의 행동이나 태도에 영향을 미치게 되어 상대의 반응을 이끌어 내는 관계를 말한다. 또한 집단은 적어도 두 사람 이상으로 이루어져야 한다. 즉 규칙적인 상호작용이 효과적으로 일어나기 위해서는 집단의 규모가 커지면 곤란하다. 집단의 규모가 일반적으로 20명 이상으로 커지면 모든 구성원들이 규칙적으로 상호작용하기 어려워져 집단으로서의 성격을 잃게 되고, 그 속에서 공식적으로 또는 비공식적으로 작은 규모의 집단들이 다시 생기게 된다.

그러면 집단은 조직과 어떻게 다를까? 집단은 조직에 비해 규모가 작다. 일반적으로 조직은 여러 개의 집단들로 이루어져 있다. 또한 집단 구성원들은 서로 행동과 반응을 규칙적으로 주고받는 직접적인 관계를 맺고 있다는 점이 집단을 조직과 구분시켜 주는 중요한 특징이다. 그러므로 집단 구성원들 사이에는 높은 상호의존성이 형성되어 있으며 그 결과 한 구성원의 목표달성은 다른 구성원들의 행동으로부터 직접적인 영향을 받게 된다.

제2절 집단의 유형

조직 내에는 어떠한 집단들이 있는가? 조직에서 발견할 수 있는 집단의 유형을 알아봄으로써 집단의 성격을 보다 명확히 파악할 수 있다. 조직 내에는 다양한 유형의 집단들이 존재하는데 크게 공식화 여부와 존속기간에 따라 다음과 같이 분류해 볼 수 있다.

■ 집단의 분류

존속기간 / 공식화 여부	반영구적	한시적
공식적 집단	일상기능 수행집단	특수과업 수행집단
비공식적 집단	우호집단	이익집단

먼저 공식적 집단은 조직의 구체적인 과업이나 목표를 달성하기 위해 조직에 의해 의도적으로 형성된 집단으로 대부분 조직도상에 나타난다. 공식적 집단은 업무의 성격이나 존속기간에 따라 일상기능 수행집단과 특수과업 수행집단으로 나눌 수 있다.

일상기능 수행집단은 조직목표의 달성을 위해 일상적으로 수행되어야 할 업무를 맡아 처리하기 위해 만들어진 집단으로 거의 영구적으로 존속된다. 보험회사의 영업부 또는 호텔의 객실부, 대학의 교무처 그리고 종합병원의 산부인과 등이 일상기능 수행집단의 예가 될 수 있다. 이들은 모두 그 집단이 속해 있는 조직의 목표를 달성하기 위해 공식적으로 구성되어 운영된다. 영업부가 없는 보험회사나 객실부가 없는 호텔을 생각할 수 없듯이 일상기능 수행집단은 조직을 구성하는 기본단위라고 할 수 있다.

이에 반해 특수과업 수행집단은 조직의 특수한 목적을 달성하기 위해 조직의 필요에 의해 만들어지는 집단이다. 따라서 이는 집단의 목표를 달성하는 기간 동안 한시적으로 유지되며, 따라서 주어진 목표가 달성되면 곧 해체되어 비교적 짧은 기간 동안만 존속하는 특성이 있다. 한편, 조직 내에 있는 집단들이 모두 조직에 의해 공식적으로 만들어지는 것은 아니며, 이를 비공식적 집단이라고 한다. 이는 조직의 목표와는 관계없이 구성원들에 의해 자발적으로 만들어지며 집단의 존속기간도 특별히 정해지지 않는다.

이러한 비공식적 집단은 우호집단과 이익집단으로 구분할 수 있다. 우호집단은 구성원들 간의 친밀한 관계와 서로 함께 지냄으로써 얻을 수 있는 즐거움 때문에 만들어져 비교적 오랫동안 유지된다.

반면에 이익집단은 단체활동이나 공동관심사 때문에 구성원들에 의해 형성되어 특정한 목적이 달성되거나 관심이 변하면 자연스럽게 해체되거나 우호집단으로 발전하는 특성을 갖고 있다.

이런 유형의 비공식적 집단들은 조직의 목표와 관계없이 형성되지만 때로는 조직의 효율적 운영과 성과에 중대한 영향을 미치기도 한다. 예를 들어 비공식적 집단의 구성원들이 조직을 위해 열심히 일해도 소용이 없다는 공감대를 갖고 적당히 일하기로 약속하게 되면 조직의 성과는 높아질 수 없을 것이다. 따라서 경영자들은 조직 내에 있는 공식적 집단뿐만 아니라 비공식 집단에 대해서도 관심을 기울여야 한다.

이러한 공식적 집단과 비공식적 집단의 구분은 완전히 고정된 것이 아니다. 비공식적 집단도 구성원들의 관계와 행위가 명확히 규정되고 조직화될 때에는 공식적 집단으로 변할 수가 있다. 마찬가지로 공식적 집단도 상황의 변화에 따라 비공식적 집단으로 바뀔 수 있다. 공식적 집단과 비공식적 집단은 서로 보완적일 수도 있으며, 또한 대립적일 수도 있다. 또한 하나의 조직 안에는 공식적 집단과 비공식적 집단이 중복되어 있는 경우도 있다.

「제3절」 비공식적 집단의 형성동기[1)]

사람들은 어떤 이유로 집단을 만들거나 이미 만들어진 집단에 참여하는가? 공식적 집단의 경우에는 보통 조직의 명령에 의해서 참여한다. 이 경우 집단의 참여는 본인의 희망에 의할 수도 있으나 반대로 본인이 원하지 않아도 조직에 의해 일방적으로 정해질 수도 있다. 새로 채용된 구성원은 그의 적성, 능력 및 희망을 감안하여 조직에 의해 일상적 기능수행집단에 배치되어 그 집단의 구성원이 된다. 그리고 기존의 구성원도 승진, 전보, 파견 등의 인사이동 발령에 의해 집단을 옮기기도 한다. 또한 조직이 특수한 목적을 갖고 특수과업 수행집단을 만들 경우에도 이 업무에 적합한 사람들을 선발하여 집단의 구성원으로 만든다.

반면, 공식적 집단과는 달리 비공식적 집단의 형성이나 유지는 구성원들의 자발적인 의사에 따라 이루어진다. 따라서 사람들이 왜 비공식적 집단을 형성하고 참여하는 동기는 사람들의 가치관이나 욕구 또는 자신이 처한 상황 등이 다양하기 때문에 그만큼 복잡하다. 사람들이 비공식적 집단에 참여하는 동기에 대하여 자세히 살펴보면 다음과 같다.

1) 서성무 · 이지우, 경영학원론, 형설출판사, 1997, pp.374~376.

1. 소속감

누군가와 함께 지내고 싶은 욕구 때문에 집단에 참여한다. 누군가와 친하게 지내고 싶어하는 인간의 욕구는 사람들을 서로 어울리게 하며, 결과적으로 집단을 형성하게 한다. 그저 어떤 집단에 속해 있다는 소속감만으로도 그런 욕구는 만족될 수 있다.

2. 호감

사람들이 비공식적 집단을 형성하는 가장 기본적인 이유는 서로가 상대에 대해 느끼는 호감일 것이다. 사람들이 상대에 대해 느낄 수 있는 호감은 여러 가지 요인에 의해 영향을 받는데 우선 물리적으로 서로 가깝게 있으면 상호작용할 기회를 많이 갖게 되어 호감을 느낄 가능성이 높아진다. 그리고 성격, 태도, 경제적 처지 등이 서로 비슷하거나 상대에 대해 신체적 매력을 느끼는 경우 서로 호감을 갖게 된다. 뿐만 아니라 상대의 능력을 높이 평가하는 경우에도 그 사람에게 호감을 느끼게 된다. 이런 요인들이 복합적으로 작용하여 사람들 간의 호감을 결정하며 그 결과 비공식적 집단 형성이 영향을 받게 된다.

3. 집단활동

집단의 일상적인 활동에 대해 매력을 느낄 때 그 사람이 집단에 참여할 가능성은 높아진다. 낚시, 꽃꽂이, 테니스를 함께 즐기는 동호인 모임에 참여하는 사람들처럼 집단의 활동에 관심이나 매력을 느껴 그런 활동을 즐길 수 있는 기회를 많이 갖기 위해 집단에 참여한다.

4. 집단목표

집단이 이루려고 하는 목표 역시 사람들이 참여하도록 유도한다. 환경보호를 위해 구성된 집단이나 가난한 사람들을 돕기 위해 만들어진 집단처럼 사람들이 그 집단이 표방하는 목표를 받아들여 자신이 그런 목표달성을 위해 노력하길 원해서 집단에 참여하게 된다. 비록 가난한 사람을 돕는데 필요한 기금을 마련하기 위해 집집마다 방문하여 헌금을 부탁하는 것은 싫어하더라도 가난한 사람을 돕는다는 목표를 이루기 위해 집단 구성원이 되기도 한다.

5. 이익

집단에 참여하는 것이 자신에게 여러 가지 이익을 줄 수 있다고 생각하면 사람들은 집단에 참여하게 된다. 비록 그 집단의 목적이나 활동에 대해서는 만족하지 못하더라도 집단에 소속하는 것이 다른 여러 가지 이익을 가져다 줄 수 있다면 그런 이익을 원하는 사람은 그 집단에 참여한다.

제4절 집단의 활용

1. 팀

팀(team)이란 구성원들이 목표달성과 성과에 대한 강한 집념과 책임감을 함께 가지고 서로 보완적인 기술을 갖춘 소수의 종업원 집단을 의미한다. 팀은 조직 내에 있는 작업집단의 한 유형이나 일반적인 작업집단과 팀은 그 운영방식에서 뚜렷한 차이를 갖고 있다. 일반적으로 팀은 전형적인 작업집단과는 달리 운영과 관련된 의사결정권을 그 구성원들이 갖고 있어 자치적으로 운영된다. 그리고 구성원 각자가 강한 책임감을 느끼며 팀의 목표달성에 매진한다.

또 팀원들은 서로 보완적인 업무관련기술과 능숙한 대인관계 기술을 갖추고 있어 매우 효과적으로 과업을 수행할 수 있다.

이에 따라 오늘날 많은 기업들이 팀제를 도입하고 있으며, 이러한 현상은 더욱 가속화될 것이다.

그러면 왜 많은 기업들이 팀제를 선호하는지 그 이유를 좀더 살펴보자. 먼저 팀이 잘 운영되면 구성원들 간의 원만한 의사소통과 정보교환 등을 통해 업무추진이 원활해진다. 또 팀과 팀의 목표에 대한 강한 애착은 집단에서 흔히 발생하는 무임승차현상을 줄이게 된다. 그리고 경영자로부터 팀에게 넘겨진 의사결정권을 통해 신속한 의사결정이 이루어지고 문제가 발생하면 현장에서 즉시 시정될 수 있어 제품이나 서비스의 품질을 향상시킬 수 있다.

한편, 업무와 관련된 많은 의사결정권이 경영자로부터 팀에게 위임됨에 따라 경영자는 보다 중요한 업무에 집중할 수 있어 결과적으로 조직 전체의 올바른 전략수립과 집행에 도움을 줄 수 있다.

2. 위원회

위원회란 조직 내의 다양한 이해집단들이 관심을 갖고 있는 정책이나 절차 등에 관해 합의된 안을 마련하고 그 시행을 원활히 하기 위해 각 이해집단의 대표들로 구성된 집단을 말한다. 특정한 목표를 달성하기 위해서 형성되는 위원회는 일상적인 업무 외의 역할을 위임받은 소수의 종업원들로 구성되며 부서 간의 협조와 같은 수평적인 조정을 효과적으로 이루어 내기 위해 많은 조직에서 운영하는 경우가 많다. 고충처리위원회나 경쟁력강화위원회 등이 그 예가 될 수 있다.

3. 태스크 포스

태스크 포스(task force)는 특정한 업무를 수행하기 위해 만들어진 집단이다. Task Force는 복잡하고 어려운 문제를 해결하기 위해 구성되는 경우가 많아 적극적이며 자세와 창의성이나 모험심이 강한 사람들로 구성하는 것이 적합하다. 보통 다양한 부서의 출신의 전문가들로 구성되는데, 신제품 디자인과 같이 여러 부서가 관련된 복합적인 문제를 해결하는데 효과적이다. 태스크 프스는 위원회와 달리 주어진 과업을 달성하고 나면 해체되는 한시적 성격을 갖고 있다.

사례연구 **모든 직원연봉 공개**

때론 각박한 경쟁이 일할 맛 나게 해

이름도 생소한 미국의 한 슈퍼마켓이 경제전문지 포천이 선정한 '세계에서 가장 일하고 싶은 100대 기업'에 올랐다. 놀라운 것은 포천이 리스트를 선정하기 시작한 이후 11년 동안 한 번도 명단에서 빠진 적이 없다는 사실이다. 심지어 2007년에는 5위라는 높은 순위에 오르기도 했다.

주인공은 자연주의 식품만을 취급하는 슈퍼마켓 '홀푸즈마켓(Whole Foods Market)'이다. 이곳의 문을 열고 발을 내딛는 순간부터 고객들은 오감을 자극하는 다양한 먹을거리에 놀란다. 가격은 비싸다. 홀푸즈마켓은 일반 할인마트보다 보통 2~3배에서 많게는 8~10배까지 더 받는다. 할인마트가 처음 도입된 곳이 미국인데, 아무리 몸에 좋고 맛도 좋다지만 이렇게 비싸서야 할인마트들과 경쟁이 될까? 물론이다.

1980년 미국 텍사스 오스틴에 처음 세워진 이 슈퍼마켓은 현재 미국과 캐나다, 호주 등에 180개 이상의 점포를 운영하고 있다. 매출도 연간 60억 달러가 넘는다. 매출 규모는 월마트와 크로거에 이어 3위다.

하지만 매장면적 m^2당 이윤은 900달러로 두 대형마트에 비해 2배 이상 높다. 매출 성장률은 평균 11%로 업계 평균의 3배가 넘는다.

홀푸즈마켓이 이처럼 고가 제품을 판매하면서도 요즘같은 불황기에 승승장구할 수 있는 비결은 무엇일까? 소비자의 관심이 많은 친환경 식품을 취급하기 때문에? 아니다. 직원들끼리 협력하면서 치열하게 경쟁하는 독특한 기업문화 덕분이다. 회사 매출을 빠르게 끌어올렸을 뿐 아니라 '가장 일하고 싶은 회사'라는 명성도 안겨줬다.

■ 팀끼리 뭉치고 또 경쟁하고

홀푸즈마켓의 비전은 '고객들에게 맛있고, 건강에 좋고 환경친화적인 음식을 제공하겠다'는 것이다. 이 비전이 가치를 제대로 발휘할 수 있었던 것은 독특한 '팀 문화'가 뒷받침됐기 때문이다.

다른 대형마트들은 매장 단위로 업무를 수행하고 그 결과를 평가한다. 하지만 홀푸즈마켓은 각 매장마다 평균적으로 6~7개씩 있는 팀 단위로 이뤄진다. 식품영역별로 나눠진 각 팀은 재고관리를 하고, 홍보 방법을 자율적으로 선택하며, 제품의 가격까지 결정한다. 각 팀들은 제품 입고 때 가장 질 좋은 물건을 저렴한 가격에 들여오기 위해 치열한 경쟁을 벌인다. 또한 판매율을 높이기 위해 팀별로 각 식품에 대한 교육도 열심이다. 고객이 문의할 때에는 팀원들이 적절한 설명을 곁들여 신뢰를 준다.

이런 일련의 과정이 효과적으로 이뤄지기 위해서는 팀원 간 활발한 의사소통을 통해 협력을 이끌어내는 것이 매우 중요하다. 때문에 홀푸즈마켓의 팀 안에서는 대화가 끊이지 않는다. 또 의논된 사항에 대해서는 소비자 반응 분석을 위해 신속하게 행동으로 옮기고, 그 결과를 공유하는 것도 잊지 않는다.

■팀원들이 모두 결정한다

홀푸즈마켓에서 팀별 활동이 효과적으로 이뤄질 수 있는 것은 일선 직원들이 확실한 실행 권한을 갖고 있기 때문이다. 홀푸즈마켓 직원들의 권한은 제품 가격이나 수량 선정에 관한 것뿐만 아니라 인력채용까지 확대 적용된다. 왜냐하면 '어떤 사람을 고용해야 하는가' 와 같은 중대한 문제는 그 의사결정으로 인해 가장 큰 영향을 받게 될, '함께 일하는 직원들' 이 관여해야 한다고 생각하기 때문이다.

예를 들어 홀푸즈마켓에서 근무를 희망하는 사람은 누구든지 해당 팀에서 4주 동안의 수습기간을 거쳐야 한다. 4주간의 근무가 끝나면 계속 근무할지 여부를 팀 동료들이 투표를 통해 결정한다. 찬성표가 3분의 2 이상 나왔을 경우에만 정규직 자리를 얻을 수 있다. 이같은 동료 평가 위주의 인사시스템은 홀푸즈마켓의 일선 매장뿐만 아니라 본사 부서에서도 적용된다.

너무 각박하다고 생각되는가? 하지만 그럴만한 이유가 있다. 각 팀의 생산성이 모두 정확히 측정되고 있기 때문이다. 홀푸즈마켓은 4주에 한 번씩 각 팀당 노동시간에 따른 이윤을 측정해 다음 달 보너스를 책정한다. 따라서 어떤 팀이 게으름을 피우는 직원을 고용하기로 했다면 그들은 그만큼 보너스가 줄어들 위험을 감수해야 한다.

■일할 맛 나는 회사, 기업실적도 '껑충'

홀푸즈마켓 직원들은 '내가 모든 것을 결정할 수 있다'는 재량권을 갖고 팀 내 사람들과 긴밀하게 협력한다. 동시에 자기의 이윤을 극대화하기 위해 다른 팀 직원들과 치열하게 경쟁한다.

더 나아가 홀푸즈마켓은 팀뿐 아니라 기업 전반에 건전하게 경쟁하는 문화를 심고자 한다. 모든 직원들이 다른 직원들의 급여 및 보너스 액수를 알 수 있게 공개함으로써 그들의 경쟁심을 자극하는 것이다. 각 매장의 영업실적도 마찬가지다. 1년에 10번 각 매장을 300개가 넘는 기준으로 평가한다. 그리고 이를 다시 회사 전체에 여과 없이 공유한다. 매장 간 경쟁을 적극 장려하는 것이다. 그러나 평가 기준이 워낙 공정하고 객관적이어서 불만은 없다.

홀푸즈마켓의 직원들은 협력과 경쟁을 통해 전체의 이익을 얻는 법을 배우고 있다. 이 회사 실적만 봐도 '건강한 조직 문화는 실질적인 기업 이윤에 큰 도움을 준다'는 사실을 확인할 수 있다.

불황 탓에 조직 분위기도 덩달아 침체되려는 조짐이 보인다. 이럴 때일수록 한국 고유의 '정' 문화를 강화하는 한편 건전한 긴장감을 더해 조직을 생동감 있게 꾸려나가는 전략이 필요하다.

〈한국경제 2009. 2. 11〉

관광 · 호텔 인적자원관리론

제3장

경영

관광 · 호텔
인적자원관리론

3장

03

경영

제1절 경영의 의의

경영은 오늘날 우리가 가장 자주 접하는 용어 중의 하나로써 역사적으로 매우 큰 변화와 발전을 거듭하여 왔다. 따라서 이러한 경영에 대한 정의를 한 마디로 내리기는 쉽지 않다.

경영에 대하여 영미에서는 동태적인 개념으로 파악하여 조직의 목표를 달성하기 위하여 자원을 효율적으로 활용하는 과정으로 정의하는 반면, 유럽에서는 정태적 개념으로 파악하여 노동력이나 생산수단을 결합하여 산출물을 생산해 내는 조직으로 인식한다.

따라서 이들의 정의를 종합하면, 경영이란 인간의 협동체인 조직의 목표를 효율적으로 달성하기 위해 여러 가지 자원을 동원하여 계획, 조직화, 지휘, 조정, 통제하는 일련의 활동이라고 할 수 있으며, 보다 쉽게 표현하면 경영은 남과 더불어 일을 쉽게 해 내려고 애쓰는 활동이라고 말할 수 있다.

그러면 조직에서는 왜 경영활동을 할 필요가 있는가? 조직은 인적, 물적 자원들을 투입하여 상품이나 서비스를 생산한다. 이때 경영을 잘 할수록 투입하는 자원보다 산출하는 것이 많아진다. 즉 생산성이 높아지며, 그 이유는 경영활동으로 인해 상승효과가 발생하기 때문이다.

이처럼 경영은 투입되는 자원이 조화를 이루게 하여 생산성을 높이며, 오늘날 산업화의 급속한 진전으로 기업을 비롯한 대부분의 조직들이 대규모화되고 전문화됨으로써 경영의 중요성은 점차 더 강조되고 있다.

한편, 경영의 원리는 과거에는 기업의 생산성을 증대시키려는 노력에서 출발했기 때문에 기업이라는 영리조직에만 적용되었으나, 오늘날은 비영리조직의 경우에도 경쟁의 심화로 인해 이러한 원리가 필요하다.

최근 기업경영을 통해 습득한 지식이 정부, 군대, 정치단체, 대학, 연구소, 자선단체, 교회, 종합병원, 교향악단 등에도 확산되어 가고 있는데 그 원인은 비영리조직의 환경이 급하게 변하여 그들의 생존을 위협하고 있기 때문이다.

또한 최근 지식중심사회로 진전되면서 비영리조직도 기업처럼 고급인재가 주축이 되는 조직으로 변하고 있으며, 이에 따라 경영은 이제 단순히 기업의 경영에 국한되지 않고 거의 모든 조직의 경영을 포함하게 됨으로써 현대사회의 발전과 혁신의 핵심적 역할을 맡고 있다고 볼 수 있다.

제2절 경영의 과정

경영은 그 과정에서 다음의 요소를 포함하고 있으며 이것은 바로 경영자가 해야 할 일이다.

1. 계획

계획은 미래를 내다보고 행해지는 것으로 조직의 목적과 그를 달성하기 위한 정책, 사업계획, 방침 등을 선택하는 활동을 말한다. 경영자는 먼저 비전과 목표를 제시하고 그것을 어떻게 달성할 것인가를 밝힌다. 예를 들면 자기가 맡은 조직이 추구하는 이상을 밝히고 어떤 일을 할 것인가를 구체적으로 결정한 후 일의 순서, 필요한 자금규모와 조달방법, 구체적인 세부일정 등을 잡아야 한다. 기업이든 비영리조직이든 경영자가 확고한 비전과 구체적인 목표도 없이 그때그때의 상황에 쫓기기만 하는 조직에서는 부하들이 방향감각을 잃어 노력을 집중할 수가 없을 것이다. 무능한 경영자의 경우 계획수립 능력이 부족한 경우가 많다.

2. 조직화

조직화는 조직의 목적을 달성하는데 필요한 활동을 파악, 결정하고 분류하여 이들 활동을 각 구성원에게 할당하고, 이를 수행할 수 있도록 권한을 위양하여, 각 직위 간의 관계를 설정하는 활동을 말한다. 즉 업무가 체계적으로 추진되도록 누가 어떤 일을 담당할 것인가, 누가 누구에게 보고하는가, 어떤 부서와 어떻게 협조해야 하는가를 결정하는 일 등을 말한다. 또한 상황의 변화에 따라 조직개편 등을 실시함으로써 경쟁에서 살아남을 수 있도록 하는 일 등도 포함된다.

3. 지휘

계획이 수립되고 조직화가 되었다고 해서 목표가 달성되는 것은 아니다. 경영자가 훌륭한 리더십을 발휘하여 감독하면 부하들이 잘 따라주나 그렇지 못하면 조직의 성과가 떨어진다. 따라서 경영자는 부하들을 잘 통솔하여 부하가 스스로 자율성과 창의력을 발휘하여 일을 잘 할 수 있도록 분위기를 조성해 주어야 한다. 즉 경영자는 부하들을 자주 만나서 의견을 경청하여 문제가 있으면 적극적으로 해결해 주고, 그들의 마음을 움직여 열심히 일하도록 유도해야 한다.

한편 많은 사람들이 하나의 조직이나 집단에서 일하다보면 구성원들이나 부서 간에 상충되는 이해관계가 발생하여 불신과 오해나 갈등이 생길 수도 있으며, 이로 인해 자발적으로 최선을 다하지 않는 분위기라면 좋은 성과를 기대하기 힘들다. 이때 경영자는 갈등을 합리적으로 조정하며 서로 협조하는 분위기를 조성하는 역할도 해야 한다.

4. 조정

현대의 조직에서 각 구성원이나 부문은 전문화되어 각자의 활동을 하게 되므로 필요할 때 이들의 활동을 통일할 필요가 생긴다. 따라서 공동의 목적 달성을 위하여 집단의 노력을 질서정연하게 하는 활동이 필요한데 이것이 조정활동이다. 인사, 생산, 재정, 마케팅기능 내에서의 구성원에 대한 조정기능은 물론이고 때로는 기업 전체의 입장에서 각 분문의 기능을 조정할 필요도 있다.

5. 통제

통제란 일이 되어가는 상태를 처음에 계획했던 목표와 비교하여 그 차이를 분석하고 잘못된 것이 있으면 수정하여 당초의 계획을 달성하려는 활동을 말한다. 일을 하다보면 모든 일이 계획한 대로 순조롭게 진행될 수만은 없다. 따라서 경영자는 수시로 실적을 확인, 분석, 예측하며 일이 바람직한 상태에서 벗어날 경우나 혹은 그렇게 예상이 될 때 곧바로 시정되어 당초의 계획대로 일이 진행되도록 대책을 강구해야 하는 것이다.

이상의 경영활동 과정에서 이 요소들은 단계별로 결코 구분되는 것이 아니다. 자전거 바퀴를 형성하는 살처럼 서로 맞물려 보완관계를 유지하며 함께 굴러간다. 어느 한 가지가 미숙해도 바퀴는 약해진다. 단단한 바퀴가 빨리 구를 수 있듯이 경영의 요소들이 원활하게 수행될 때 그 조직은 적은 자원을 투입하고서도 많은 성과를 낼 수 있게 된다.

■경영의 5가지 과정

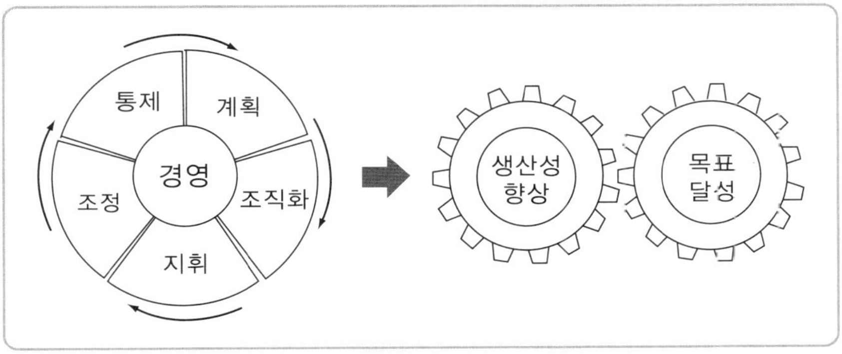

「제2절」 경영자원[2)]

전통적으로 재화를 생산하기 위해서는 인적자원인 노동과 물적 자원인 자본과 토지라는 3요소가 요구되어 왔으며, 이러한 자원을 효율적으로 활용하는 의사결정과정을 중심으로 경영활동이 발전되어 왔다. 그러나 경제성장과 더불어 기업환경이 복잡해지면서 정확한 의사결정을 위한 정보와 치열한 경쟁에서 생존, 성장할 수 있는 전략 등의 새로운 경영자원이 필요하게 되었다.

1. 인적자원

경영목표를 달성하기 위해 없어서는 안 될 투입자원으로 노동력을 제공하는 사람, 즉 인적자원이 필요하다. 이는 노동집약적인 기업에서는 물론이고, 무인자동화 설비를 갖춘 자본집약적인 기업에서도 필요하다. 왜냐하면 무인자동화 설비를 제조하고 운영, 관리하는 활동도 결국은 로봇에 의해서가 아니라 사람에 의해서 진행되기 때문이다.

2) 최용식, 21세기 경영학, 창민사, 2006, pp.26~30.

치열한 경쟁상태에 있는 현대 경영에 있어서 인적자원의 중요성은 갈수록 강조되고 있다. 예를 들어 우수한 연구인력에 의해 개발된 신제품은 기업의 미래경쟁력을 확보해 줄 것이다. 즉 1명의 유능한 인력이 수만 명 혹은 수십만 명을 먹여 살릴 수 있다는 말이다. 따라서 기업은 우수한 인재를 채용하기 위해 많은 노력을 기울이며, 채용한 후에도 지속적인 교육훈련을 통해 능력을 배양시키고 있다.

2. 물적 자원

기업경영은 말로만 끝나는 것이 아니라 실제로 신규기업을 창업하거나 기존기업을 인수하여야 하기 때문에 물적 자원, 즉 자본이 필요하다. 경영활동에 필요한 자본은 자체적으로 조달(자기자본)하거나, 타인으로부터 차입하여 조달(타인자본)하는 방법이 있다. 이때 자본이란 자금, 즉 돈만을 의미하는 것이 아니라 땅이나 건물과 같은 실물자본도 포함하는 의미이다.

이렇게 조달된 자본으로 사무실을 확보하고 생산설비를 구입하며 종업원을 채용하는 등 경영활동을 수행하게 된다. 특히 경영자는 투자된 자본을 기초로 이윤이 창출될 수 있도록 경영활동을 함으로써, 그 기업은 생존과 발전이 가능해진다. 따라서 물적 자원은 경영활동에 있어서 영리조직체인 기업의 생존을 결정하는 중요한 자원으로 평가된다.

3. 정보

경영이란 최종적으로 의사결정의 과정이라고 단순화시킬 수 있다. 오늘날과 같이 환경이 급변하는 현대 기업에는 정확한 의사결정을 하지 못하는 경우 기업의 생존에 치명적인 영향을 받게 되며, 따라서 정확한 의사결정을 하기 위해서는 무엇보다도 정보가 필요하다. 왜냐하면 기업환경에 대한 정보를 신속, 정확하게 수집하고 분석하면 치열한 경쟁환경에서 기업의 생존과 성장을 이룰 수 있는 정확한 의사결정이 가능하기 때문이다.

특히 산업사회에서 정보사회로 변화함에 따라, 정보의 중요성은 더욱 더 강조되고 있다. 최근 기업의 경쟁력은 정보력에 의해 결정된다고 판단하기 때문에 기업들은 충분한 정보를 신속하게 파악하기 위해 정보담당부서와 정보전담 최고경영자(CIO)를 두고 있다.

4. 전략

인적자원과 물적 자원이 준비되고 관련정보의 수집과 분석이 끝나면 이들을 하나로 결집해 경영목표를 효율적으로 달성할 수 있는 전략이 필요하다. 여기서 전략이란 기업이 어떤 방향을 지향할 것인지, 그리고 이를 어떻게 실현시킬 것인지 결정하는 일련의 활동을 의미한다. 그러므로 전략이 없이 경영활동을 하는 기업은 야간에 전조등을 켜지 않고 운전을 하는 것과 같이 위험하다고 할 수 있다.

전략에는 기업의 지향점이 명시되어야 하기 때문에, 최고경영자의 창조적인 의지와 비전이 담겨져 있어야 한다. 그리고 이를 달성할 수 있는 인적자원과 물적 자원의 조달계획과 정확하고 신속한 의사결정을 할 수 있는 정보가 뒷받침되어야 전략의 실현 가능성이 높고, 그런 기업만이 치열한 경쟁에서 살아남을 수 있다.

이상에서 살펴본 바와 같이 경영목표를 달성하기 위한 경영활동에는 인적자원, 물적 자원, 정보, 전략 등의 경영자원이 필요하다. 그러나 이러한 경영자원은 항상 일정한 것이 아니라, 경영문화와 환경의 변화에 따라 증가하게 될 것이다. 즉 과거의 환경에서는 노동이라는 인적자원과 자본과 토지라는 물적 자원이 경영의 요소로 파악되었으나, 현재에는 인적자원과 물적 자원에 정보와 전략이 추가된 상태이며, 앞으로는 이러한 경영자원 외에도 지식이나 기술 등 새로운 형태의 자원이 계속 추가될 것이다.

■ 경영요소의 변화

과 거		현 재		미 래
노 동 자 본 토 지	➡	인적자원 물적자원 정 보 전 략	➡	인적자원 지 식 물적자원 기 술 정 보 + ? 전 략 ?

제4절 경영자[3]

1. 경영자의 개념

기업경영에는 물적 자원과 이들을 활용하여 기업목표를 달성시키는 인적자원이 필요하다. 이중에서 인적자원이 보다 중요하다고 할 수 있는데, 그 이유는 물적 자원은 종속적이고 수동적인 요소에 지나지 않기 때문이다.

이러한 인적자원은 그 역할에 따라 크게 2가지로 나눌 수 있는데, 하나는 기업의 경영활동이 효율적으로 수행되도록 계획과 통제활동을 통해 기업의 성장을 이끌어가는 경영자이며, 다른 하나는 경영자의 계획에 따라 구체적이며 직접적인 기업활동을 실행하는 종업원이다.

이들 중 경영자가 상대적으로 종업원보다 중요한 역할을 수행하고 있다고 볼 수 있다. 왜냐하면 경영자는 기업의 목적달성을 위해 기업의 방향을 설정하고, 체계적으로 조직화하여 조직을 이끌고 나가며 그 결과에 책임을 지는 사람이기 때문이다. 대기업 사장, 영업부장, 공장장도 경영자이고 슈퍼마켓주인,

3) 최용식, 전게서, pp.153~163.

노동조합장, 대학총장도 경영자이다. 직위와 명칭은 다르더라도 남과 더불어 경영자원을 계획, 조직화, 지휘, 조정, 통제하는 점에서는 다를 바가 없다.

2. 경영자의 유형

1) 계층에 따른 경영자

(1) 최고경영자

최고경영자는 기업의 전반적인 경영을 책임지는 경영자로서 계층상 최상층에 속한 경영자 집단을 말한다. 이들은 환경과의 상호작용을 고려하여 기업의 장기적 목표와 전략에 대한 의사결정을 하며, 기업경영의 사회적 책임과 혁신기능 등을 주로 전담하고 있다. 최고경영자는 기업마다 서로 다른 명칭을 갖고 있으나 일반적으로 회장, 부회장, 사장 등의 임원이 포함되며 CEO(Chief Executive Officer)라고 불린다.

(2) 중간경영자

중간경영자는 최고경영자가 결정한 목표와 전략에 따라 담당부문의 업무가 실행되도록 관리하는 경영자이다. 이를 위해 일선경영자를 지휘, 감독하거나 최고경영자의 요구와 일선경영자의 능력을 조화시키며 상하 간의 의사소통을 원활하게 중계하는 역할을 수행한다. 기업의 부장, 차장, 과장, 공장장 등이 중간경영자에 해당된다고 볼 수 있다.

(3) 일선경영자

일선경영자는 각 부문별 중간경영자의 지시에 따라 현장에서 작업을 하는 사무원이나 근로자를 직접 지휘, 감독하는 경영자로서 현장경영자라고도 한다. 이들은 기업 내에서 가장 낮은 단계의 경영자집단이며, 대체로 사무직의 계장이나 대리 그리고 생산현장의 조장이나 반장 등을 그 예로 들 수 있다. 중간 및 일선경영자를 관리자라고 부르기도 한다.

■ 경영자 계층

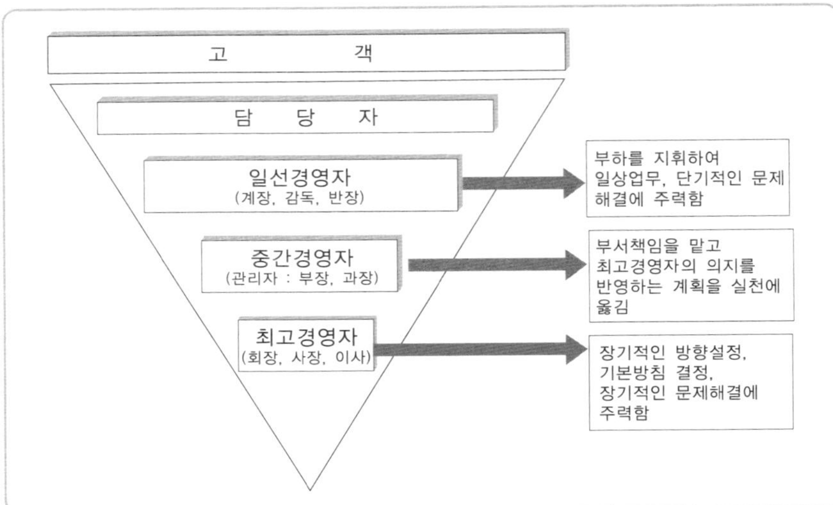

(4) 경영자의 의사결정

일반적으로 경영자가 수행하는 기본적인 의사결정은 다음과 같이 3가지로 나눌 수 있다.

❶ 전략적 결정

기업의 내부문제보다는 기업의 외부환경 변화에 기업 전체를 적응시키기 위한 의사결정이다. 이 전략적 결정을 통해서 기업목표나 시스템이 결정되며, 그 목표를 달성하기 위한 경영전략이 결정된다.

❷ 관리적 결정

전략을 실행하기 위해 조직을 형성하고, 필요한 인원, 설비, 기술, 자본 등 모든 자원을 확보하는 의사결정으로서 주로 대내적 경영정책의 결정을 의미한다.

❸ 업무적 결정

일상적인 경영활동의 능률을 극대화시키기 위한 의사결정으로 대내적 경영계획의 집행이라고 할 수 있다. 모든 계층의 경영자는 이상과 같은 3가지의 의사결정을 공통적으로 수행한다. 그러나 주로 행하는 의사결정은 계층별로 다소의 차이가 있다. 즉 최고경영자로 갈수록 전략적 의사결정을 가장 많이 하고 그 다음으로 관리적 의사결정, 그리고 업무적 의사결정을 가장 적게 하는 편이다.

한편, 경영자는 이상과 같은 의사결정을 효과적으로 수행하기 위하여 다음과 같은 경영능력을 갖추어야 한다.

❶ 개념적 능력

기업의 모든 이해관계자 집단과의 활동을 조정하며, 기업의 나아갈 방향을 제시하는 능력을 의미한다. 이는 기업조직의 각 부문을 전체적인 관점에서 통찰하는 능력도 포함하는 개념이다.

❷ 인간적 능력

기업 내 모든 구성원이 기업의 목표 달성을 위해 자발적으로 협력하도록 계층간의 인간관계를 원만히 조정하는 능력이다.

❸ 기술적 능력

전문적 지식과 경험에 기초하여 특정 분야의 기술, 기법, 절차 등을 실제로 사용할 수 있는 능력이다. 즉 경영자는 자신이 담당하고 있는 구체적인 업무의 기술적 이해와 숙련도를 갖추고 있어야 한다는 의미이다.

경영자의 의사결정과 마찬가지로 모든 계층의 경영자에게는 이상과 같은 3가지의 경영능력이 공통적으로 필요하다. 그러나 일반적으로 요구되는 경영능력은 계층별로 다소 차이가 있다. 즉 최고경영자로 갈수록 개념적 능력이 가장 많이 필요하며, 다음이 인간적 능력 그리고 기술적 능력의 순으로 필요하다.

■ 계층별 경영자의 기능과 능력

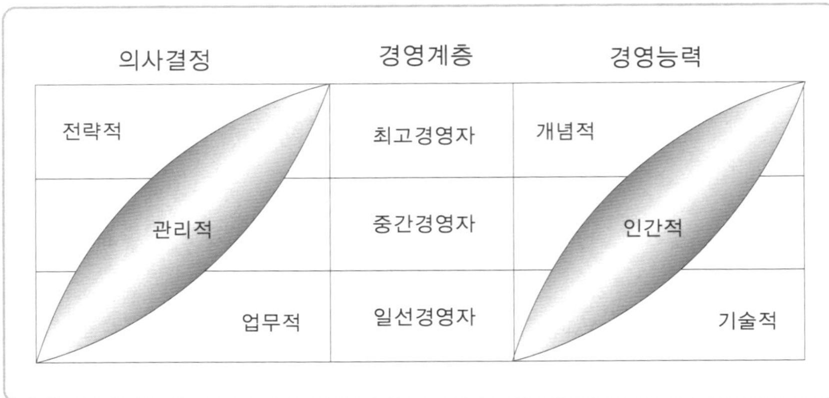

2) 경영범위에 따른 경영자

(1) 전반경영자(General Manager)

전반경영자는 기업의 경영활동에 대한 총괄적인 전략을 수립하고 실행하며, 그에 따른 결과에 대한 책임도 부담하는 경영자이다. 즉 기업 전체의 관점에서 모든 경영활동을 조정, 통합하는 역할을 담당하는데, 이는 오늘날과 같이 복잡한 경영환경에서는 매우 중요한 역할이다.

일반적으로 최고경영층의 대부분이 전반경영자에 해당되기는 하나, 경우에 따라서는 부문경영자가 되기도 하며, 반대로 중간경영층의 일부가 전반경영자가 되는 경우도 있다.

(2) 부문경영자(Manager)

부문경영자는 전반경영자가 기업 전체 차원에서 수립한 경영전략을 마케팅, 생산, 인사, 재무 등 부문별로 보다 구체적인 실행계획을 세우고 집행하는 경영자이다. 따라서 부문경영자와 전반경영자의 상호관계가 잘 정립되어야 한다. 기업의 부문경영자로는 대부분의 중간경영자와 일선경영자가 이에 속한다고 볼 수 있다. 반면에 해외법인장과 같은 일부 중간경영자가 전반경영자가 될 수도 있다.

3) 소유와 경영의 분리에 따른 경영자

(1) 소유경영자

소유경영자란 기업의 초기상태에서 자본가인 출자자가 경영기능도 함께 수행함으로써 실질적으로 기업을 소유, 지배하는 경영자를 말한다. 전형적인 소유경영자라면 이러한 출자와 경영 외에도 기업성장에 필요한 혁신활동을 전개하며 기업경영상의 모든 위험을 부담하는 기업가와 동일한 개념일 것이다.

일반적으로 소유경영자는 생산시설이나 방법 그리고 제품이 복잡하지 않고, 규모가 작은 기업의 경우에 흔히 볼 수 있다.

(2) 고용경영자

기업규모가 점점 확대되고 경영활동의 내용이 복잡해지면, 소유경영자가 혼자의 능력만으로 기업을 경영할 수 없게 된다. 이때 소유경영자는 자신이 수행하던 경영기능 중 일부를 분담할 경영자를 고용하게 되는데, 이를 고용 경영자라 한다. 따라서 고용경영자는 경영자로서 포괄적인 경영기능을 위임받아 기업을 독자적으로 경영하는 것이 아니라, 단지 주어진 방침에 따라 제한적 경영기능만을 수행할 뿐이다.

(3) 전문경영자

기업이 규모가 커짐에 따라 거대한 기계설비와 첨단의 생산방법 그리고 다수의 종업원을 고용함으로써 경영활동은 점점 복잡해진다. 전문경영자는 이러한 대규모 기업을 효율적으로 경영하기 위해, 각 분야의 전문적이고 과학적인 경영지식, 경험, 능력을 갖춘 경영자를 말한다.

이들은 소유경영자와 같이 단순히 자본을 투자함으로써 경영자의 지위를 얻는 것이 아니라, 경영능력에 의해 경영자의 지위를 확보한 것이다. 따라서 전문경영자는 기존의 기업가가 담당하던 기능 중 출자를 제외한 관리, 혁신, 위험부담 기능을 경영활동 전반에 걸쳐 포괄적으로 수행한다.

사례연구 휠라코리아, 영업이익 7배 증가…글로벌 스포츠 그룹으로 도약하다

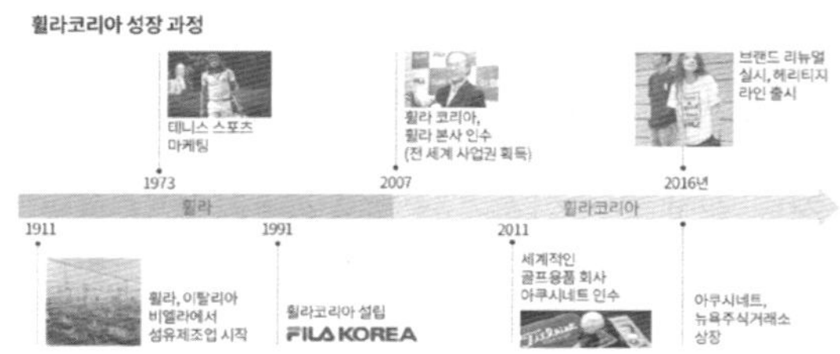

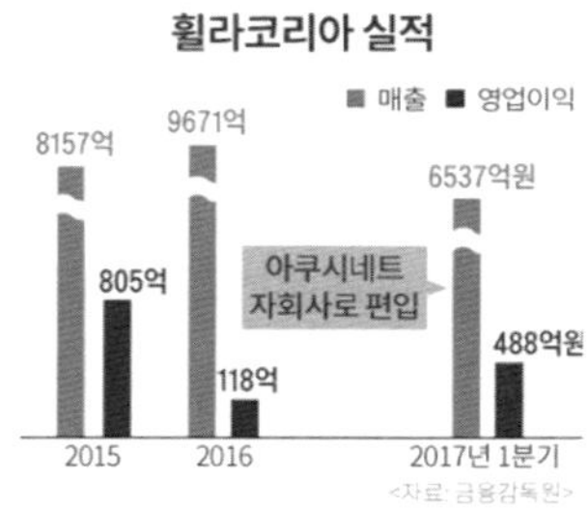

6월 20일 오후 8시 휠라코리아 서울 이태원 매장. 20대 초반으로 보이는 커플이 손을 잡고 매장에 들어왔다. 이들은 휠라(FILA) 로고가 크게 박힌 '빅로고 티셔츠' 부터 테니스화의 디자인적 요소를 강조해 만든 운동화 '코트 디럭스' 까지, 1층에 전시된 '휠라 헤리티지 라인' 을 둘러봤다. 이후 또 다른 커플과 중국 관광객들이 매장을 찾았고 쇼핑 동선은 같았다. 휠라의 정체성(FILA 로고)과 헤리티지 (100년 전통의 브랜드 자산)를 현대적 감각으로 재해석한 휠라 헤리티지 라인이 큰 인기를 얻고 있다.

지난해 10월 27일 아쿠시네트(Acushnet)의 뉴욕주식거래소(NYSE) 상장 당시 윤윤수 휠라코리아 회장은 포부를 밝혔다. "아쿠시네트 컴퍼니의 지속적인 성장을 추진하는 동시에 2017년 새로운 비즈니스 모델을 통한 사업 다각화로 휠라가 글로벌 스포츠 그룹으로 도약할 것이다."

헤리티지 라인을 중심으로 한 브랜드 리뉴얼, 글로벌 스포츠 그룹으로의 도약 등 최근 변신을 꾀하고 있는 휠라코리아의 특징과 방향을 잘 보여주는 두 가지 사례다.

주춤했던 휠라코리아가 부활의 날갯짓을 하고 있다. 휠라코리아의 2016년 영업이익(118억 원)은 2015년에 비해 85% 감소했다. 그러나 휠라코리아는 올 1분기에 매출 6537억 원, 영업이익 488억 원을 기록했다. 특히 영업이익은 전년 동기(63억 원) 대비 675% 증가했다.

성공비결 1 : 골프용품 업체 '아쿠시네트' 인수해 재무 안정

휠라코리아 실적 개선의 가장 큰 이유는 2011년 인수한 세계적인 골프용품 회사 아쿠시네트에 있다. 아쿠시네트는 지난해 말 뉴욕주식거래소에 상장됐다. 휠라코리아는 20% 지분을 추가 인수해 총 53.1% 지분을 보유한 지배주주가 됐다. 동시에 아쿠시네트를 자회사로 편입, 연 매출을 2조7000억 원 규모로 확대했다. 영업이익 역시 1700억 원으로 증가했다. 아쿠시네트는 2016년 매출 15억7227만5000달러(약 1조8000억 원), 영업이익 1억4083만6000달러(약 1600억 원)를 기록했다.

아쿠시네트는 타이틀리스트(Titleist) 골프볼, 풋조이(FootJoy) 골프화, 스카티 카메론(Scotty Cameron) 퍼터 등을 생산 · 판매하는 세계 1위 골프용품 회사다. 특히 타이틀리스트 골프볼과 풋조이 골프화는 세계 시장의 50% 이상을 점유하고 있다.

휠라코리아 관계자는 "아쿠시네트의 자회사 편입으로 국내 유일 스포츠 패션 · 용품 그룹으로 사업 영역을 확장했다"며 "재무 통합으로 보다 안정적인 재무 구조를 갖추고 글로벌 스포츠 그룹으로 새로운 도약에 나설 것"이라고 말했다.

휠라는 1911년 이탈리아에서 탄생한 스포츠 브랜드다. 예술을 사랑하는 이탈리아인들의 독특한 컬러 감각이 제품 디자인에 반영된 게 특징이다. 1970년대 초 세계적인 테니스 스타 비욘 보그를 후원하며 세계 시장에 이름을 떨쳤다. 이후 1991년 한국 시장에 진출했고, 윤윤수 회장이 휠라코리아의 성장을 이끌었다. 그러던 중 윤 회장은 2007년 휠라 본사를 전격적으로 인수했다. 당시 업계에선 "꼬리(자회사)가 몸통(본사)을 샀다"며 윤 회장의 휠라 본사 인수 비결을 궁금해했다.

윤 회장은 그 비결로 '생각의 전환'을 꼽았다. 휠라코리아는 당시 휠라 라이선스 사업자였다. 휠라의 경우 5년 단위로 라이선스 계약을 했는데 만료 후 재계약 여부가 불투명했다. 물론 그동안 유지해 온 신뢰 관계가 작용하지만 어떻게 될지는 알 수 없었다. 때문에 불안했고 사업이 잘돼도 과감한 투자를 하지 못한다는 한계가 있었다. 그러다 휠라 본사가 재무적으로 어려움을 겪었고, 윤 회장이 인수에 나섰다. 그는 전 세계 휠라 라이선스 사업자에게 "내가 오너가 되면 평생 재계약 걱정하지 않고 휠라 사업을 할 수 있게 해 주겠다"고 제안했다. 동시에 "평생 낼 로열티의 절반을 현재 가치로 환산해 내야 한다"는 조건을 달았다. 그들은 동의했고, 윤 회장은 자금을 마련해 휠라 본사를 인수했다. 라이선스 사업자라는 틀에 갇혀 생각하지 않았기에 가능했다. 이런 기업 인수 방식은 한국 금융사에서 최초였다.

현재 휠라코리아는 한국과 미국 등 주요 국가는 직접 경영하고, 나머지 70여개 국가에선 라이선스 사업자들과 파트너십을 맺고 브랜드 사업을 펼치고 있다.

성공비결 2 : 브랜드 정체성 유지, 생산 · 판매는 현지화

휠라코리아는 세계 시장에서 현지화 전략을 펼치며 성장했다. 'Think globally, but do locally(사고는 세계적으로, 실행은 그 지역에 맞게)' 라는 모토가 전략의 핵심이다. 국가, 지역, 계층마다 소비자 선호가 다르기 때문에 각각의 특수성을 이해하고 그에 맞는 제품을 재빨리 생산해 판매하는 것이다. 나이키 · 아디다스 등 글로벌 스포츠 브랜드가 하나의 제품을 만들어 세계 시장에 동일하게 판매하는 전략을 펼쳤다면, 휠라코리아는 휠라 로고 사용, 스트라이프가 들어간 테니스 티셔츠 등 기본 제품 판매 등 브랜드 정체성을 유지할 수 있는 원칙을 지키면서 각 국가의 휠라 브랜드 운영 법인이 자유롭게 제품을 생산 · 판매할 수 있는 현지화 전략을 사용했다.

"사고는 세계적으로, 실행은 그 지역에 맞게, 변신은 유연하게"

이와 함께 휠라코리아는 매년 각 국가의 법인과 사전 조율을 위해 글로벌 협력회의 'GCM(Global Collaboration Meeting)' 을 개최한다. 시장별로 나타날 수 있는 혼선을 차단하기 위해서다. 물론 제품 판매 등 국가별 운영 상황을 공유하고, 앞으로 다가올 시즌의 디자인 아이디어도 논의한다.

휠라코리아는 제품을 100% 아웃소싱(외주 제작)하고 있다. 제조 · 생산 부문에는 많은 종업원과 관리자가 필요하고, 관리상 문제도 많다. 휠라코리아는 아웃소싱을 통해 생산 시설 교체, 노사 분규 등의 리스크에서 자유로울 수 있었다. 조직을 경량화해 의사 결정 속도도 높였다. 윤윤수 회장이 항상 강조하는 '스피드 경영' 이다. 조직 유연성에 의한 신속한 의사 결정은 유행에 민감한 패션 산업에서 중요한 경영 전략 중 하나다. 세계 패션 시장에 부는 트렌드를 읽는 것은 물론 그 변화에 신속하게 적응해야 살아남을 수 있기 때문이다. 현재 휠라코리아는 중국 · 한국 · 베트남 등에서 제품을 생산하고 있다.

윤윤수 회장은 "사고의 세계화, 실행의 지역화 그리고 변신을 위한 유연성이 휠라코리아를 지탱하는 철학이자 성장 전략이다"고 말했다.

성공비결 3 : 중장년층에 향수, 젊은층에 세련미로 어필

현재 휠라코리아는 브랜드 리뉴얼 작업이 한창이다. 특히 고객층을 젊은층으로 전환하는 데 집중하고 있다. 휠라는 과거에는 20~30대가 즐겨 입는 스포츠 브랜드로 인기를 끌었다. 1970년대에는 테니스, 1990년대에는 농구 관련 의류와 신발 등으로 전 세계 젊은이들의 사랑을 받았다. 특히 그랜트 힐, 케빈 존슨 등 미국프로농구(NBA) 스타 선수의 농구화를 제작하며 그 시대 패션을 이끄는 아이콘으로 떠올랐다. 그러나 어느 순간부터 젊은층보다는 나이 든 사람들이 입는 브랜드로 자리 잡았고, '아저씨, 아줌마조차 꺼리는 브랜드' 라는 말까지 나왔다.

이런 상황에서 패션 시장에 스포티한 의류, 복고 바람이 불기 시작했고 휠라코리아는 테니스 · 농구 등으로 대표되던 휠라의 고유 브랜드 헤리티지를 현대적 감각으로 재해석한 제품을 선보였다. 빅 로고 티셔츠, 테니스 웨어, 하이톱 슈즈 등 휠라 헤리티지 라인이 바로 그것이다. 특히 2016년 하반기에 출시한 휠라 또는 F박스 로고를 전면에 크게 프린트한 '빅 로고 티셔츠' 가 큰 인기를 끌고 있다. 휠라코리아는 지난해 일부 매장에서 구매 가능했던 휠라 빅 로고 티셔츠를 올해부터 헤리티지 라인 강화 방침에 따라 주력 아이템으로 정하고 전 매장에서 판매 중이다.

테니스화의 디자인적 요소를 강조해 만든 '코트 디럭스' 는 지난해 9월 선보인 후 5개월 만에 약 15만개를 판매하며 단일 제품으로 전국적 매진 사례를 기록했다. 현재 코트 디럭스는 없어서 못 팔 정도로 인기가 많다. 휠라코리아는 '원 월드 원 휠라(One World One FILA)' 라는 모토 아래에 헤리티지 라인을 전 세계에 출시, 공통 마케팅을 펼치고 있다.

성공비결 4 : 도심 대형 매장 통해 젊은층 유인

휠라코리아는 유통망에도 변화를 주고 있다. 우선 10~20대 젊은 소비자와의 접점을 강화하기 위해 서울 · 부산 · 광주 등 전국 주요 도시 핵심 상권에 '메가 스토어' 10여 개를 열었다.

메가 스토어는 기존 매장의 3배 크기로, 백화점은 99㎡(30평), 가두점은 264㎡(80평) 이상 규모의 대형 매장을 말한다. 이 매장에선 휠라 스포츠, 휠라 골프, 휠라 오리지날레(스트리트웨어, 헤리티지 라인), 휠라 키즈(아동복) 등 휠라코리아의 모든 브랜드를 구매할 수 있다.

동시에 휠라코리아는 수익성이 낮은 영세 규모 매장을 정리하고 있다. 수수료와 재고 부담을 낮추기 위해 리테일(소매) 방식의 백화점 매장을 줄이고, 홀세일(도매) 채널 판매 강화에도 나섰다.

휠라 브랜드 슈즈는 ABC마트 · 폴더 등 신발 편집매장에서 판매되고 있고, 휠라 골프의 경우에는 2018년부터 골프용품 편집매장, 골프장 클럽하우스 등 홀세일 방식을 중심으로 한 비즈니스 모델로 전환할 계획이다. 이를 위해 휠라코리아는 지난해 11월 신규 사업과 유통 채널을 총괄 관리하는 홀세일 본부를 신설했다. 휠라코리아는 신발의 경우 기술력과 경험을 바탕으로 주문자상표부착생산(OEM) 등으로 비즈니스 영역을 확대할 계획이다.

"성공하려면 빠르고 강력하고 투명하라."

'샐러리맨의 성공신화', 휠라코리아를 이끌고 있는 윤윤수 회장을 두고 하는 말이다. 윤 회장은 1991년 휠라코리아 사장을 맡았고, 2007년에는 휠라 본사를 인수했다. 2011년에는 세계적인 골프용품 회사 아쿠시네트를 사들이며 휠라코리아를 스포츠 패션 · 용품 그룹으로 탈바꿈시켰다. 윤 회장이 말하는 성공 비결은 무엇일까.

첫째, 신속성이다. 윤 회장은 언제, 어디서나, 경영 현황을 환히 꿰뚫어 보면서 신속한 의사 결정을 해야 한다고 강조한다. 정보의 즉시성, 즉 실시간으로 현황을 파악할 수 있어야 한다. 보통 기업 규모가 커지면 작았을 때와 같이 기업 전체를 내 손바닥처럼 볼 수 없게 마련이다. 그래서 흐릿하고 조금은 답답한 '감'과 '의지'로 경영을 한다. 이는 풍부한 경험과 도전정신으로 좋게 표현되기도 한다.

이런 경영 스타일이 과거에는 통했지만 현재는 아니다. 공장에서 무슨 옷이 얼마나 생산되고 있고, 각 매장마다 얼마나 판매되고, 재고는 얼마나 있는지 항상 명료하게 파악할 수 있어야 한다. 그래야 그때그때 최적의 의사 결정을 할 수 있다.

그래서 윤 회장은 거의 모든 상황을 현장에서 담당자와 대화하며 결재한다. 직원에게 권한과 책임도 부여한다. 사장과 담당자 간 의견이 다를 때 담당자의 의견이 존중되는 경우도 많다. 윤 회장은 늘 "나는 힘 없는(powerless) 사장" 이라고 말한다. 힘이 있고 없고는 중요한 게 아니다. 원활한 의사 소통을 위해선 리더와 사장이 한발 물러나야 하고, 이를 통해 조직을 수평적이고 신속한 구조로 만들 수 있다는 것이다. 윤 회장이 말하는 민주 경영이기도 하다.

"원활한 의사 소통을 위해선 리더와 사장이 한발 물러나야 한다. 이를 통해 조직을 수평적이고 신속한 구조로 만들 수 있다."

둘째, 정직하고 투명해야 한다. 오너나 경영자는 정직, 투명성 측면에서 솔선수범해야 한다. 경영진은 온갖 더러움에 얼룩져 있으면서 아래 직원에게는 깨끗함을 요구하는 것은 말이 안 된다. 실효도 없고 조직에 냉소와 불신만 더할 뿐이다.

휠라코리아의 사원 정신은 '청렴, 유연한 사고, 자기 계발' 세 가지로 요약할 수 있다. 이 중 청렴성이 가장 중요한 덕목이다. '깨끗한 사원이 만드는 깨끗한 회사'는 휠라 제품 자체를 정직하고 깨끗한 이미지로 정착시키는 데 기여했다.

"오너 독단과 CEO의 강력함 혼동하면 안 돼"

셋째, 리더와 최고경영자(CEO)는 강인해야 한다. 일부 오너의 독단이나 2세의 전횡을 CEO의 강력한 추진력과 혼동해선 안 된다. 주주로부터 강력한 권한을 위임받아 핵심 사업을 밀어붙일 수 있어야 한다. 동시에 조직 전체를 아우를 수 있는 능력도 필요하다. CEO는 유연하고 부드러워야 하지만 반대로 강인함도 지녀야 한다는 것이 윤 회장의 지론이다. 그는 휠라 본사, 아쿠시네트를 인수할 때나 최근 '헤리티지 라인'을 중심으로 한 브랜드 리뉴얼 프로젝트를 이끌 때 모두 이 지론에 충실했고, 성공이란 열매를 맺을 수 있었다.

〈조선일보 2017. 6. 26〉

관광 · 호텔 인적자원관리론

4

제4장

인적자원관리의 기본개념

관광 · 호텔
인적자원관리론

4장

04

인적자원관리의 기본개념

제1절 인적자원관리의 의의

1. 인적자원관리의 개념

모든 조직은 고유의 목적을 갖고 있으며, 이러한 목적을 달성하기 위해서는 인적자원, 물적 자원, 정보, 전략 등 여러 가지의 자원들이 필요하다.

이러한 경영자원들 중의 하나인 인적자원을 관리대상으로 하는 인적자원관리는 기본적으로는 조직의 성과를 좌우하는 활동이며, 이러한 점에서 인적자원관리는 조직의 목표를 달성하기 위해 필요로 하는 인력을 확보하고 유지하여 활용하는 일들을 계획, 조직, 지휘, 조정, 통제하는 일을 의미한다고 볼 수 있다. 그러나 이러한 정의는 조직의 관점에 치우친 정의로 개인의 존엄성을 중요시하는 사회적 인식의 변화를 고려하지 못하고 있다. 따라서 오늘날의 조직은 조직의 목적 달성은 물론이고 동시에 조직의 발전에 기여하는 구성원 개인의 목적도 반영시킬 필요가 있으며 이러한 의미에서 현대적 의미에 있어서의 인적자원관리는 조직의 구성원들이 내외부의 환경변화에 자발적으로 대응하면서 조직의 목적달성에 적극적으로 기여하게 하여 조직의 발전과 함께 개인의 만족과 발전도 아울러 달성케 하는 철학, 제도 및 기법의 체계라고 할 수 있다.

한편 '인적자원관리' 라는 개념은 Taylor의 과학적 관리법이 등장하였던 1920~1930년대와 인간관계론이 등장하였던 1940~1950년대에는 '인사관리(Personnel Management)' 라고 불렀으나 1960대 후반부터 행동과학의 영향으로 인적자원을 중시하게 되면서 '인적자원관리(Human Resource Management)' 라는 명칭으로 바뀌게 되었다.

그리고 오늘날에는 글로벌시대를 맞아 기업 간의 극심한 경쟁에서 경쟁우위를 확보하기 위한 원천으로 전략경영과 인적자원을 통합한 개념인 '전략적 인적자원관리(Strategic Human Resource Management)' 라는 용어가 사용되고 있다. 따라서 전략적 인적자원관리란 근본적으로 인적자원관리가 조직의 목적을 잘 반영하여 전략경영과정과 잘 연계되고 인적자원관리 기능 간에도 조화를 이루어 조직의 목적을 효율적으로 달성시키는 과정을 의미한다.

2. 인적자원관리의 성격

인적자원관리의 성격은 여러 가지로 규정할 수도 있으나 일반적으로 다음과 같은 특성을 들 수 있다.

첫째, 인적자원관리의 대상이 인간이란 점이다. 조직이 사람을 고용할 때는 그 사람의 육체적 또는 정신적인 능력을 필요로 하며, 조직은 그의 노동력을 사용하고 그 대가로서 적정한 보수를 지급한다.

그런데 문제는 사람은 다른 동물과 달라서 인격적 주체성을 떠나서 생각할 수 없다는 점이다. 즉 조직에서 구성원의 기여도는 노동력을 가지고 있는 사람의 의사에 의하여 크거나 또는 작게 발휘될 수가 있다.

따라서 조직이 구성원의 노동력을 최대한 발휘하도록 하기 위해서는 구성원의 능력이 아니라 의지를 움직여야 하며, 그와 같은 의지는 인격적 통합체로서의 인간의 주체성과 자주성을 바탕으로 할 때 가장 잘 발휘될 수 있는 것이다.

조직이 사람을 채용할 때 능력을 갖춘 사람을 뽑는 것도 중요하지만, 더욱 중요한 것은 채용 후에 능력을 최대한 발휘할 수 있도록 의지를 키워주는 일이다.

이러한 점에서 오늘날과 같은 현대적 인적자원관리에서 인간의 본성에 관한 보다 정확한 인식이 대단히 중요하다.

둘째, 인적자원관리의 주체 또한 인간이란 점이다. 즉 인적자원관리 제도의 결정은 경영자가 하며 또한 경영자를 보좌하여 인적자원관리 업무를 실무적으로 집행하는 사람들 또한 인간이며, 따라서 그들이 인적자원관리의 제도를 도입하거나 집행하는데 있어서 그들의 성격, 태도 및 가치관 등의 영향을 받을 수 밖에 없는 것이다.

따라서 경영자의 사고와 능력은 한 조직 내의 인적자원관리의 특징을 형성하며 이는 한번 형성되면 쉽게 변화되기 어려우며, 특히 오랫동안 형성된 가치관의 변화에는 더욱 한계가 있다는 견해가 많다. 이러한 점에서 경영자는 끊임없이 자신의 능력을 개발할 필요가 있다.

셋째, 인적자원관리는 사회적, 문화적 환경과 전통의 영향을 벗어날 수가 없다는 점이다. 인적자원관리는 주체와 객체가 인간이라는 점에서 기본적으로 인간의 상호작용의 관계로 볼 수 있으며, 조직도 역사가 오래될수록 그 조직의 제도나 구성원들의 사고방식이 고착되어 환경의 변화에 신속하게 적응하기 어렵다.

따라서 인적자원을 관리함에 있어서 어떤 제도를 변경할 때는 조직의 역사와 환경의 변화를 적절히 고려하여 신중하게 접근할 필요가 있다.

제2절 인적자원관리의 전개과정[4)]

1. 생산성 강조시대

이 시기는 생산성 향상을 목표로 한 관리체계가 확립된 시기로 여기에 커다란 영향을 미친 사람들로는 특히 F. W. Taylor와 H. Ford를 들 수 있다.

1880년대부터 근로자들의 조직적 태업이 빈번하게 일어났는데 Taylor는 그 원인이 임률(wage rate) 설정의 불합리성에 있다고 보고 당시에 지배적이었던 주먹구구식 관리를 대체하는 과학적인 방법을 고안하였는데 '시간 · 동작연구(time and motion study)' 가 그것이다.

이를 바탕으로 새로운 관리형태의 과학적 과업관리가 성립되었으며, 이러한 Taylor의 과학적 관리는 그 후에 여러 사람들에 이어져 공학적인 면에서 큰 발전을 보게 되었다. 한편 같은 시대에 그와 쌍벽을 이루면서 그 후의 관리형태에 큰 영향을 미친 것으로 Ford의 '동시관리' 를 들 수 있다. '동시관리' 란 작업조직의 철저한 합리화에 의하여 작업의 동시적 진행을 기계적으로 실현하고 관리를 자동적으로 전개하려는 것이다.

그 결과 인간은 직접적인 육체노동으로부터 해방이 되었으나 인간도 기계의 일부가 되고 기계에 예속됨에 따라 인간이 갖는 개성을 상실함으로써 직무에 대한 책임감은 물론 직무수행을 기피하는 현상까지 빚기에 이르렀다.

2. 인간성 강조시대

생산성 측면만을 중시하고 인간성을 무시했던 제1기의 관리방식에 따른 역기능이 증가되는 가운데, E. Mayo를 중심으로 한 Hawthorne 공장에서의 일련의 실험은 인간성의 중요성을 부각시킨 '인간관계론' 을 성립시켰다. 즉 이

4) 김식현 · 백삼균, 인사관리, 한국방송통신대학교출판부, 2004, pp.11~14.

시기에는 산업에 있어서 인간의 문제가 관심을 끌게 된 것이다. 이러한 배경에 근거를 둔 당시의 관리목표는 감정의 논리를 중심으로 하는 개인적인 정신적 만족의 증대에 두어졌다. 즉 개인에 만족감을 주면 성과는 그에 비례하여 상승한다는 것이다. 따라서 관리의 형태는 온정주의적인 성격을 띠게 되어 종업원들에게 주택, 연금, 레크리에이션 시설 등을 제공하여 만족을 높이려고 하였다. 그러나 이러한 복지정책은 종업원의 참가에 의해서 이루어진 것이 아니라, 부모가 이것이 자식에게 좋을 것이라고 생각하여 제공하는 것과 같은 방식을 취하여 마치 근로자를 미성숙인간으로 보는 관리형식을 취하였으며, 따라서 종업원들은 이러한 관리방식에 불만을 느끼게 되었고, 기존의 복지시설 제공은 당연한 것으로 여기고, 또 다른 새로운 요구의 충족을 바라는 방향으로 불만이 높아지는 상황이 되었다.

3. 생산성과 인간성의 동시 강조시대

제1기의 생산성만을 강조하였던 인적자원관리나 제2기의 인간성 중시의 인적자원관리는 결과적으로 조직구성원들의 불만을 심화시키고 생산성은 향상시키지 못하는 결과를 가져왔다.

그러나 이 시기 이후 급격한 발전을 본 행동과학과 조직행위론에서의 모티베이션이론, 커뮤니케이션 이론, 리더십 이론 등은 조직에서의 인간문제를 이해하고 해결하는데 큰 도움이 되었다. 그리고 조직에서 인간의 소외현상을 극복하고 보다 많은 자율성과 참여의 기회를 부여하기 위해서 개발된 직무확대, 직무충실화, 목표에 의한 관리 등도 많이 채택되기 시작하였고, 급변하는 환경에의 적응을 위한 동태적 조직구조의 개발도 커다란 공헌을 하게 되었다.

무엇보다도 현대에 있어서 가장 중요시되는 개념의 발전은 인적자원의 중요성이 인식되기 시작하였다는 것이고, 이와 아울러 조직목표와 개인목표의 조화 문제가 부각되기 시작하였다는 점이다.

제3절 인적자원관리의 철학과 방침

1. 인적자원관리의 철학

철학이란 인간을 움직이는 기본적인 사고방식을 말한다. 개인도 삶을 살아가면서 사물과 사실에 대하여 나름대로 가지고 있는 가치기준과 근본적인 신념이 있듯이 조직이나 집단도 그 조직과 집단의 목표실현과 존속을 위해 공식적인 형태든 또는 비공식적 형태든 기본적인 지침이나 방침을 갖고 있으며 이것이 조직의 철학이다.

조직의 철학은 주로 경영자의 성격이나 가치관에 따라 형성되며 경영철학이 기업경영의 성공을 가늠하는 중심원리이며 지표라면, 인적자원관리 철학은 인적자원관리의 성공을 결정짓는 중심원리라고 할 수 있으며, 좀더 구체적으로 말하면 인적자원관리 철학은 경영자가 종업원을 다루는 기본적인 사고방식. 즉 경영자가 종업원을 경영목적에 결합시키기 위한 경영활동에서 나타나는 일관된 성향이라고 할 수 있다.

오늘날 경영에 있어서 조직과 개인을 어떻게 통합하는냐가 사회적 화두가 되고 있으며, 이는 개인주의 사상이 발전되면서 더욱 해결이 어려운 실정이다. 따라서 이러한 오늘날의 경영관리에서 조직과 개인을 결합하기 위한 인적자원관리 철학은 사회적으로 인정될 수 있을 뿐만 아니라 기업의 발전에 적극적인 기여를 할 수 있는 성질의 것이 아니면 안 된다. 그러기 위해서는 먼저 개인의 목적, 즉 현재와 장래의 생활안정, 사회적 인정, 그리고 자기 이상의 실현 등의 동기가 조직 속에서 어느 정도 실현된다는 확신을 종업원에게 줄 수 있지 않으면 안 된다.

이처럼 조직과 개인을 통합하는 기본배경이 되는 인적자원관리 철학은 인간중심의 경영이론으로써 맥그리거의 Y 이론과 기타의 행동과학이론 등이 여기에 포함된다.

2. 인적자원관리의 방침

방침이란 어떤 목적을 달성하기 위한 원칙적인 행동방향을 뜻하며, 인적자원관리 방침은 인적자원관리 활동의 기본원칙 또는 방향을 말한다. 인적자원관리에서도 경영자의 인적자원관리 철학을 구체적인 인적자원관리 방침으로 밝혀 이와 같은 원칙을 따르도록 함으로써 개별적인 인적자원관리에 관한 의사결정이 합리적이고 일관성을 가질 수 있게 된다.

합리적인 인적자원관리 방침은 일반적으로 조직 전체의 관점에서 합리적이어야 하고 종업원의 동의(commitment)를 구해야 한다는 두 가지 요구를 동시에 충족시키지 않으면 안 된다.

인적자원관리 방침의 설정과 운용에 있어서는 경영이념과 인적자원관리에 관한 일반 통념뿐만 아니라 조직적인 달성조건에 비추어 그 방침의 합리성이 평가되어야 하며, 또 최고경영자와 상급관리자 그리고 인적자원관리 전문가의 참여에 의하여 제정되어야 한다.

일반적으로 유효한 방침의 평가기준으로 J. H. Turner는 다음과 같은 것을 들었다.

① 경영철학을 정확히 반영해야 한다.
② 배후에 있는 의도가 모든 관리자와 사원에게 잘 이해되어야 한다.
③ 예기치 않은 사태에 대처할 때 이를 따름으로써 타당한 대응책을 발견하는 데 도움이 될 만큼 현실적이어야 한다.
④ 사내 외의 이익집단의 관점에서 공정하다는 평가를 받을 수 있어야 한다.
⑤ 방침 그 자체가 잦은 변경을 요할 만큼 일반상황을 정확히 예측하지 못해서는 안 되므로 안정적이며 지속적일 수 있는 방침이어야 한다.

제4절 인적자원관리자 역할

1. 최고경영자에 대한 역할

인적자원관리자는 최고경영자의 정보원천이 되어야 한다. 인적자원관리자는 조직의 분위기가 어떻게 돌아가고 있으며, 사람들이 무엇을 생각하고 있고, 구성원들에게 영향을 미치는 조직의 활동이나 의사결정에 사람들은 어떠한 태도를 보이고 있는가 하는 것을 알아야 하고, 이 정보들을 적절히 평가하여 이 태도들에 어떻게 대처해 나갈 것인가 하는 구체적인 방안을 최고경영층에 제시하여야 한다.

한편 인적자원관리자는 승진후보자나 유능한 인재를 최고경영층에 추천함에 있어서 공정한 평가기준과 신념을 갖고 있어야 한다. 대부분의 경우 관리층은 복수 추천하게 되어 있으므로 이들의 선발과 각자에 대한 평가는 물론 정당한 근거를 가지고 최종선택에도 어느 정도는 미리 결정을 하고 있어야 한다.

2. 각 부문에 대한 역할

조직에서 다른 부문이나 다른 계층에서 일하는 사람들은 각각 다른 관점을 가지고 있다. 마케팅부서의 문제를 잘 이해하지 못하는 조직의 관리자는 경영자의 입장을 잘 이해하지 못하는 경우가 많다. 또한 하급자들은 상급자들이 자신들을 잘못 파악하고 있다고 불평하기도 한다. 따라서 이들 간의 의사소통을 원활히 하여 중재, 조정 역할을 하는 것이 인적자원관리자의 임무의 하나이다.

조정자로서의 인적자원관리자는 그가 접촉하는 각 집단의 요구사항과 입장을 이해하고 존중하여야 하며, 그들의 입장이 되어보도록 노력하여야 한다. 그리고 각 집단의 처지를 민감하게 이해하여 한 집단의 의사가 다른 집단에 잘 전달되도록 하여야 하며, 양 집단이 직접 접촉할 때의 마찰을 피하기 위하여 교량역할을 할 수 있어야 한다. 이렇게 함으로써 관련당사자들이 직접 해결해야 할 때의 시간과 에너지 소모를 줄이고 갈등을 해결하거나 미연에 방지할 수가 있는 것이다.

3. 대외적 역할

인적자원관리자는 조직과 외부환경을 연결하는 역할을 한다. 조직에 공공관계의 문제가 생길 때에는 종종 외부에 대하여 조직을 대표하는 역할을 닫게 된다. 이것은 인적자원관리자가 조직의 전반적인 활동을 파악하고 있기 때문이다.

또한 인적자원관리자는 조직이 외부적 환경의 변화에 적극적으로 대응할 수 있도록 외부의 새로운 지식, 기술, 제도를 도입하는 변화담당자로서의 역할도 수행하기도 한다.

제5절 호텔 인적자원관리의 특징

호텔이란 원래 여행자에게 숙박과 음식 그리고 휴식, 오락공간을 제공하는 것을 주업으로 하는 기업조직이다. 호텔경영의 성공요소는 바로 시설의 수준, 고객의 수준 그리고 서비스의 수준으로 요약할 수 있으며 이러한 요소가 서로 균형을 이루어야 하는데 어느 한 가지라도 문제가 되면 전체 경영이 흔들리게 된다. 호텔조직에서의 인적 서비스는 다른 어떤 서비스 조직보다 가장 고객과 밀착되어 있으며 아주 조그마한 분야에까지 서비스가 스며들어야 한다.

호텔 인적자원관리의 출발점은 바로 객실수와 부대영업시설의 규모에서 찾을 수 있다. 또한 서비스의 질도 호텔의 시설수준 그리고 호텔을 이용하는 고객에 맞게 설계되어야 한다. 호텔조직의 직무는 비교적 완만한 기술변화 패턴을 보여 주기 때문에 서비스에 대한 노하우(know-how)의 축적이 용이하다고 말할 수 있다. 이상과 같이 호텔은 타기업과는 다른 특수성으로 인하여 인적자원관리가 결코 용이하지 않으며, 그러한 특징을 간략히 살펴보면 다음과 같다.

❶ 채용관리상의 특징

인력확보활동의 경우, 특히 인력선발 시 유능한 인재를 판별하는데 큰 어려움이 존재한다. 왜냐하면 인적서비스를 고객에게 제공하는 종업원의 경우 친절성, 고객의 욕구를 궤뚫을 수 있는 판단력 그리고 예절 등이 직무수행요건의 핵심이 되는데 이러한 것은 필기시험이나 종이에 나타난 자격증으로 판단하기에는 많은 무리가 따른다. 따라서 인력 선발 시 서비스 제공과 관련되는 행동을 직접 수행케 한다든지, 양질의 인성테스트가 동원되어야 하는 측면이 있다.

❷ 교육훈련상의 특징

인력개발의 경우 초점은 인적서비스의 질을 극대화시키는 데에 있으며, 이는 강의나 이론점수만으로 높은 효과를 기대하기가 어렵다. 호텔조직에서 특히 강조되는 교육훈련 기법이 바로 직장 내 훈련(on the job training)이다.

❸ 보상관리상의 특징

호텔조직에서의 인력보상은 다른 기업과 마찬가지로 그 골격은 유사하지만 호텔의 영업이 24시간 이루어지기 때문에 교대조 편성 및 특정 교대조(야간)에 대한 수당과 봉사료 관리문제 등이 다른 일반 기업과 다른 문제영역이다.

❹ 이동관리상의 특징

인력유지 및 방출활동은 이 업종의 이직률이 특히 우리나라의 경우 매우 높기 때문에 종업원의 만족도 극대화를 위한 양질의 리더십, 모티베이션 전략 그리고 이직방지를 위한 경력개발 전략이 특히 요청된다.

사례연구 일본기업의 철인경영

'철인경영(哲人經營)'. 과연 가능할까 싶지만, 현실에서 탄탄하게 뿌리를 내린 사례가 있다. 일본에서 살아있는 '경영의 신'으로 추앙받는 이나모리 가즈오 (稻盛和夫 · 77) 교세라 명예회장이다. 그의 교세라는 1959년 다른 회사의 공장 한구석을 빌려 종업원 28명의 벤처기업으로 출발했다. 창업 후 매년 흑자를 내온 교세라는 종업원 5만9500여 명, 자회사 219가를 거느린 세계적 기업으로 성장했다. 그가 존경받는 것은 숫자로 나타난 경영실적 덕분간이 아니다. 인본사상을 담은 그의 경영철학 때문이다. 그는 돈을 벌려고, 이익을 내려고 아등바등해본 적이 없다. 기업활동을 통해 인간성을 구현하는 데 노력해왔다. 남을 배려하고, 보살피고, 믿고, 도우며 기업활동을 하면 돈은 자연히 따라온다는 주의다. 그래서 그는 차가운 금속성의 미국식 합리주의와는 거리를 둔다.

Q 지방의 벤처기업을 세계적 대기업으로 키웠다. 새로운 사업에 진출하거나 인수합병 을 거치며 성장했다. 강력한 리더십이 있어서 가능했을 것 같다.

A 어떤 면에선 그럴지 모른다. 27세에 28명으로 회사를 시작했다. 아주 작은 영세기업이어서 자금도 그다지 없었고, 기술도 많지 않았다. 사람밖에 없었다. 모두 단결해 경영의 목적을 향해 공동 목표를 공유한 것이 큰 원천이었다. 사명과 목적을 충분히 서로 이야기해 이를 달성하기 위해서는 어떤 사고방식과 철학을 가져야 하는지 전 직원이 공유했다. 이것이 '교세라 필로소피'다. 이것을 한 명 빠짐없이 공유해 자기 것으로 만들었다. 직원 모두가 하나가 돼야 한다. 이걸 두고 리더십이 강하다고 할지 모르겠다. 최고경영자(CEO)가 권력이 있다고 해서 어깨에 힘준 채 깃발 휘두르면서 너는 이쪽으로, 나는 이쪽으로, 하는 식으로 지휘하는 것만으론 되지 않는다. 그럼 직원들이 따라오지 않는다.

Q 세계적인 불황 속에서 일본도 어렵고, 모든 회사들의 경영상황이 나빠지고 있다. 이런 상황에서도 그런 방식이 잘 될 수 있는가?

A 회사의 사명과 목적을 설정해 모두가 이해하고 공감하면 경영은 잘 되게

마련이다. 경영이 잘 되니까 그렇게 하는 게 아니라, 잘 안 되니까 그렇게 하는 거다. 전 종업원이 협력해 노력하는 것이 첫출발이다. 그러면 아무리 나쁜 경영환경에서도 상황을 개선시킬 수 있다. 그게 50년간 한 번도 적자 결산을 해본 적이 없는 교세라의 원동력이다.

Q 명예회장은 종업원을 가족처럼 대해주는 경영을 해왔다. 그러나 요즘은 미국식 성과주의가 중시되고 있다. 앞으로도 교세라식 방식이 통용될 수 있을까?

A 가족의 바탕은 서로 신뢰하는 것이다. 이런 관계를 사내에 만들려고 해왔다. 이를 달성하기 위해서는 어떤 사고방식, 철학을 가져야 하는지를 사원들이 공유하도록 하고 있다. 톱 경영자와 중간층, 모두 같은 사고방식을 가져야 한다. 경영자는 종업원, 종업원은 경영자를 배려해서 모두 한마음이 되는 것이다. 교세라는 위도 아래도 같은 철학과 목표를 가진 회사를 만든다는 점에서 일 잘하는 사람만 승진하는 회사가 아니다. 힘 있고 지혜가 있는 사람은 그렇지 못한 사람을 도와줘야 한다. 서로의 능력을 발휘해서 협력하는 구조라야 한다. 그래서 미국식 능력주의는 채용하지 않고 있다. 능력주의를 하면 유능한 사람이 노력해 성과를 내는 것 같지만, 사내에서 알력도 생긴다. 회사가 발전하고 활력이 넘칠 때는 능력주의가 좋다. 그러나 그렇지 않을 때가 문제다. 불평불만이 나오고 협력도 잘 되지 않는다. 개인의 능력에 의존한 성장구조가 영원히 계속되지는 않는다.

Q 독특한 경영방식을 펴게 된 계기는?

A 나의 인간성에 원인이 있다고 생각한다. 어릴 때 아주 가난했다. 부친은 작은 인쇄소를 경영했다. 그런데 미군의 공습으로 이마저 잿더미가 됐다. 인쇄기계도 없어져 모두 어려웠다. 형제 7명에 사촌들까지 챙겨야 했다. 집도 불타버리고 식량도 없었지만, 부모님을 중심으로 힘을 합쳤다. 부모님은 열렬한 불교신자였다. 이런 영향으로 형제들은 서로 도왔다. 그러면서 남에 대한 자비, 사랑, 부드러운 배려 등이 인간에게 가장 중요하다는 것을 배웠다. 어릴 때부터 정의감이 있었고, 누군가 약자를 괴롭히면 그냥 보지 못하고 도와줬다. 소년 시절의 마음이 그대로 지금까지 이어지고 있다. 머리 좋은 사람이 능력이 있다고 해서 크게 성공하는 것

은 아니다. 신은 인간에게 큰 능력의 차이를 뒀을 리 없다. 도드가 행복하길 바랐을 것이다. 그러니 서로 도와줘야 한다. 나는 이공계 출신이어서 경영은 전혀 몰랐다. 미국에 유학해 경영학을 배운 적도 없다. 원래부터 사람을 중시하는 사고방식을 지녔다. 미국식 경영방식을 알고서 반대한 게 아니다.

Q 교세라는 세포가 분열하는 것처럼 조직을 세분화해 독립적으로 경영하는 '아메바 경영'으로 유명하다. 아베마 경영의 장점은 무엇인가. 조직이 커서 비효율이 나올 수도 있을 거라고 보기도 하는데.

A 전 세계에서 직원 6만 명이라면 적지 않은 규모다. 각지의 조직을 운영하며 철학 · 사명 · 목적을 달성하기 위해서는, 어떤 사고방식을 가져야 하는지 모두가 이해하고 공유하고 있어야 한다. 여기엔 독립채산제가 효율적이다. 작은 독립채산제로 만들어 영업손익을 바로 알 수 있도록 하는 게 아메바 경영이다. 200개 이상의 부문이 매월 말 결산을 보내온다. 이로써 경영상태를 바로 알 수 있다. 일각에선 경영비용이 커지는 단점도 지적한다. 그러나 일반 회사보다 더 효율적이다. 제로부터 만들었기 때문이다. 이미 커진 회사가 이런 방식을 도입하면 엄청난 간접비가 발생할지도 모른다. 우리는 처음부터 했기 때문에 문제가 없었다. 체질이 된 것이다.

Q 거듭된 M&A에 모두 성공했다. 어떤 비결이 있었고, 어떤 노력이 필요한가?

A 보통은 인수하는 측이 자신의 이익을 위해 합병을 추진하는 경우가 많다. 그러나 나는 서로에게 이익이 되는 것을 추구한다. 인수되는 기업의 종업원들도 바람직하다는 생각을 하도록 해줘야 한다. 우리는 먼저 '이런 철학, 이런 방식으로 일을 한다'고 전한다. 상대방이 이를 받아들여 인수합병 후에도 차별 없이 일할 수 있겠다는 믿음을 가질 때, 그리고 철학을 공유해 하나가 될 수 있겠다고 판단될 때 합병한다. 그렇지 않은 경우는 아무리 기술이 있어도 하지 않는다.

Q 자수성가라는 말이 있다. 그러나 이제는 시대가 바뀌어 그런 게 불가능하다는 인식이 있다.

A 앞 세대에는 기회가 많았지만, 지금 세대에는 없다고 생각하는 경향이 있지만 이는 잘못이다. 혼다기겐의 창업자 혼다 소이치로(本田宗一郎)는 원래 자전거 수리점을 했다. 전후 군에서 얻은 작은 발동기를 자전거에 붙여 오토바이 비슷한 것을 만들었다. 동네 발명가였던 셈이다. 그가 점점 회사를 키워 성장했다. 2륜차 부문에서 세계적인 회사가 됐을 때다. 그 아들이 열심히 일하지 않자 어느 날 크게 꾸짖었다. 그러자 아들이 '아버지 때는 잿더미에서 아무것도 없었기 때문에 기회가 있었다. 그러나 이 시대엔 안 된다' 고 말했다. 아버지는 '무슨 소리냐, 어느 시대에도 된다' 고 반박했다. 그의 말대로 어느 시대든 반드시 틈새가 있다. 작은 틈새를 열기 위해 노력하다 보면 회사가 커진다.

Q 청년 실업률이 높아졌는데 이건 역시 시대변화의 결과 아닌가?

A 그것도 대답은 마찬가지다. 내가 대학을 나올 때는 1955년이었는데, 당시 대학을 나와도 취직이 불가능했다. 하지만 일할 의욕만 있으면 반드시 할 일은 있게 마련이다. 직업을 유별나게 고르기 때문에 일자리가 없는 것이다. 나는 직업이 없었기 때문에 정말 별 볼일 없는 일을 하게 됐다. 그 일이 지금의 교세라를 만든 출발이 됐다. 일자리가 없다는 건 너무 사치스러운 얘기다.

Q 명예회장은 중학교를 두 차례 낙방하고 대학을 한 차례 낙방했다. 실패를 통해 무엇을 배웠는가?

A 실패하면 비참한 생각이 들고 낙담도 한다. 그렇지만 이것이 나의 운명이라고 생각하고, 거기서 다시 열심히 노력했다. 실패가 있었기에 순조롭게 엘리트 코스를 걷지 못하고 역경을 걸어야 했다. 그냥 주저앉았다면 불평불만이나 늘어놓는 불행한 인간이 됐을 것이다. '노력했는데도 안 된다' 며 세상을 원망하기 쉽지만 나는 그러지 않았다. 내가 빠진 역경을 그저 담담히 빠져나왔다. 성실하게 일했을 뿐이다. 이것이 나를 성공으로 이끌었다. 실패에서 뭔가를 배운 게 아니라 그 결과를 받아들인 채 정면으로 도전해 나간 것이 비결이다.

〈중앙일보 2009. 12. 19〉

사례연구 "대선 공신 낙하산 폐해 수조원… 2,000명에 1억씩 쓰자"

◀ 이근면 초대 인사혁신처장이 9일 그재학 논설위원과 정부 인사시스템 개선 방안에 대해 논의하고 있다. 이 전 처장은 "국가대표급 인자를 뽑는노력을 게을리한다면 아이들 미래가 굉장히 암울해질 것"이라고 말했다.

이근면(67) 초대 인사혁신처장은 자타가 공인하는 국내 최고의 인사전문가다. 글로벌 기업 삼성에서 36년간 인사 혁신을 이끌었다. 삼성 특유의 열린 채용과 직무적성검사(SSAT) 도입, 성과 중심의 인사시스템 정착 등이 그의 작품이다. 이런 경험을 토대로 2014년 11월 박근혜 정부가 공직사회 혁신을 위해 신설한 인사혁신처 초대 처장에 임명됐다. 그는 19개월 간 민간전문가 영입을 늘리기 위한 개방형 임용제 개편, 공무원연금 개혁, 성과연봉제 확대 등 채용제도 및 인사 혁신에 큰 성과를 거뒀다.최근 문재인 정부 2기 내각 구성을 놓고 인사 실패 논란이 거세다. 인사와 검증을 담당했던 청와대 인사수석ㆍ민정수석 등의 문책론도 제기된다. 박근혜 정부도 문고리 3인방과 우병우 전 민정수석의 전횡으로 인사시스템이 정상적으로 작동하지 않았다. 왜 역대 정부마다 인사 실패 논란이 반복되는 걸까. 이 전 처장을 만나 정부 인사시스템 개선 방안에 대해 들어봤다.

– 인사(人事)란 무엇인가

"말 그대로 사람을 어떻게 쓰느냐의 문제다. 흔히 '인사는 만사'라지만, 실은 '인사는 만사의 시작'이다. 더 풀어서 얘기하면 조직의 성공을 위한 출발점이다. 출발이 잘못되면 결과는 보나마나다. 인사는 조직의 임무에 적합한 사람을 앉히는 것이다. 조직이 할 일과 이 사람이 적합하냐를 따지는 것이 인사의 요체다. 같은 자리라도 조직의 할 일은 그때그때 달라진다. 예컨대, 군인의 경우 전시엔 전쟁 잘하는 사람을, 평시엔 훈련 잘하는 사람을 뽑아야 한다. 그냥 내 맘에 드는 사람을 뽑는 것은 비전문가들이 하는 것이다. 인사는 '전문적인 영역'이다."

– 정부 인사가 '전문적으로' 이뤄진다고 보나

"전혀 그렇지 않다. 한국은 2000년대 초 예산 100조짜리 국가였지만 지금은 500조짜리 국가다. 조직이 5배 성장했는데 인사시스템을 그대로 쓰면 어떻게 되겠나. 그런데 우리는 그대로 쓰고 있다. 20년 동안 국가 위상도 달라지고 국민 눈높이가 높아졌음에도 공공영역의 인사시스템은 바뀌지 않았다. 반면 민간영역은 세계와 경쟁하며 일류 수준에 근접했다."

– 고위공직자에게 가장 중요한 자질이 뭔가. 전문성인가, 도덕성인가, 리더십인가

"정부 역할이 대국민 서비스로 탈바꿈한 지 오래다. 국민을 통제, 관리하는 기능에서 벗어났다는 얘기다. 그러니 전문성이 제일 중요하다. 그 다음은 리더십이다. 국정은 연습하는 곳이 아니다. 리더십이 반드시 검증돼야 한다. 평생 한 번도 조직을 운영해보지 않은 사람이 고위직을 맡았을 때의 폐해는 엄청나다. 그 다음이 도덕성이다. '고위공직자 7대 원천배제 기준' 중 병역기피나 성범죄는 용납되기 어려운 결함이지만, 위장전입 등 어느 정도 용인될 수 있는 부분도 있다. 지금 잣대로 과거 행태를 모두 재단할 수는 없다. 절대 허용 불가인 도덕성과 불가피했던 시대적 도덕성을 구분할 필요가 있다."

고위 공직자 도덕성 기준, 선출직에 맞추는 게 합리적

– 최정호 국토부 장관 후보자는 전문성에서 좋은 평가를 받았으나 투기 논란으로 낙마했다.

"현 정부는 다주택자들에게 있는 주택도 팔라고 권했다. 다른 부처도 아닌 부동산 정책을 담당하는 장관으로 다주택자를 임명한 것은 국민 눈높이에서 부적합 판정을 받을 수밖에 없다. 교육부나 과학기술부 장관이 논문 표절을

했다면 마찬가지로 낙마 사유다. 전문성과 함께 해당 부처에서 특별히 요구되는 도덕성을 갖춰야 한다."

– 청와대는 낙마 후보자에 대해 위법은 없었고 7대 기준에도 어긋나지 않았다는 입장이다.

그럼에도 '국민 눈높이'에 맞춰 인사검증 기준을 강화해야 한다는 의견이 많다. "도덕적 잣대는 상대적이다. 공직자를 추천한 쪽의 도덕적 잣대와 국민의 도덕적 잣대는 다를 수밖에 없다. 반복되는 논란을 피하려면 어떤 선을 정해야 한다. 7대 기준도 될 것과 안 될 것을 구분해 구체적인 가이드라인을 만드는 게 좋다. 예컨대, 위장전입의 경우 토지 투기를 위한 것인지, 아이 교육을 위한 것인지 구분해야 한다. 행위 자체의 적극성과 의도성을 따져 세밀한 기준을 만들지 않으면 똑같은 일이 벌어질 수밖에 없다."

– 국회 인사청문회 제도를 개선해야 한다는 의견이 많다. 지금은 전문성을 따지기보다 도덕적 약점을 파고들어 망신 주기로 흐른다는 비판이 많다.

"현 청문회 방식을 고쳐야 한다는 게 국민 대다수의 의견이다. 장점을 찾아내는 청문회가 돼야 하는데 우리는 단점만 찾는다. 장점이 성과를 내는 것이지 단점이 성과를 내지는 않는다. 고위공직자에게 적용되는 도덕성 수준에 대해 사회적 합의가 필요하다. 청문회에서 질문하는 국회의원들은 그 만큼의 도덕성을 갖고 있는지 의문이다. 국민이 선출했으니 국회의원의 평균적 도덕성이 사회가 인정하는 도덕성이라고 유추할 수 있다. 선출직이 아닌 공직자에게만 더 엄격한 잣대를 적용하는 건 문제가 있다."

– 국회의원의 도덕성에 맞추는 게 합리적이라는 건가

"그렇다. 국회의원은 국민이 용인한 선출직이니 그들의 평균적 도덕성이 고위공직자 도덕성의 기준이 돼야 한다고 본다. 물론 이해충돌 방지 등 선출직에 대해서도 국민 눈높이가 달라지고 있고 그런 시대 변화를 반영해 도덕성 기준도 보완해야 할 것이다."

보수ㆍ진보진영 벗어난 제3섹터에 인재 많아

– 정부 인사시스템을 어떻게 바꿔야 하나

"단기적으론 검증 시스템을 보완해야 한다. 7대 기준을 철저히 분석해 낮출 건 낮추고 높일 건 높이는 작업이 필요하다. 낙하산ㆍ보은 인사 관행에서도 탈피해야 한다. 최근 환경부 사례와 같이 청와대가 장관 인사권에 개입했다면 젊은이들 채용 비리와 다를 바 없다. 역대 정부도 똑같았지만 이제 국민들이 용인하지 않는 수준까지 왔다. 중기적으론 청문회 제도를 고쳐야 한다. 정책과 전문성 중심으로 '장점 찾기'를 하는 청문회가 돼야 한다. 도덕성은 기본적으로 따져야 하지만 그 수준에 대해선 합의가 필요하다. 지금처럼 흠집내기, 망신 주기 청문회가 된다면 제대로 된 전문가를 뽑기 어렵다. 청문회를 공개(전문성)와 비공개(도덕성과 의혹) 영역으로 나누는 문제를 더 이상 늦춰선 안 된다."

– 국정철학과 무관하게 최고의 성과를 낼 수 있는 전문가를 뽑아야 되는지, 능력이 조금 떨어지더라도 코드가 맞는 인사를 뽑아야 하는지 헷갈린다.

"대통령은 국민 전체를 위해 일할 수 있는 인재를 뽑아야 한다. 진보ㆍ보수 진영을 벗어난 제3섹터에 뛰어난 인재가 훨씬 많다. 정치권 근처에 있는 사람만 활용하니 코드 인사 문제가 반복되는 것이다. 장관은 개인 생각을 펼치는 자리가 아니다. 국가 발전이라는 미션을 수행하는 자리다. 장관직을 수락했다면 정책 기조에 동의한다고 봐야 한다. 전문가 집단엔 정치색 없이 국가 발전에만 집중해서 일할 사람이 많다. 대척점에 있는 반대 진영 사람을 쓰라는 얘기가 아니다. 정권이 아닌 국가 전체를 보며 해당 업무를 가장 잘 해낼 사람을 발탁해야 한다. 신입사원을 뽑을 때도 학연 지연 혈연을 배제하는 것이 대세인데, 왜 내 입맛에 맞는 사람만 써야 하나."

– 실제 인재풀을 넓히라는 요구가 많다. 체계적인 인재 관리가 필요하다고 보는데.

"노무현 대통령 시절에는 인사시스템을 개선하려는 정부 차원의 노력이 있었다. 그런 노력이 계속 이어졌다면 한층 업그레이드된 인사시스템을 볼 수 있었겠지만 안타깝게도 그러지 못했다. 역대 정부는 인재풀을 정권 차원의 시스템으로만 운영했다. 국가 차원의 시스템으로 탈바꿈돼야 한다. 인재 DB는 다음 정부로 넘겨줘야 할 중요한 자산이다."

– 야당에선 인사 실패 책임을 물어 민정수석 등을 해임하라는데.

"정권 초반 인사 파동이 있었을 때는 대통령의 문제이지, 참모에게 정치적 책임을 물을 문제가 아니라고 봤다. 그런데 같은 일이 계속 발생하고 있다. 검증에 실수가 있었든지, 대통령 판단에 대한 보좌가 잘못됐다고 볼 수밖에 없다. 무엇이 잘못되었는지 짚고 넘어가야 한다. 그래야 또다시 이런 일이 생기지 않는다. 인사 실패가 반복되는 건 국정 낭비다."

– 정권이 바뀌면 공공기관 CEO, 감사 등 수백 명이 물갈이 되고, 이 과정에서 낙하산 인사 논란과 소모적 정쟁이 반복된다.

"어느 정권이나 똑같다. 낙하산 인사가 관행이라지만 법적으로 논란이 되는 게 현실이다. 공공기관의 손실과 비효율도 심각하다. 대선 공신 문제를 더 이상 외면해선 안 된다. 합리적으로 해결해야 한다. 공기업에 부적격자를 낙하산으로 배치하면 수천억, 수조 원의 손실이 생길 수 있다. 국민이 이런 폐해를 계속 감수할 수는 없다. 접점을 찾아야 한다. 약 2,000명 수준인 대선 공신을 음성적인 낙하산 인사로 처리할 게 아니라 양지로 끌고 나올 필요가 있다. 예를 들어 대통령국가자문위원회를 만들어 비상근 자문위원으로 배치하는 방안을 검토해 보자. 연봉 1억씩 주고 40개 분야로 나눠 국정자문조직을 운영하면 연간 2,000억 예산이 들어간다. 이렇게 하면 낙하산 논란도 해결되고 무능력 공신의 공기업 진출에 따른 폐해도 줄어들고 국가로서도 이득이다. 물론 여야와 국민적 합의가 필요하다."

〈한국일보 2019. 4. 12〉

관광 · 호텔 인적자원관리론

5

제5장

직무관리

관광 · 호텔
인적자원관리론

5장

05

직무관리

제1절 직무관리의 의의

1. 직무관리의 개념

모든 조직에는 목표를 달성하기 위해 수행되어야 할 직무가 있고 또한 이 직무를 수행하는 인간이 있다. 직무는 노동의 객체이며 인간은 노동의 주체이다. 결국 조직은 인간과 직무의 결합체이고, 직무관리란 조직의 성과를 극대화하기 위해 직무와 인간을 적절히 연결짓는 일이라고 할 수 있으며, 구체적으로는 직무를 체계적으로 정비하여 그에 적합한 인력을 채용하고 각자의 직무에 상응하는 대우를 받게 하며, 그들이 보람을 갖고 일할 수 있도록 직무를 설계하는 것을 말한다.

이와 같은 직무관리는 직무분석, 직무평가, 직무설계 등으로 나눌 수 있는데, 직무분석은 직무와 종업원을 연결짓기 전에 직무의 내용을 파악하는 것이고, 직무평가는 직무 상호 간의 상대적 가치를 판단하는 것이며, 직무설계는 평가된 직무에 따라 적합한 사람을 배정하는 것을 말한다.

■직무와 인간의 관계

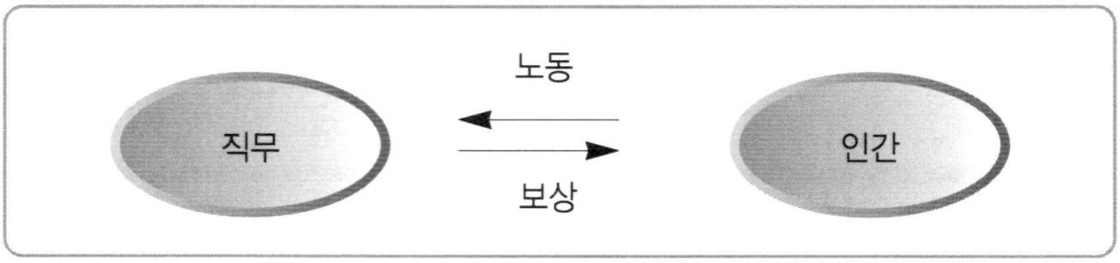

2. 직무의 유사용어

우리나라에서는 직무를 중심으로 한 인적자원관리가 아직 제대로 이루어지지 않고 있기 때문에 직무, 직위, 직종 등과 같은 용어가 서로 구별없이 쓰이는 경향이 있으므로 직무와 관련된 용어들을 명확히 할 필요가 있다.

❶ 課業(task)

독립된 목적으로 수행되는 하나의 명확한 작업활동을 말한다. 예를 들면 객실바닥 청소하기, 음식 나르기 등이 이에 해당된다.

❷ 職位(position)

한 사람의 작업자에게 부여된 과업의 집단을 말한다. 예컨대 3명의 roommaid와 2명의 waiter가 있을 때 직위의 수는 5개가 된다.

❸ 職務(job)

작업의 종류와 수준이 유사한 직위들의 집단을 말한다. 직무의 수는 직위의 수와 같거나 적다. 위의 예에서 직무의 수는 roommaid, waiter의 2개이다.

❹ 職種(occupation)

유사한 직무들의 집합을 말한다. 호텔에서는 관리직, 영업직, 기술직 등으로 구분할 수 있다.

3. 직무의 유형

한편, 조직 내에는 서로 다른 여러 가지 직무가 있으며, 이들은 서로 다른 특성을 갖고 있다. 이들 특성 중에 가장 기본적인 것으로 직무의 폭과 직무의 깊이를 들 수 있다.

직무의 폭은 하나의 직무에 포함되어 있는 일들이 얼마나 다양한지를 나타내며, 만약 어떤 직무가 다양한 일들로 구성되어 있어 그 직무를 수행하는데 여러 가지 기능을 사용한다면 넓은 직무라고 할 수 있다.

또한 직무의 깊이는 직무를 수행할 때 갖는 재량권의 정도를 말하며, 만약 많은 재량권을 갖고 있어 직무 담당자가 스스로 결정할 수 있는 부분이 많다면 깊은 직무라고 할 수 있다.

이러한 직무의 두 가지 특성에 따라 직무를 나누어 보면 다음과 같이 네 가지 유형으로 나눌 수 있다.

① 폭도 좁으면서 깊이도 얕은 직무의 예로 telephone operator의 작업을 들 수 있다. 이는 한정된 일을 재량권 없이 정해진 시간과 절차에 따라 처리하는 직무이다.

② 폭은 넓지만 깊이는 얕은 직무도 있다. bell man의 직무가 그 예가 될 수 있으며, 하는 일은 다양하지만 재량권은 한정되어 있는 직무이다.

③ 반대로 깊이는 깊지만 폭이 좁은 직무도 있다. mechanic의 직무가 그 예이며, 하는 일은 한정되어 있지만 재량권을 갖고 있다.

④ 폭도 넓으며 깊이도 깊은 직무가 있는데 food & beverage manager의 직무가 대표적인 예가 될 수 있다. 이런 직무는 하는 일도 다양하며 많은 재량권을 갖는 특징이 있다.

■직무의 폭과 깊이

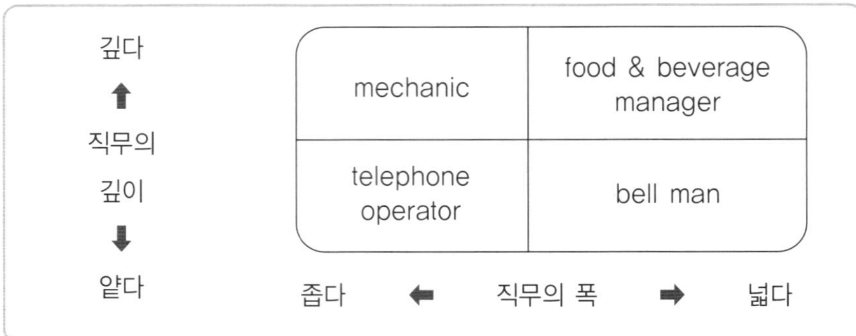

제2절 직무분석

1. 직무분석의 의의

직무분석(job analysis)이란 인적자원관리를 '사람' 중심에서 조직이 요구하는 '직무' 중심으로 이끌기 위한 기본자료를 얻는 과정으로 구체적으로는 직무의 내용과 성격에 관련된 모든 정보를 수집하여 조직이 요구하는 직무의 내용이나 요건을 정리, 분석하는 체계적 과정이라고 말할 수 있다.

현대적 인적자원관리의 특징은 먼저 조직이 요구하는 직무의 내용을 정의하고 이에 따라 사람을 맞추어 나가는 것을 원칙으로 한다. 따라서 합리적인 인적자원관리를 하려면 먼저 직무분석을 하여 직무를 정의하고, 이를 기준으로 필요한 인력을 계획하고 선발, 배치, 이동, 교육, 보상해야 하는 것을 원칙으로 하여야 한다. 즉 사람 중심의 관리가 아닌 직무 중심의 인적자원관리를 하기 위해서는 기본적으로 직문분석이 선행되어야 한다.

2. 직무분석의 목적

인적자원관리를 합리적으로 수행하기 위해서는 직무를 중심으로 하여 직무와 인간의 관계를 명확하게 밝혀야 하며, 이를 위해서는 각 직무의 내용과 특징을 명확하게 할 필요가 있다.

직무분석의 목적을 분석결과의 이용 차원에서 살펴보면 다음과 같다.

① 채용관리에서 직무를 수행하기 위한 자격요건을 발견할 수 있다.

② 교육훈련관리에서 직무에 필요한 지식과 기능을 발견하여 교육훈련 대상자를 선별할 수 있다.

③ 인사이동과 승진관리에서 적성, 자격요건, 성과달성을 합리적으로 판단할 수 있다.

④ 직무급 도입을 위해 필요한 기초자료를 제공한다.

분석목적에 따라서 분석사항의 강조점은 다를 수 있다. 그러나 일반적으로는 이상의 목적에 다각도로 활용할 수 있게끔 기본적으로 중요한 공통사항을 망라하여 정리한다. 그러나 어떤 경우에 있어서도 직무분석의 결과가 특정한 인적자원관리 목적에 적극적으로 활용된다는 것은 대단히 중요하다. 왜냐하면 직무분석은 일반적으로 많은 비용을 요구하기 때문이다.

3. 직무분석의 항목

직무분석 항목의 표본으로는 미국 노동성에서 작성한 것이 유명하지만 우리나라의 경우에도 이와 유사한 항목 등이 제시되고 있다. 그리고 이 항목들은 직무분석의 용도에 따라서 약간의 차이가 있다. 직무분석의 항목은 다음과 같다.

❶ 직무의 개요

- 소속 부서의 명칭

• 해당직무가 담당하고 있는 분야의 개요
• 같은 직무에 종사하고 있는 종업원 수

❷ 권한관계

• 받는 지시, 검사, 점검 등의 내용과 정도
• 사용될 작업기준표, 근무메뉴얼 등
• 자기가 감독하고 있는 부하의 종류와 인원수

❸ 사용하는 기계, 장치, 기구, 비품

❹ 일의 순서와 다른 일과의 관련성

❺ 필요한 자격요건

• 지식 : 일반적, 기초적 지식, 전문적, 이론적 지식, 경험적, 시무적 지식
• 숙련 : 지적 숙련, 기능적 숙련 및 숙련에 필요한 표준적 기간
• 정신적 요소 : 필요한 판단의 종류(복잡도와 불가측성), 그 외의 정신적 요소
• 교섭의 목적, 종류, 방법, 빈도
• 육체적, 감각적 요소 : 연동감각, 감각적 긴장, 민활성, 특기해야 할 신체적 특질

❻ 책임 : 그 직무를 실패할 경우에 미칠 영향의 범위 정도를 말하며, 가능한 한 금전이나 양적으로 추정이 되어야 한다.

❼ 특기해야 할 작업환경

❽ 그 외의 직무와의 관계

• 그 직무로부터 승진할 때의 직무명
• 그 직무로부터 전환이 가능한 직무명
• 그 외의 직무로 전환이 가능한 직무명
• 연락 · 지시 등과 관계가 있는 직무명

❾ 특수한 용어의 해설

4. 직무분석의 절차

직무분석의 절차는 다음과 같이 다섯 단계로 나눌 수 있다.

(1) 예비단계

❶ 직무분석의 목적 설정

직무분석의 목적에 따라 수집될 자료의 유형과 수집방법이 결정되므로 수집될 자료를 어디에 사용할 것인가를 먼저 결정하여야 한다.

❷ 배경정보의 수집

조직도, 업무분장표, 기존 직무기술서 및 직무명세서를 참고하여 보고체계, 직위의 명칭, 작업흐름 등에 관한 배경정보를 수집한다.

❸ 대표직위의 선정

시간과 비용의 절약을 위해 일반적으로 효율적인 직무분석을 위해서는 중심이 되는 대표직위를 먼저 선정하여 이를 중점적으로 분석한다.

(2) 실시단계

❶ 직무정보의 획득

이 단계를 보통 직무분석이라고 한다. 여기서 직무의 성격, 직무수행에 요구되는 종업원 행동, 인적요건 등 구체적으로 직무를 분석한다.

❷ 수집정보의 검토

수집된 자료가 정확하고 완전하며 관련 당사자에 의해 용이하게 이해되는지를 검토해야 한다. 이러한 직무분석에 대한 정보는 수행업무와 수행요건으로 나누어 검토한다.

(3) 정리단계

❶ 직무기술서와 직무명세서의 작성

지금까지의 정보를 토대로 직무기술서와 직무명세서를 작성한다.

❷ 직무 담당자와 관리자의 확인

예비단계와 실시단계가 모두 끝나면 최종적으로 실무담당자와 관련 감독자의 확인을 거쳐서 최종적으로 결정을 내리며, 비로소 직무기술서와 직무명세서를 작성하여 비치하도록 한다.

5. 직무분석의 방법

(1) 관찰법

관찰법은 가장 보편적인 방법으로 직무분석자가 작업자의 직무수행 상태를 직접 관찰하여 정보를 수집하고 이에 근거하여 직무내용과 수행방법, 작업조건, 직무수행 요건 등을 직무분석표에 기록하는 방법이다.

이 방법은 간편하여 사용하기 쉬운 장점이 있으나 직무의 수가 많고 직무의 성격이 복잡할 때는 많은 시간이 소요된다. 정신적인 작업과 집중을 요구하는 관리직보다는 주로 고객을 접촉하거나 기계를 다루는 영업직이나 기능직에 적절한 방법이다.

(2) 면접법

면접법은 직무분석자가 직무담당자를 직접 만나 대화를 통해 정보를 수집하여 이를 직무분석표에 기록하는 방법으로 개별적, 또는 집단적으로 면접하며, 따라서 분석자는 보통 면접 전에 그 직무에 대해 잘 알고 있어야 한다.

이 방법은 정보 수집이 어려운 정신적인 면의 정보 수집이 용이하며 자료의 신뢰성이 높으나 너무 많은 시간이 소요된다.

(3) 질문지법

질문지법은 직무분석에 필요한 자료들을 질문지 형식으로 작성하여 직무 담당자가 직무에 관련된 항목을 체크하거나 평가하도록 함으로써 정보를 얻는 방법이다.

이 방법은 다른 방법에 비해 시간과 비용이 절약되며 폭넓은 정보를 얻을 수 있으며, 질문지가 구조화되어 있으므로 통계처리에 의한 과학적 분석이 가능한 장점이 있다. 그러나 그것의 개발에 많은 시간과 노력이 소요되고, 동기부여 효과가 적고 다양하고 개인적인 정보를 얻기 힘들다.

(4) 경험법

경험법은 직무분석자가 직접 그 직무를 수행하면서 정보를 수집하는 방법을 말한다. 가장 실질적인 정보를 얻을 수 있다는 장점이 있으나 분석자가 사전에 그 직무에 대한 지식이나 기능을 충분히 습득하여 직무담당자의 수준에 이르지 못할 경우 정확한 정보를 파악하기 힘들다는 단점이 있다.

(5) 중요사건법

중요사건법은 직무를 수행할 때 중요한 역할을 한 사건이나 사례를 중심으로 직무를 분석하는 방법을 말한다. 주로 감독자에 의해 수행되며, 직무전체의 모습이 기술되지 않으므로 다른 방법과 함께 보완적으로 사용하는 것이 바람직하다.

6. 직무기술서와 직무명세서

직무분석의 결과에 의해 최종적으로 작성되는 것이 직무기술서와 직무명세서이다.

(1) 직무기술서

직무기술서(job description)는 직무분석의 결과로 얻어진 직무의 성격, 내용 등에 관한 정보를 일정한 양식으로 기록하고 정리한 문서를 말한다. 직무기술서에 포함되는 요소로는 소속부서, 직무개요, 직무범위, 직무내용, 직무절차, 작업시간, 작업조건, 임금구조와 형태, 보고계통 등이 있다.

(2) 직무명세서

직무명세서(job specification)는 직무분석의 결과에 의거하여 직무수행에 필요한 종업원의 행동, 기능, 능력, 지식 등을 일정한 양식에 기록한 문서를 말한다.

직무명세서는 직무기술서에서 유추될 수 있으며, 직접 직무분석의 결과에 의하여 작성되기도 한다. 직무명세서는 직무의 인적 요건에 초점을 둔 것이므로 해당직무를 수행할 사람들이 그에 합당한 자격요건을 갖추도록 하는데 필요한 정보를 제공한다.

(3) 양자의 차이점

직무기술서와 직무명세서는 모두 직무분석의 결과에 의해 만들어지나, 전자는 주로 직무내용에 관한 정보를 기록한 문서인 반면, 후자는 주로 직무요건에 관한 정보를 기록한 문서이다. 즉 직무기술서는 과업요건에 초점을 둔 것이며, 직무명세서는 인적요건에 초점을 둔 것이다. 또한 직무기술서는 직무개요와 내용 등에 대한 개괄적인 자료를 제공하지만 직무명세서는 채용관리, 교육훈련관리, 이동관리, 임금관리 등의 자료로 활용될 수 있는 내용을 수록하고 있다.

(4) 직무기술서와 직무명세서의 작성 시 유의점

① 표현이 명료해야 한다.

② 범위를 명시해야 한다.

③ 구체적이어야 한다.

④ 감독책임을 나타내야 한다.

⑤ 단순해야 한다.

⑥ 직무담당자와 관리자가 확인할 수 있어야 한다.

■ 직무기술서 견본(한글)

〈 직무기술서 〉

직무명 : 나이트 오디터(night auditor)
소속부문 : 객실팀
소속부서 : 프런트(front)
직무담당자 :
차상위직무 : 프런트지배인

직무개요
영업일 당일의 매출을 정산하고 정산의 결과와 관련된 자료를 확보하여 익일 근무자 및 차상위 및 관련 상위자에게 보고한다.

직무크기
감독인원 : 0명
연간급여
운영예산

직무내용
- 당일 객실판매수입 및 기타 객실고객 관련수입이 고객 폴리오(guest folio) 상에 제대로 기재되었는지 확인하고
- 일일정산을 책임지며
- 매출일보(daily report)와 경쟁사 매출현황 등 관련보고서를 출력하여 확보한다.
- 전일 영업에서 미결된 상황을 처리하고
- 늦은 체크인(check-in)과 객실배정(room assignent)을 담당하며
- 정보의 제공, 모닝콜(morning call)의 접수 등 고객의 요구에 응한다.

조직

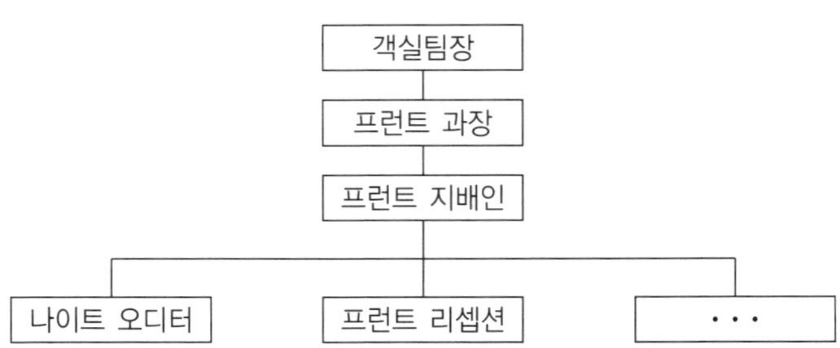

■ 직무기술서 견본(영문)

JOB DESCRIPTION

Depatment : HR & GA

Position : HR Manager

PLACE OF WORK Human Resources & General Affairs Office

JOP OVERVIEW Under the general guidance and supervision of Director of HR & GA and within the limit of established the company policies and procedures and the Human Resources Manual

REPORT TO General Manager/Dir of HR & GA staffs

STANDARD SPECIFICATION

To perform this successfully, the incumbent will possess the abilities or aptitudes to perform each duty proficiently.

ESSENTIAL JOB FUNCTIONS

1) Coordinate and monitor job opportanity advertisement
2) Establish and maintain both internal and external job opportunity
3) Accept, record, reviews and route applications
4) Perform initial screening of applications followed y QSP and recommend applicants
5) Administer and maintain annual Performance Evaluation
6) Prepare and administer the existing process: assure correct paper work is completed, send letter to exiting employee to make an existing appointment, prepare employee's file
7) Assist in maintaining and updating employee files.
8) Review, record, forward, and replies to all resumes.
9) Administer a numerical overview of monthly applicant flow
10) Assist in orientation with new hire paperwork.

■ 직무명세서 견본

〈 직무명세서 〉

직무명 : 당직지배인(duty manager)

소속부문 : 객실

소속부서 : 객실과

직무담당자 :

차상위직무 : 총지배인(general maager)

직무수행요건

- 호텔의 전반적인 경영목표를 이해하고, 이를 고객접촉현장에서 실천할 수 있어야 한다.
- 외국인고객 응대를 위해 주요 목표고객의 언어에 능숙하여야 하며, 해당국가의 문화 · 관습 등에 해박하여야 한다.
- 고객의 불만 · 불평의 신속한 처리를 위하여 호텔기업의 세부적인 운영에 익숙하여야 하며, 이를 위해 해당직무를 담당하기 전에 최소 5년 이상의 객실관련 직무경험이 요구된다.
- 총지배인 공석 시 호텔기업을 대표하는 직무의 수행자로서 적절한 외모와 고객 응대력을 갖추어야 한다.
- 당직 지배인으로 보임되기 위해서는 다음의 일반적인 자격을 갖추어야 한다.

연령 : 30세 이상

학력 : 대졸 이상

전공 : 관광계열 혹은 어문계열

경력 : 객실관련직무 5년 이상

자격 · 면허 : 관광호텔지배인 2급 이상

기타 :

제3절 직무평가

1. 직무평가의 의의

직무평가(job evaluation)는 기업이나 기타 조직에 있어서 각 직무의 중요성, 곤란도, 위험도 등을 평가하여 다른 직무와 비교함으로써 직무의 상대적 가치를 정하는 체계적 방법으로 직무분석에 의하여 작성된 직무기술서나 직무명세서를 기초로 하여 이루어진다. 이러한 직무평가는 동일한 가치를 가진 직무에 대하여는 동일한 임금을 적용하는 직무급제도를 실시하는 기초가 된다.

직무의 평가요소는 직무의 상대적 가치를 평가함에 있어 조직의 관점에서 중요하다고 생각되는 직무요소를 말하며, 직무의 가치를 평가함에 있어서 결정적 역할을 한다. 평가요소는 산업별, 기업별로 직무의 내용과 성격이 달라서 일정하지 않으나 일반적으로 숙련요소, 노력요소, 책임요소 및 작업조건 등이 있다.

■ 직무평가요소의 조건

❶ 각 직무에 공통적일 것
❷ 과학적 객관성을 가질 것
❸ 노사 쌍방이 납득할 수 있을 것
❹ 직무내용을 구성하는 중요한 요소일 것

■ 직무평가요소의 예

❶ 숙련 : 교육, 지식, 경험, 판단력 등

❷ 노력 : 육체적 노력, 창의성, 정신적 긴장 등

❸ 책임 : 감독책임, 설비책임, 원재료책임 등

❹ 작업조건 : 작업환경 등

2. 직무평가의 목적

직무평가의 목적은 인적자원관리 및 노무관리에 대한 전반적인 합리화를 기하는데 있다. 그러므로 직무평가의 발전은 최근 임금관리의 현저한 발전, 즉 임금관리를 공정하게 하기 위한 직무평가의 급속한 발전을 촉진시켰으며, 이는 직무평가에 의해 임금체계가 합리적인 기초 위에 확립되고 임금의 불규칙성이나 불공평을 없애며 종업원의 불평, 불만도 제거할 수 있다는 점을 시사한다.

D. Yoder 등은 “직무평가의 목적은 직무평가에 의해 각 직무의 질과 양이 채점되고, 직무의 상대적 가치가 정해지면 그 가치에 따른 임금격차는 공정하게 하는 것이다”라고 하였으며, 직무평가의 구체적 목적을 요약하면 다음과 같다.

- 직무평가의 질적 측면에서 직무의 상대적인 평가와 유효성을 결정하기 위한 기초자료를 제공한다.
- 노사 간에 타당성을 인정할 수 있는 임금격차를 정하여 단체교섭을 위한 자료를 제공하며 합리적인 노사협력체제를 발전시킨다.
- 직무급 내지 직능급의 도입을 위한 자료를 제공한다.
- 임금구조 설정에 대한 자료를 제공한다.

3. 직무평가의 방법

직무평가를 위한 평가요소가 선정되면 다음의 단계로는 일정한 평가방법을 적용하여 평가하게 된다.

직무평가의 방법은 우선 질적 방법과 양적 방법의 두 가지로 대별된다. 질적 방법은 직무수행에 있어서 난이도 등을 기준으로 포괄적 판단에 의하여 직무의 가치를 상대적으로 평가하는 방법으로서 서열법과 분류법이 있다.

한편, 양적 방법은 직무분석에 따라 직무를 기초적 요소로 분석하여 이들을 양적으로 평가하는 방법으로 점수법과 요소비교법이 있다. 이들 중 질적 방법은 직무를 전체적으로 보아 평가하는데 반해, 양적 방법은 보다 분석적인 방법이므로 후자가 보다 객관성을 띤 과학적 방법이라고 볼 수 있다. 그러나 질적 방법은 사용하기가 간편하고 경비가 절약되므로 비교적 소규모 조직이나 소수의 직무평가에 유용하게 이용될 수 있다.

1) 질적 방법

(1) 서열법

서열법은 가장 오래되고 간단한 방법으로 포괄적 관점에서 각 직무를 상호 비교하여 그 순위를 결정하는 방법이다. 즉 직무수행에 요청되는 직무의 상대적 가치를 한꺼번에 파악한 뒤 전체적으로 순위를 정하며, 이러한 과정을 몇 사람의 평가자가 반복하여 평가한 후 각 서열을 평균하여 직무의 서열을 결정한다.

이 방법은 등급을 매기기 위한 기준이 명확하지 못하여 과학적인 방법은 아니며 직무 간의 차이가 명확하거나 평가자가 직무를 잘 알고 있을 경우에 적용하기 쉽다. 또 직무등급을 신속, 간편하게 매길 수 있지만, 직무의 수가 많고 직무내용이 복잡한 경우에는 효과가 적은 편이다.

(2) 분류법

분류법은 서열법에서 약간 발전된 방법으로, 일정 기준에 따라서 미리 만들어 놓은 직무등급명세표의 해당등급에 각 직무를 할당하는 평가방법이다. 이 경우 등급의 분류는 직무의 수, 복잡도 등에 따라서 달라진다. 즉 상, 중, 하의 3등급으로 간단하게 분류할 수도 있고, 또는 더욱 세분화하여 다수의 등급으로 구분할 수도 있다.

분류법은 서열법과 마찬가지로 간단하고 이해하기 쉬우며 비용이 적게 들어 이용도가 높으나, 분류기준이 애매하거나 내용이 복잡해지면 정확한 분류를 할 수 없는 단점이 있다.

2) 양적 방법

(1) 점수법

점수법은 모든 직무에 공통되는 몇 개의 평가요소를 선정하고 각 항목별로 등급을 정하여 점수를 주며, 직무별 각 요소의 점수를 합산하여 직무의 가치를 평가하는 방법이다. 즉 각 직무에 대한 평가치인 총점수를 상호 비교하고, 점수의 다소에 따라 각 직무의 상대적 가치가 결정되는 것이다.

1925년 미국의 M. R. Lott에 의해 고안된 것으로 미국과 영국에서 많이 사용되고 있는 이 방법에는 각 평가요소에 가중치를 두지 않는 단순점수법과 가중치를 두는 가중점수법이 있으나 후자를 많이 사용되고 있다.

이와 같이 점수법은 평가결과가 숫자로 제시됨으로써 직무 간의 상대적 비교가 용이하며, 평가결과에 대한 신뢰도가 높다. 그러나 평가자에 대한 고도의 교육이 필요하며 비용과 시간이 많이 드는 단점이 있다.

■ 접수법

평가요소		만점	A직무	B직무
대분류	소분류			
숙련도 (50)	기초지식	20	16	18
	교육수준	15	7	10
	판단력	15	12	11
노력도 (15)	심리적 긴장	8	6	6
	육체적 부담	7	5	4
책임 (20)	지도 감독 책임	15	8	12
	타인의 위험	5	4	3
직무환경 (15)	재해 위험	5	4	4
	작업장 분위기	10	8	7
공식적 집단	공식적 집단	100점	70점	75점

(2) 요소비교법

요소비교법은 조직에서 가장 핵심이 되는 몇 개의 기준직무를 미리 선정하고 각 직무의 평가요소를 기준직무의 평가요소와 결부시켜 비교함으로써 모든 직무의 가치를 결정하는 방법이다.

이 방법은 1926년에 E. J. Benge가 Lott의 점수법을 개선하여 고안한 방법으로 직무의 상대적 가치를 임금액으로 평가하는 것이 특징이다.

이와 같은 방법은 앞에 설명한 점수법을 개선한 것으로 점수법이 각 평가요소의 가치에 따라서 점수를 부여하는데 반하여, 요소비교법은 각 평가요소별로 직무를 등급화한다.

요소비교법은 복잡하고 노력이 많이 드나 기준직무만 적절히 선정되면 점수법보다도 합리적이어서 널리 사용되고 있으며, 임금결정과 직결되므로 기업의 임금이나 그 결정방법의 적부를 검토하는데 활용될 수 있는 동시에 직무급제도의 실시에 크게 기여할 수 있다. 또한 점수법은 주로 공장의 기능직에 국한하여 사용되지만, 요소비교법은 기능직은 물론이고 사무직, 기술직, 감독직, 관리직 등 상이한 직무에도 널리 이용될 수 있다.

■요소비교법

직무	임금	숙련	노력	책임	직무환경
직무A	8,000	3,000(1)	3,000(1)	500(4)	1,500(2)
직무B	6,000	500(3)	2,000(2)	500(3)	3,000(1)
직무C	5,000	1,500(2)	1,000(3)	2,000(1)	500(4)
직무D	4,500	900(4)	900(4)	1,500(2)	1,200(3)

제4절 직무설계

1. 직무설계의 의의

직무는 조직의 구성원에게 맡겨져 수행되는 일들의 묶음이라고 할 수 있다. 따라서 직무설계(job design)란 조직의 목표와 개인의 욕구가 다같이 만족되도록 조직 구성원들이 맡아 처리해야 할 직무의 내용과 작업방법을 구체화하여 할당하는 과정이다.

그러면 언제 직무설계가 필요한가? 먼저 새로운 조직을 만들 때 그 구성원들이 맡아 처리해야 할 일들이 무엇인지를 명확히 해주기 위해서 직무설계가 필요하다. 그리고 산업화의 발달로 기술이나 직무내용의 변화가 발생하였을 때 직무를 다시 설계할 필요가 생긴다. 또한 직무가 이미 만들어져 있는 경우에도 직무가 잘못 짜여져 직무를 다시 구성해야 할 필요가 있을 때도 직무설계가 필요하다. 이때 원래의 직무를 새로 설정하는 것을 직무재설계라고 하며, 그 이유는 능력이 뛰어난 종업원이라도 잘못 짜여진 직무를 맡게 되면 불만을 갖게 되고 따라서 높은 성과를 올릴 수 없으며, 이와 같이 직무가 잘못 만들어지면 종업원들의 성과뿐만 아니라 조직 전체의 성과에도 나쁜 영향을 미치게 되므로 경영자는 직무를 적절히 설계할 수 있어야 한다.

2. 직무설계의 목적

직무설계와 기본적인 목적은 조직과 조직 구성원에게 만족을 제공하는 것이다. 이러한 목적을 보다 세분하면 다음과 같다.

① 종업원에 대한 동기부여를 한다. 즉, 직무에 대한 무관심이나 지루함을 없애고 직무수행을 하려는 강한 의욕을 갖게 한다.

② 생산성 향상과 원가절감을 목적으로 한다. 즉, 종업원의 사기앙양을 통하여 생산성을 향상시키고 원가를 절감하기 위해 불필요한 시설, 설비를 정리하고 새로운 시설과 설비에 맞는 직무설계를 한다.

③ 재화와 서비스의 양과 질을 개선할 목적을 가진다. 즉, 재화나 서비스의 양과 질을 개선하기 위해서 재배치를 하고 직무의 양을 조정하는 직무 재설계를 한다.

④ 종업원이 조직몰입을 할 수 있도록 직무설계를 하면 이직률, 결근율, 재해율이 감소된다.

⑤ 교육훈련비용이 절감된다. 즉, 직무순환, 직무확대, 직무충실화는 종업원의 직무에 대한 이해의 폭을 넓히는 조치이므로 자연스럽게 교육, 훈련하는 효과가 있기 때문에 별도로 교육훈련비가 들지 않는다.

3. 직무설계의 방법

1) 직무순환(job rotation)

직무순환이란 종업원으로 하여금 다양한 직무에 대한 경험을 통해 자신의 적성에 맞은 직무를 발견하고 또한 능력을 개발시키기 위해 기존의 직두와 성격이 다른 직무로 이동시키는 것을 의미한다. 직무순환을 하면 종업원들이 새로운 직무를 수행함으로써 단조로움을 줄여 직무에 대한 만족도가 올라가고 아울러 관련직무수행자에 대한 이해와 전사적 관점의 시야가 확대될 수 있다.

그러나 이러한 방법의 효과는 일정한 기간이 경과하면 소멸되기 쉬운 단점이 있으며, 따라서 최근에는 직무순환을 직무설계의 차원보다는 오히려 종업원들의 훈련방법으로 많이 사용하고 있다. 직무순환의 성공을 위해서는 직무내용이 서로 관련성이 높고 동시에 전문성을 높은 직무가 아니어야 한다.

■ 직무순환

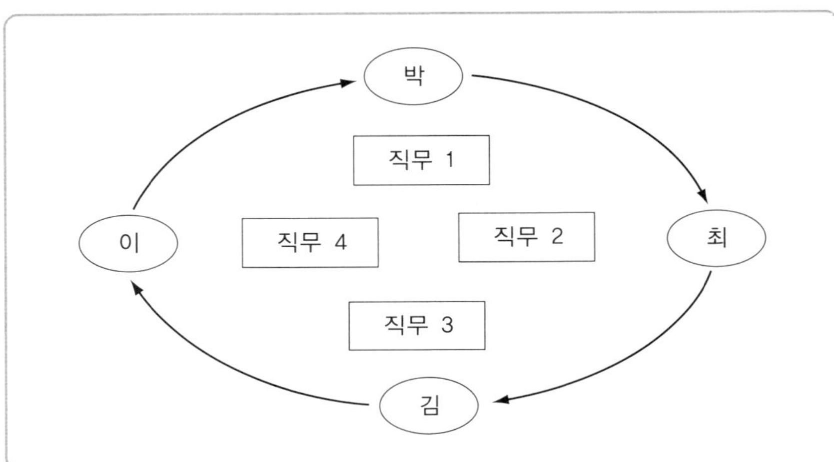

2) 직무확대(job enlargement)

직무순환이 종업원으로 하여금 기존의 직무와 다른 직무를 맡게 하는 방법인데 반해 직무확대는 한 종업원이 맡아 처리하는 직무를 보다 다양한 일들로 구성해 주는 방법이다. 즉 직무순환은 직무의 수를 증가시킴으로써 단순하고 동일한 직무에서 오는 단조로움이나 권태감을 줄여서 직무에 대한 흥미와 만족감을 증대시키는 방법으로 직무의 특성 중 하나인 폭을 넓혀 주는 방법이다.

그러나 직무확대만으로는 종업원들의 근로의욕이나 직무만족을 기대만큼 향상시켜 주지는 못하며, 이는 직무의 폭은 넓어지지만 직무의 깊이 즉 직무에 대해 스스로 결정할 수 있는 재량권은 여전히 제한되어 있기 때문이다.

따라서 종업원들의 직무만족을 더 높은 수준으로 끌어올리기 위해서는 하는 일도 다양하면서 스스로 결정할 수 있는 재량권도 늘려 주어야 한다. 또한 직무확대는 자칫 노동강도를 강화한다는 오해를 살 수도 있기 때문에 어디까지나 종업원의 근로의욕을 제고시키는 방향으로 신중하게 추진되어야 한다.

■ 직무확대

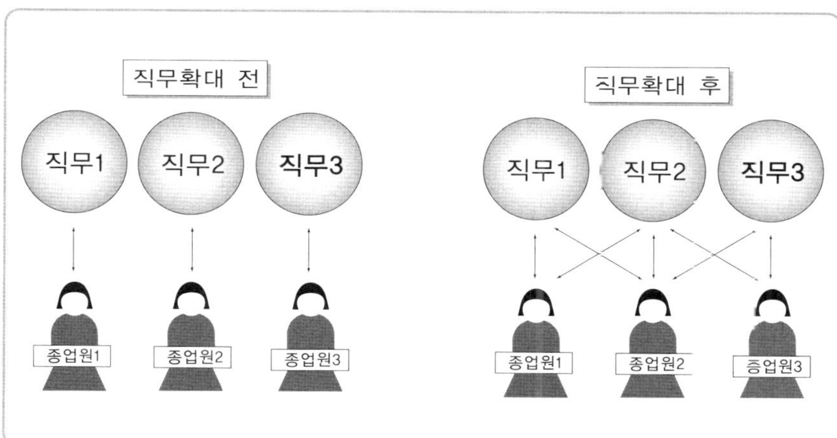

3) 직무충실화(job enrichment)

직무확대가 직무의 양적 확대를 의미하는데 반해 직무충실화는 직무의 질적 확대를 의미하는 것으로 종업원에게 더 많은 책임과 권한을 부여하는 방법이다. 즉 종업원들은 직무확대를 통해 맡은 직무가 다양해져도 여전히 단순하고 반복적인 직무라서 직무를 처리할 때마다 정해진 방법이나 절차를 따르거나 상급자의 지시를 받게 되면 주인의식을 갖기 힘들며, 그 결과 자신의 직무에 만족하기 힘들다. 따라서 다양한 직무뿐만 아니라 직무를 처리하는 과정에서 스스로 결정할 수 있는 권한을 갖기를 원하며, 이처럼 직무의 폭을 넓혀 줄 뿐만 아니라 깊이도 깊게 해주는 이러한 직무설계의 방법을 직무충실화라고 한다.

직무충실화는 직무 담당자에게 자신의 직무에 관한 권한을 보다 많이 허용함으로써 직무에 대한 자율성과 책임감을 갖도록 해준다.

F. Herzberg에 의해 제시된 이 이론은 많은 장점으로 인해 오늘날 유명기업에서 효과적으로 사용되고 있는 반면, 직무충실화가 갖는 가장 큰 단점은 조직 내에는 직무 자체의 특성때문에 직무충실화가 불가능한 직무도 있다는 것이며, 예를 들면 단순작업대에서 종업원에게 허용될 수 있는 재량권은 제한될 수 밖에 없다.

■ 직무충실화

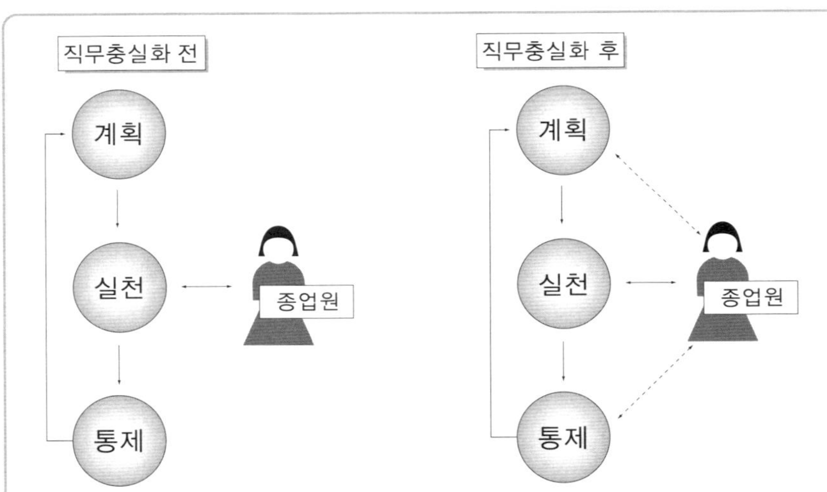

사례연구 기업들, 정년연장 앞두고 직급 다이어트 바람

롯데백화점의 김모 상품기획팀장은 최근 팀장에서 수석바이어로 낮아졌다. 기존에 팀장으로서 했던 업무는 바로 위 상사인 부문장이 맡게 됐다. 회사의 직급 체계가 바뀌었기 때문이다. 롯데백화점은 기존에 '본부장-부문장-상품기획팀장-선임상품기획자-상품기획자' 였던 직급 단계를 '본부장-부문장-수석바이어-바이어' 로 줄였다. 롯데백화점 측은 "현장에서의 의사결정을 신속하게 하고 실무인력을 강화하려는 조치"라고 설명했다. 최근 기업들 사이에서 직급을 '구조조정' 하려는 움직임이 가속화되고 있다. 일부에서는 이와 관련해 '쓰나미' 수준의 변화를 예상하고 있기도 하다. 직급 체계를 손보는 기업들은 대부분 내년부터 300명 이상 사업장에서 정년이 60세로 연장되는 것을 앞두고 인사 적체를 해소하고 '고참' 을 실무 현장에 배치하려는 의도가 있다.

신세계그룹은 올해 1월부터 기존의 6단계 직급(사원-주임-대리-과장-부장-수석부장) 체계를 4단계로 간소화했다. 새 직급에는 '밴드제' 를 도입해 △사원과 대리는 밴드 4단계 △대리~과장 4년차는 밴드 3단계 △과장 5년차~부장 4년차는 밴드 2단계 △부장 5년차~수석부장은 밴드 1단계가 된다. 이 중 밴드 2~4단계 직원의 호칭을 모두 '파트너' 로 통일했다.

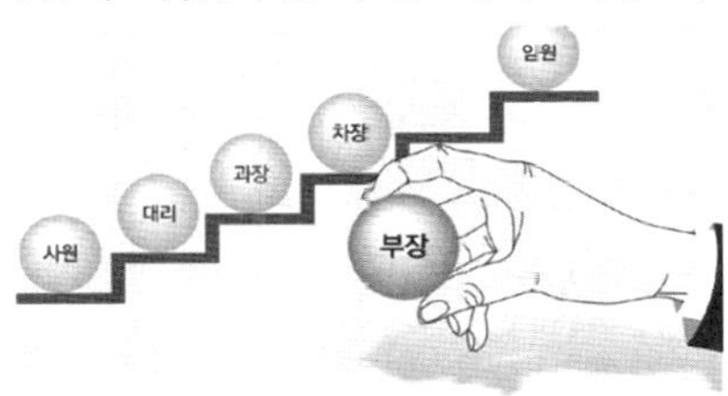

주요 기업들의 직급 체계 변경 내용 자료: 각 업체

롯데그룹	▪총 7단계(사장-부사장-전무-상무-상무보-이사-이사대우)였던 임원 직급 체계를 5단계(사장-부사장-전무-상무-상무보)로 간소화 ▪롯데백화점의 경우 상품본부 내 직급을 '본부장-부문장-상품기획(MD)팀장-선임상품기획자(CMD)-상품기획자(MD)' 등 5단계에서 '본부장-부문장-수석바이어-바이어' 등 4단계로 한 단계 축소
신세계그룹	▪직급을 없애고 밴드제 도입 ▪밴드제 도입과 함께 기존 6단계(사원-주임-대리-과장-부장-수석부장)였던 직급을 1~4밴드로 간소화
한화그룹	▪2012년 11월 도입한 '매니저' 호칭을 없애고 다시 사원 대리 과장 부장 등 직급 명칭 도입
홈플러스	▪사장을 비롯한 전 임직원의 사내 호칭을 직급 대신 '님'으로 통일

정년 연장에 따른 A대기업의 직급별 직원 비중 예측 단위: %

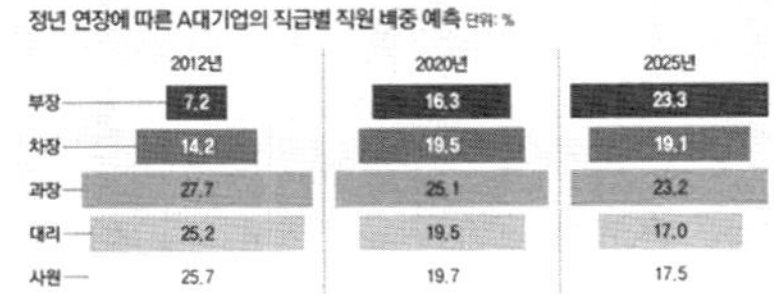

성장률과 채용 규모, 승격률, 자연 퇴직률이 그대로 유지된다는 가정하에 추산. 자료: 박호환 아주대 교수

신세계그룹에서는 대졸자가 입사하면 곧장 사원이 되고 2년 뒤 주임, 3년 뒤 대리, 3년 뒤 과장, 6년 뒤 부장, 6년 뒤 수석부장이 되는 게 정상이었다. 승진에서 누락하지 않아도 입사한 뒤 임원 직전 직급인 수석부장이 되기까지 꼬박 20년이 걸렸다.

하지만 새로운 체제에서는 18년 만에 수석부장급이 된다. 언뜻 보면 빨리 승진할 수 있는 것 같지만, 승급을 못하는 사람은 특정 밴드에 6년 이상 눌러앉을 수도 있다. 한 직원은 "현장에서 열심히 하지 않으면 평생 승진을 못할 수도 있다는 위기감이 든다"고 말했다.

롯데그룹 역시 이미 '사원-대리-과장(갑 · 을)-차장-부장' 체제를 '실무자-책임(과장급)-수석(차 · 부장급)'으로 간소화한 데 이어 지난해 12월에는 임원 직급 체계도 기존 7단계에서 5단계로 간소화했다. 이 역시 정년 연장과 무관치 않다. 포스코도 9, 10단계에 이르던 일반 직원 직급을 6, 7단계로 단순화했다.

기업들이 이처럼 직급 구조조정에 나선 속내는 복잡하다. 전통적으로 국내 기업들은 시간이 지나면 자연스럽게 승진하는 연공서열형 승진 체계를 고수해 왔다. 고성장을 구가하며 우수 인력 부족 현상을 겪고 있던 대기업들은 승진 제도를 통해 인재 이탈을 막았다.

하지만 저성장 시대에 접어들면서 승진할 자리가 줄어든 데다 정년까지 연장되면서 과거의 패러다임이 통하지 않게 됐다는 인식이 강해졌다. 특히 승진 적체로 부장과 차장들이 다수인 '역(逆)피라미드형 구조'가 된 기업들은 인건비 부담 때문에 머리를 싸매게 됐다. 이지만 연세대 경영학과 교수는 "직급이 높은 고참들이 실무보다는 지휘를 더 선호하는 국내 기업 풍토에서는 기업의 인건비 지출 부담이 더 커질 수밖에 없다"고 지적했다.

호칭을 파트너 등으로 바꾸는 것도 비슷한 맥락에서다. 예전에는 직위와 직급이 일치해 호칭에서도 문제가 발생하지 않았다. 하지만 새로운 체제에서는 직위, 직급, 직책이 서로 일치하지 않는다. 이제는 직위는 부장이어도 직급은 차장급, 직책은 영업팀원인 사례가 생기고 있다.

다만 이런 체제가 제대로 정착되려면 만년 과장이나 고령자를 '무능력자'로 낙인찍는 풍토가 사라져야 한다는 지적이 나온다. 인사 전문가인 고준 러셀레이놀즈 상무는 "금융회사의 연체관리 · 여신평가, 유통회사의 바이어 등의 직무는 현장 경험이 풍부한 베테랑 직원이 적합할 수 있다"며 "굳이 승진하지 않아도 역량을 갖춘 고참들의 전문적인 경험을 존중하고 적절한 처우를 해줘야 한다"고 말했다. 우리보다 앞서 1998년 60세 정년 의무화를 실시한 일본의 경우 직책이 없는 직원들을 위해 전문직 제도, 파견 전직 제도, 조기퇴직 우대 제도 등을 시행하고 있다.

한편 기업의 문화를 개선하지 않고 '무늬만 호칭 바꾸기'는 개선해야 한다는 지적이 나온다. 실제로 한화그룹은 3년 전 도입한 '매니저'(사원~차장) 호칭을 올해 3월 없애고 직급 체계를 부활시켰다. 직원들이 외부 인사를 만날 때 매니저라고 소개해도 직급을 되묻는 등 애로사항이 많았다는 설명이다.

〈동아일보 2015. 4. 10〉

제6장

채용관리

관광 · 호텔
인적자원관리론

6장

06

채용관리

제1절 인력계획의 의의

1. 인력계획의 개념

인력계획이란 현재 또는 장래의 시점에서 조직이 필요로 하는 종류의 인원수를 사전에 예측하고 결정하며, 아울러 이에 대한 사내 또는 사외의 공급인력을 또한 예측하고 계획하는 것을 말한다.

조직은 이처럼 적정인력의 수준을 파악하여 그것을 기준으로 하여 인력활용계획을 추진하지 않으면 안 된다. 이런 점에서 인력계획의 중요성은 매우 크다고 하겠다.

인력계획은 채용관리를 위해서 뿐만 아니라 승진, 이동관리, 교육훈련, 임금관리 등과도 밀접한 관련성을 가지고 있다. 계획적인 승진이나 이동을 시키기 위해서는 사전에 필요한 인원수와 현재원의 변동관계를 파악하여야 하며, 또 임금예산은 인원수에 의하여 영향을 받기 때문에 인력계획과 밀접한 관계를 가질 수밖에 없다.

외부인력의 채용관리를 위해서는 인력수요에 관한 예측을 하고 사내인력의 이동에 의한 조정계획에 따라 내부조정을 하고 나서 사외인력의 조달계획을 세우는 것이 합리적이다.

2. 인력 예측

1) 인력수요 예측

인력계획은 필요한 인력의 수와 질을 예측하는 것으로부터 출발한다. 조직의 인력수요가 잘 예측되면 인력부족이나 과잉현상을 미리 막을 수 있어 효과적인 인적자원관리의 기초가 되며, 조직에서 필요한 인력은 두 가지 측면에서 분석될 수 있다. 첫 번째는 필요한 인력의 규모, 즉 수(quantity)이다. 조직의 목표달성을 위해서는 몇 명의 인력이 필요한지를 예측해야 한다. 두 번째는 필요한 인력이 갖추어야 할 자격요건, 즉 질(quality)이다. 조직은 목표달성을 위해 필요한 여러 가지 일들을 잘 할 수 있는 자격을 갖춘 인력이 필요하다. 따라서 어떤 자격요건을 갖춘 인력이 얼마나 필요한지를 예측하는 것이 인력수요 계획의 기본적인 기능이다.

(1) 인력규모의 예측

조직 전체에 필요한 인력의 수를 예측하는 방법에는 두 가지 방법이 있다. 거시적 방법에서는 조직 전체에 대한 인력예측을 한 후 총원을 정하고 나서 이를 다시 인력의 종류로 하여 분할하며, 조직이 필요로 하는 인력의 수와 밀접한 관계를 갖는 생산량이나 판매량 등을 사용하여 총인력의 수요를 예측하는 것이 일반적이다. 미시적 방법은 조직의 하위단위, 즉 부서나 직급별로 필요한 인력의 수를 예측하여 누계하는 방식인데 조직계층에 따라 수직적으로 또는 직능에 따라 수평적으로 세분화하여 필요한 인력규모를 예측한다.

(2) 자격요건의 예측

조직에서 필요로 하는 인력의 질을 예측하기 위해서는 먼저 직무분석이 이루어져야 하는데, 직무분석에서는 직무목적을 비롯하여 직무 자체의 특성, 작업환경 그리고 담당자가 갖추어야 할 인적 특성 등에 관한 정보가 수집되어야 한다. 즉 직무를 구성하고 있는 여러 가지 일들과 그 일들이 필요한 이유를 명확히 하며, 직무를 수행하는데 필요한 기능이나 지식과 자격요건이 밝혀져야 한다.

직무분석에 의해 모아진 정보들은 직무기술서와 직무명세서로 정리된다. 이처럼 직무기술서와 직무명세서는 조직이 필요로 하는 인력이 어떤 일을 맡을 것이며 그에 따라 어떤 자격요건을 갖추어야 하는지에 관한 정보를 제공해 줌으로써 인력수요 예측에 기초적인 자료로 활용되고 있다.

2) 인력공급 예측

조직이 필요로 하는 인력의 규모와 자격요건이 예측되고 나면 이어서 조직이 실제 보유하고 있거나 미래에 공급받을 수 있는 인력의 규모나 자격요건에 대한 분석이 이루어져야 한다.

조직 내에서 현재 보유하고 있는 인력의 규모는 쉽게 알 수 있지만 미래의 공급능력에 대해서는 체계적인 분석이 필요하다. 우선 이용가능한 인력의 규모를 예측하기 위해서는 미래의 인력의 변동에 관한 예측이 필요하다.

하위단위별로 일정 기간에 예상되는 결원, 내부이동 그리고 충원을 고려하여 이용가능한 인력규모를 예측하여 이를 종합하면 조직 전체의 인력공급의 능력이 예측될 수 있다. 이렇게 조직 내부에서 공급받을 수 있는 인력의 규모가 계산되면 인력수요와 비교하여 수요가 크면 추가인력을 확보하기 위한 노력이 이루어져야 하며, 공급이 크다면 인력규모를 줄여 나가야 한다. 아울러 조직의 인력공급 능력은 규모와 함께 자격요건도 고려되어야 한다.

이러한 분석이 체계적으로 이루어지면 조직 구성원들의 장점과 약점이 밝혀져 경영자들의 인적자원관리 활동에 도움을 제공할 수 있다.

제2절 모집관리

1. 모집의 의의

모집이란 조직이 필요로 하는 사람을 선발하기 위해 대상자들이 지원하도록 유인하는 활동을 말하며, 조직은 인력계획의 결과에 따라 사람이 필요한 경우 가장 효과적인 방법에 의해 내외에서 유능한 인재를 확보하게 된다. 이때 조직 내부로부터의 충원은 승진 또는 재배치에 의해, 조직 외부로부터의 충원은 모집 및 선발에 의해 수행된다.

이를 바탕으로 조직은 유능한 인재를 선발할 수 있다. 이러한 의미에서 선발이 조직에 가장 적합한 사람만 추려내는 소극적 고용활동인데 반하여, 모집은 선발비율을 낮출 목적으로 수행된다는 의미에서 적극적인 고용활동으로 불린다.

2. 모집유형

1) 채용시기별 분류

채용시기별로 공채모집과 수시모집으로 나눌 수 있다. 공채모집은 2월 졸업예정자들을 대상으로 사전에 일괄적으로 채용하는 경우가 일반적이며, 기타 8월 졸업예정자를 대상으로 하는 상반기 모집도 있다.

이에 반해 수시모집은 인력이 필요한 시기에 수시로 모집하는 것을 말하며, 오늘날은 대기업의 계열사로서 또는 오픈, 재오픈하는 호텔의 경우에 공채모집을 하는 경우를 제외하고는 대부분 수시채용의 형태를 취하고 있다.

2) 고용형태별 분류

채용형태별로 정규직모집과 계약직모집으로 나눌 수 있다. 정규직은 계약기간을 정하지 않고 고용하는 것으로 근로계약을 맺은 후 법규 또는 취업규칙상 해고나 면직사유에 해당하는 경우를 제외하고는 함부로 해직할 수 없다. 서구

사회처럼 이직이 용이한 제도적 기반이 형성되지 않은 국내의 구조에 있어서는 정규직은 바로 고용의 안정을 의미한다.

한편, 계약직이란 특정한 직무에 대하여 계약기간을 정해 계약을 맺고 고용하는 것으로 계약기간이 종료되었을 경우 재계약하지 않으면 자동으로 계약이 종료되며, 계절적 임시직과 파트타이머 및 촉탁계약(정년퇴직 후 한시적 계약직) 등이 있다.

3. 모집방법

1) 내부모집

내부모집이란 조직의 내부에서 적격자를 찾는 방법으로 다음과 같은 방법이 이용되고 있다.

(1) 인사기록카드

인사기록카드에 기재된 종업원의 업적, 능력, 태도, 상벌사항, 교과내용 등을 참고하여 해당직위에 적합한 인물을 찾아내는 방법이다. 이 방법은 작업이 끝날 때까지는 종업원들에게 공개되지 않은 채 진행되며, 가장 많이 쓰이고 있는 방법 중의 하나이다.

(2) 전직이나 승진

다른 부서의 종업원에 대하여 전직을 시키거나 다른 부서 또는 동일부서의 종업원에 대하여 승진을 통해 해당 직위에 보임하는 방법이다.

(3) 사내 공개모집

사보나 사내 게시판을 통해 충원할 직위를 종업원들에게 알려서 희망자를 응모하게 만드는 방법으로 균등한 고용기회의 부여라는 면에서도 좋은 방법으로 인정되고 있으며, 체인호텔에서 많이 이용되고 있다.

(4) 재고용

퇴직한 사람을 다시 채용하는 방법으로 모집비용이 덜 들고 그 사람의 업무능력을 알 수 있기 때문에 편리한 장점이 있다. 그러나 체인호텔에는 이용되고 있으나 국내호텔의 정서에는 아직 적합하지 않다.

2) 외부모집

외부모집이란 조직의 내부에서 적격자를 찾는 방법으로 일반적으로 내부모집을 시도해 본 후 적격자가 없을 때 실시하며, 다음과 같은 방법이 이용되고 있다.

(1) 광고활동

언론매체를 통해 모집하는 것으로 짧은 시간 안에 많은 사람들에게 알림으로써 적합한 사람들을 많이 확보할 수 있다. 신문이나 잡지는 비용이 많이 소요되며 신규오픈 등과 같이 많은 사람이 일시에 필요할 때는 이용하나 평상시에는 소규모 인원이 수시로 필요하기 때문에 이러한 방법보다는 홈페이지를 통한 수시채용을 선호하고 있다.

(2) 교육기관

호텔의 직무가 점점 복잡해짐에 따라 많은 호텔들이 각급 학교들과 긴밀한 유대관계를 맺어 유능한 졸업생을 유인하며, 이와 더불어 학교에서도 취업상담제도를 통하여 적절한 인재를 선발하여 추천하는 등의 취업지도를 하고 있다. 오늘날을 정식사원으로 뽑기보다는 실습생으로 일단 선발한 뒤 근무성적이 양호하면 일정 기간 뒤에 채용하는 경향이 많다.

(3) 채용박람회 및 취업설명회

오늘날 호텔들은 각종기관이나 단체에서 실시하는 채용박람회에 참가하여 자기 호텔에서 필요한 인력을 소개하여 적합한 사람을 모집하거나 학고를 방문하여 취업설명회를 개최하여 지원자를 면접하는 경향이 늘고 있다. 이러한 방법을 통해 호텔을 자연스럽게 홍보할 수도 있으며 지원자들이 호텔에 대한 현황을 파악한 상태에서 입사하게 되어 이직률을 낮출 수 있다. 아울러 모집을 위한 광고비 등의 비용을 절감할 수도 있다.

■채용공고 사례

Thomas

Driven by magnetics

Thomas Magnete is involved in the customized development, system integration and production of electro-magnetic and -hydraulic actuators and systems for the automobile industry and fluid engineering. The company is located in Germany and has more than 250 employees. Thomas Magnete is a family owned company and stands for innovation, competence, speed and reliability and has a long-term oriented company culture/strategy.

To further expand this business in Korea at Thomas Magnete Korea Ltd. we are looking for a

Technical Sales Engineer

Your major responsibilities:

- Management and analysis of new projects for the automobile industry
- Support and development of our Korean customer networks
- Communication between headquarter and local entity.

Requirements for the position:

- University degree in Mechanical and/or Electronical Engineering
- min. 5 years working experience in automobile supply
- Technical knowledge in automotive components
- Willingness to travel between Asia and Europe.
- Good command of english

If you are interested in the position, please send your English resume and introduction to Email: hr02@kgcci.com

(4) 종업원 소개

현재 호텔에 다니고 있는 종업원이 소개하여 입사하는 경우로 현직에 있는 종업원은 자기 기업과 기업의 환경을 잘 이해하고 있기 때문에 그 기업에 맞는 인물을 추천하게 되고 또 들어오는 사람은 호텔의 사정을 충분히 알고 입사하기 때문에 이직률이 낮아지는 장점이 있으나 아는 사람들이 회사에 너무 많으면 파벌이 형성하여 다른 종업원과의 인간관계를 해치게 되는 위험도 있다.

(5) 직업소개기관이나 업체

공적인 성격을 띠고 비영리적으로 운영되는 직업소개기관은 국가 및 지방자치단체에서 운영되는 경우가 많으며 미취업자에게 취업을 안내하거나 사전에 접수를 받아 두었다가 필요로 하는 기업에 정보를 제공한다. 한편 수수료를 받고 취업을 주선하는 영리적인 직업소개업체로는 오늘날 많이 증가하고 있는 Head Hunter 업체가 있으며, 이들은 특히 고급 두뇌를 필요로 하는 기업을 상대로 취업알선을 담당한다.

(6) 예기치 못했던 응시자

우리나라에서는 별로 흔한 것이 아니지만, 기업 측에서 기대하지 않았던 취업 희망자가 우편을 통해서나 또는 회사를 찾아오거나 하여 취업상담을 요청하는 수가 있다. 이때 취업 희망자는 학력과 경력 등을 적은 이력서를 이용하는 경우가 일반적이다. 이러한 사람들의 방문을 받은 기업 측에서는 현재 결원 중인 직무에 적합하다고 생각되면 즉시 상담을 허락하고 그렇지 못한 경우에는 앞으로의 충원을 위해 신속하고 정중한 회답을 주어 공급원을 확보해 두어야 한다.

(7) 가까운 친지

개인 또는 가족 소유의 기업에서는 친족들을 고용하는 것이 하나의 피할 수 없는 고용방법이 된다. 이 방법은 능력에 따른 고용과는 거리가 멀지만, 그 기업에 대한 관심과 충성도는 대단히 클 수 있다.

■직업소개업체를 통한 모집공고 사례

노동부등록번호 서울남부 알선 2005-1호

세계 최고급 호텔 간부 및 인턴사원 채용

HOSKO와 함께 세계를 무대로 도전하시기 바랍니다.

1. 모집내용

국가	호텔명	인원	부서	근무기간	출국예정
일본	도쿄 힐튼(800실) 도쿄베이 힐튼(800실)	20명	식음료	12개월	11월~12월
		- 인터뷰 합격자 출국전형비 ₩900,000 - 수료 후 일본 및 아시아 힐튼체인호텔 추천 - 월급 12만¥~16만¥, 숙박는 교통비 제공 전세계 통용 힐튼호텔 수료증 수여			
USA	GLIM 초특급 호텔 (간부 채용 프로그램)	9명	전부서	18개월	선착순 출국
		- 왕복 항공료 제공 - 18개월 J1비자 신청 지원 비자 수속비 중 US$800 지원 - 수료 후 체인호텔 간부 채용 - 월임 숙박료 US$1,000의 초특급 호텔임			
	리츠칼튼 4차(신규호텔)	20명	숙식	18개월	12월
	루이스 호텔(2600실)	14명	숙식	12개월	12월
	르네상스 호텔	4명	식음료,객실	12개월	11월~12월
	팜 비치 리조트 3차	2명	숙식	12개월	11월초

2. 지원자격
- 고졸이상 (만19~30세 미만), 관광 및 호텔 관련대학 재학 및 졸업생 또는 2년이상 경력자

3. 선발방법
- 호텔 총지배인 및 인사이사가 직접 방한하여 채용 인터뷰 실시

4. 면접장소: HOSKO 본사 인터뷰실

5. 특이사항
- 숙소는 호텔 근교 아파트 알선하고 근무시간 중 식사제공
- 상기 전 호텔들은 최고의 급여를 제공하고 있습니다.
- HOSKO는 상기 호텔들의 최고경영진과 직접 이 프로그램을 개발한 것으로,
국외 유료 직업/인턴소개소를 일체 이용하지 않음을 알려드립니다.
- HOSKO는 미국 남부 호텔 관광 명문대학인 FIU대학원에 장학금을 기부하고 있습니다.

6. 제휴사
- 전 일본 힐튼 체인호텔, North America 리츠칼튼 호텔, 플로리다 주립 호텔 관광대학원(FIU)

7. 설명회 개최
- 제1차: 2006년 8월 31일(목) 14:00~16:00 부산 롯데호텔 42층 샤롯데룸
- 제2차: 2006년 9월 1일(금) 10:00~12:00 부산 롯데호텔 L.L층 에메랄드룸
- 제3차: 2006년 9월 7일(목) 10:00~18:00 서울 코엑스 취업관 제1전시장내 HOSKO 설명회장
- 제4차: 2006년 9월 8일(금) 10:00~18:00 서울 코엑스 취업관 제1전시장내 HOSKO 설명회장
- 행사일로부터 이틀전 선착순 접수마감 100명 (기념품 및 안내책자 제공)

www.hospitalitykorea.com / 02-2648-8644

HOSKO

(8) 일시적 고용

호텔의 경우에는 계절이나 요일에 따라 특정업무에 대한 인력이 갑자기 필요한 경우가 많은데 이러한 경우에 적절히 대응하기 위해 호텔들은 시간단위로 임금을 제공하며 일시적으로 고용하는 제도를 많이 활용하고 있다. 파트타임, 아르바이트라는 용어로 채용하는 경우가 이러한 제도에 의한 고용의 예들이다.

■ 조선호텔의 채용 안내문

> 조선호텔에 취업을 희망하시는 모든 여러분을 환영합니다.
> 조선호텔의 한 가족으로 함께 일할 수 있기를 기원합니다.
>
> ● 수시채용
>
> 지원자 여러분께서는 조선호텔의 현재 진행 중인 채용 부분에 지원서를 접수할 수 있으며, 서류 전형 후 개별적으로 면접 일정을 통보해 드립니다. ※ 채용 공고 참조
>
> ● 공개채용
>
> 조선호텔은 수시 채용을 원칙으로 하고 있지만, 사업확장 또는 신규사업진출 등의 경우 한시적으로 공개 채용을 실시합니다.
>
> ● 실습제도
>
> 조선호텔은 이론과 실무의 효과적 접목 및 현장감 있는 호텔리어 양성을 위하여 호텔 및 관광 관련학과 전공 학생들에게 다양한 실습 프로그램을 운영하고 있습니다.

제3절 선발관리

1. 선발의 의의

선발은 모집활동을 통해서 응모한 많은 취업희망자 중에서 조직이 필요로 하는 자질을 갖춘 사람을 선별하는 과정이다. 선발은 그 적격성의 판정이 매우 어려우며, 또한 잘못 선발하면 이로 인한 경제적 및 비경제적 손실이 크다는 점에서 선발에 관한 결정은 대단히 중요하다. 따라서 대부분의 기업에서 선발에 대한 결정권한은 조직의 상층부에서 전문스태프의 도움을 받아서 신중하게 결정한다.

2. 선발절차

1) 지원서류 검토

이는 고용할 사람을 전형하는 첫 단계로 지원자가 제출한 지원서류를 검토하여 채용분야 및 자격요건과 맞는 사람을 가려내는 과정이다. 제출할 서류는 주로 이력서, 자기소개서, 졸업증명서, 경력증명서 등이다. 또한 지원서에 나타난 다양한 정보와 자기소개서 등을 검토하여 적격자를 선별 또는 부적격자를 제외시킨다.

2) 시험

시험은 지원자에 관한 정보를 얻는 중요한 역할을 하며, 따라서 많은 조직에서 사용되고 있다. 시험을 통해 조직에 적합한 종업원을 채용하면 교육비의 절감이나 이직률의 감소 및 우발사고를 제거할 수 있을 뿐만 아니라 시험의 결과에 입각해서 근로자의 조직몰입이나 직무만족의 증대 및 사기의 개선 등도 이룰 수 있다. 이러한 시험의 종류에는 필기시험, 실기시험, 구술시험으로 나눌 수 있으며, 이 가운데서 가장 일반적으로 사용되고 있는 것은 필기시험이 있는데 그 이유는 집단이나 개인을 동시에 용이하게 관리할 수 있으며, 다른 방법에 비해 비교적 비용도 적게 들기 때문이다.

3) 면접

면접은 주관적인 판단에 의존한다는 약점에도 불구하고 시험과 더불어 가장 널리 사용되는 선발절차이다. 그 이유는 시험에서 나타나지 않은 지원자에 관한 정보를 면접을 통하여 더 얻을 수 있기 때문이다.

면접의 유형에는 지시적 면접, 비지시적 면접, 스트레스 면접, 패널면접, 집단면접 등이 있으며, 면접방법의 약점인 주관성을 최대한 배제시키기 위해서는 면접기법에 관한 지식과 충분한 교육이 필요하다.

4) 신원조회

이상의 절차를 통해 일정 인원의 지원자들을 선발한 후에는 신원조회를 실시하는데 주로 추천자나 종전의 직장에 문의하여 능력, 태도, 경력 및 기타 고용 후에 발생할 수도 있는 제반 문제점의 존재여부에 대해 확인작업을 거쳐 문제가 있을 수 있는 사람들을 골라내어 배제시킨다.

5) 신체검사

신체검사는 선발에 대한 최종결정을 하기 전에 신체적 또는 정신적 문제점에 대한 확인작업과정이며, 특히 호텔은 고객을 직접 상대하는 직업이므로 신체검사를 통해 신체적, 정신적 질병의 유무를 엄격하게 확인할 필요가 있다.

6) 최종결정

이는 지금까지의 선발과정상의 결과를 종합적으로 평가하여 고용여부를 최종적으로 결정하는 과정이다. 합격 · 불합격을 결정했을 경우에는 즉시 본인에게 통지하며, 이때 문서로 알리는 것이 바람직하다.

3. 입사절차

1) 근로계약서 작성

회사의 근로조건에 동의한다는 내용의 계약서를 작성하여 날인한 후 본인과 호텔이 각 1부씩 보관한다. 근로계약서에는 근무시간 · 휴일 · 급여조건 · 근무부서 · 직무 · 수습조건 · 계약해지조건 등의 기본적 사항을 명시하여야 하며, 아울러 취업규칙의 내용도 확인시켜야 한다.

2) 입사서류 제출

회사는 합격자에 대하여 입사에 필요한 서류를 제출할 것을 요구하며, 이에는 졸업증명서, 성적증명서, 경력증명서, 주민등록등본, 병력관계서류 및 재정보증서 등이 있다.

만약 이러한 입사서류를 일정한 기한 내에 정당한 이유없이 제출하지 않을 경우에는 합격이 취소된다.

3) 행정절차

회사는 새로 입사한 종업원에 대하여 보험가입, 신분증발급, 기타 비품지급 등 호텔의 사규에 따른 제반의 절차를 진행한다.

4) 수습기간

수습기간을 두는 것은 회사마다 다르며, 필요하면 취업규칙에 명시되어 있다. 보통 새로 채용한 종업원에 대해 업무상의 지식 · 기술과 근무태도 및 건강상태 등을 평가하고 회사생활에 적응할 수 있는지 판단하기 위해 2~3개월 정도의 수습기간을 두는 것이 일반적이며, 이 기간 중의 급여는 정상급여의 90% 이하의 금액을 주는 것이 보통이다.

회사는 종업원으로서의 적격성이 결여되는 것을 증명하는 구체적 · 객관적인 사실이 있을 경우 수습기간 중에 해고할 수 있다. 그러나 해고할 경우에는 30일 전에 이를 예고하거나 즉시 해고할 경우에는 평균임금의 30일분을 지불해야 한다.

■고용계약서 예시

고 용 계 약 서

사 용 자 : ○○호텔　　　　　피고용인 : ○○○ 님　　　　　직위 : ○○

본 계약서는 사용자(이하 '갑' 이라 한다)와 피고용인(이하 '을' 이라 한다)간의 임시적 고용계약서로서 하기의 고용조건을 상호 성실히 이행함을 목적으로 본 계약서를 작성한다.

<u>제1조 계약기간</u>

본 계약서에 의한 고용기간은 ○○년 ○○월 ○○일부터 ○○년 ○○월 ○○일까지로 하며, 위 기간 종료 후 본 계약은 자동으로 해제된다.

<u>제2조 근무부서</u>

사용자 지시에 의한 Marketing 소속업무 및 기타 관련업무

<u>제3조 임　금</u>

'을' 의 연봉액은 ₩________으로 하며, 이 연봉액에는 기본급, 통상적 수당, 상여금(정기,특별) 등 일체의 임금이 포함된다.

<u>제4조 근로시간</u>

① '을' 의 근로시간은 1주에 휴게시간을 제외한 44시간을 원칙으로 한다.

② '을' 의 근무개시 및 종료시간은 '갑' 이 정하며 계절과 회사사정에 의해서 변경될 수 있다.

<u>제5조 계약해지</u>

'갑' 은 '을' 이 다음 각 호의 1에 해당하는 경우 계약을 해지할 수 있다.

1. 계약기간이 만료되었을 때
2. 업무량의 감소나 완료에 따라 임시직 사원이 필요가 없게 되었을 때
3. 일반근무수칙이나 상사의 적당한 지시를 위반하였을 때
4. 회사의 명예나 신용에 손상을 끼쳤을 때
5. 고의 또는 중대한 과실에 의해 회사에 손해를 끼쳤을 때
6. 근무성적이 극히 불량하고 업무수행 능력이 부족하다고 판단될 때
7. 관계법령에 정한 취업금지 사유의 발생 및 기타 정당한 사유가 있다고 인정될 때
8. '을' 이 계약기간 만료 전에 사직코자 할 때에는 14일 전에 사직서를 '갑' 에게 제출하여야 한다.

<u>제7조 식　사</u>

'갑' 은 '을' 의 근무와 관계하여 1일 1식의 식사를 무상으로 지급하며, '을' 은 '갑' 의 종업원식당을 이용하여야 한다.

<u>제8조 손해배상</u>

업무수행 중 또는 업무와 무관한 사항으로써 고의 또는 중대한 과실 또는 복무규율 위반에 의해 회사에 재산상의 손해를 끼쳤을 때는 손해배상하여야 한다.

<u>제9조 기　타</u>

기타사항은 회사규정 및 임시직 처우에 따른다.

위를 증명하기 위하여 본 계약 당사자들은 본 계약서를 2부 작성하여 1부는 '갑' 이, 1부는 '을' 이 각각 보관한다.

갑 : ○○호텔 대표이사 ○○○　　　　　을 : 피고용인 성명　　(인) 주민등록번호

제4절 배치관리

1. 배치의 의의

직무에 종업원을 배속시키는 것을 배치라고 하고, 일단 배치된 종업원을 필요에 따라서 현재의 직무에서 다른 직무로 바꾸어 재배치하는 것을 이동이라고 한다. 선발이 선발정보를 바탕으로 지원자에 대한 채용의 여부를 결정하는 단계인 반면, 배치는 다수의 직무와 다수의 개인 간의 관계를 가장 잘 조합하여 조직의 성과와 개인의 만족수준도 높이는 원리에 따른다. 따라서 선발이 합격자가 불합격자보다 직무수행 능력이 우수하리라는 예측하에 이루어진 결정이라면, 배치는 어떤 사람이 특정 직무에 상대적으로 보다 적합하리라는 예측하에 이루어지는 결정이다.

그러므로 배치는 새로운 종업원에게 적절한 직무를 짝지어 주는 의사결정단계라고 할 수 있다. 여러 가지 측면에서 아직 미확정된 신규종업원에게 이와 같은 모든 요인을 고려하여 특정 직무를 짝지어 준다는 것이 쉬운 일이 아니다.

따라서 최초의 배치는 수습상태일 경우가 대부분이며, 조직과 개인이 모두 적응단계에 있다고 할 수 있다. 따라서 신입자의 배치를 받은 부서의 선임자들은 신입자에 대해서는 교육자이면서 공정한 평가자로서의 역할을 하여 신입자가 보다 쉽게 직장 분위기에 적응하고 직무수행능력을 습득하도록 하여 정착을 도우며, 필요에 따라 보다 적합한 직무로의 전환이 가능하게끔 도와주어야 한다.

그러나 엄격한 선발과정을 거쳐 채용되어 일단 어떠한 직무에 배치된 종업원이라 할지라도 일정한 기간이 지나면 권태를 느끼게 되기도 하고 능력의 변화가 일어나기도 한다. 그러므로 일정기간마다 종업원의 성격, 능력, 근무상태 등을 재평가하여 승진, 강등, 전보 등의 전환을 할 필요가 있다.

2. 배치의 원칙

1) 적재적소주의

기업은 효율성을 존중하기 때문에 어떤 사람이 그가 소유하고 있는 능력과 성격 등의 면에서 최고의 직위에 배치되어서 최고의 능력을 발휘하는 것을 기대한다. 여기에 "적재를 적소에"라는 원칙이 지배한다. 그러나 여기서 인간은 상당한 유연성과 적응성을 갖고 있다는 사실을 고려해야 하며, 우수한 인재의 경우에는 특히 그러하다.

2) 실력주의

실력주의라는 것은 실력, 즉 능력을 발휘할 수 있는 영역을 제공하며, 그 일에 대해서 올바르게 평가하고, 평가된 실력과 업적에 대해서 만족할 수 있는 대우를 하는 원칙을 말한다. 이는 앞서 설명한 적재적소주의 원칙을 포함하는 광의의 개념이다. 이 원칙은 인적자원관리 전반을 지배하는 것이지만 특히 배치관리 분야에서 존중되어야 할 원칙이다. 그러나 실력이라는 것은 기성의 실력에 국한되는 것이 아니라 새롭게 생겨나는 성질을 가지므로 실력을 활용하는 면뿐만 아니라 실력을 개발, 양성하는 면에 대해서도 충분히 배려를 해야 한다.

3) 인재육성주의

사람을 사용하는 방법에는 사람을 소모시키면서 사용하는 방법과 사람을 성장시키면서 사용하는 방법이 있다. 장기적으로 보면 후자가 뛰어나다는 것을 말하지 않아도 알 수 있다. 최근과 같이 성취동기의 중요성이 존중되는 시대에는 이 원칙은 특히 적용되어야 한다.

그리고 주의해야 할 것은 상사가 육성하는 면뿐만 아니라 본인 자신의 의지를 중심으로 한 자기 육성의 의욕을 개발하는 것이다.

4) 균형주의

직장은 사람과 사람의 관계로 이루어진 하나의 사회이기 때문에 배치 및 이동에 대하여 단순히 본인만의 적재적소를 고려할 것이 아니라 상하좌우 모든 사람에 대해서 평등한 적재적소와 직장 전체의 적재적소를 고려할 필요가 있다. 요컨대 직장 전체의 실력증진과 사기고양 등을 꾀하는 의미로 전체와 개인의 조화를 고려하는 것이다.

제5절 취업전략

1. 1등 인재의 비결

1등 인재는 타고나는 것이 아니다. 누구든지 노력만 하면 1등 인재가 될 수 있다. 다음은 LG경제연구원의 '평범한 사람이 1등 인재가 되는 길'이란 보고서에서 밝힌 1등 인재가 되는 비결이다.

1) 윤리의식을 가져라.

부도덕한 윤리의식을 가진 사람이 운영하는 기업은 결국 망한다. GE는 종업원평가 핵심가치 중 하나로 정직과 성실성을 함께 평가하는데 아무리 업무능력이 뛰어나도 이 부분의 기준에 미달하면 해고한다.

2) 창의성을 길러라.

기업 경영에서 경쟁자보다 앞서 차별화된 가치로 시장을 선점하는 역량이 중요해지는 만큼 창의성이 중요하다. 업무영역 외에 철학 · 예술 · 스포츠 등 다양한 활동을 해 풍부한 상상력을 기르려는 노력을 해야 한다.

3) 나만의 개성과 끼를 발휘하라.

조직에 활력을 불어넣어 조직의 성과 향상에 기여하는 '끼' 있는 '꾼' 이 되라.

4) 자신만의 블루오션을 찾아라.

다른 동료들이 치열하게 경쟁하는 인기 분야에 집착하기보다는 자신이 할 수 있는 새로운 영역, '블루오션' 을 찾아야 한다.

5) 인적 네트워크를 쌓아라.

맥킨지컨설팅이 조사한 결과에 따르면 성공한 CEO들은 평균적으로 자기 시간의 50%를 새로운 사람 만나는데 투자한다. 자신이 맡고 있지 않는 분야에서도 내, 외부 전문가를 잘 활용해야 훌륭하게 업무 완수를 할 수 있다.

2. 이력서 작성법

1) 호감을 주는 사진 부착

이력서를 작성할 때 가장 흔히 저지르는 실수가 사진을 빠뜨리는 것이다. 하지만 사진이 없는 이력서는 인사담당자에게 외면당한다. 이력서에 사용하는 사진은 일반적으로 반명함판을 사용하는데, 준비된 사진이 없다고 스냅사진을 오려 붙이거나 규격에 맞지 않는 스티커 사진 등을 붙이는 것은 절대 금물이다. 또한 사진촬영에도 각별히 신경을 써야 한다. 남녀 모두 정장 및 단정한 헤어스타일로 촬영하는 것이 좋다. 그리고 온라인으로 이력서를 제출하는 경우에도 사진을 스캐닝하여 이미지 파일을 만들어서 이력서에 첨부해야 한다.

2) 지원분야의 표기

수시채용을 원칙으로 하는 대부분의 호텔은 지원분야가 오픈되기까지 일정 기간 이력서를 보관한다. 특별히 원하는 직무분야가 없는 이력서는 외면당하기 쉽다. 이것은 지원자의 열의와 일에 대한 자신감을 표현하는 것으로 생각되기 때문이다. 따라서 자신이 지원하려는 직무분야를 명확히 표기하는 것이 좋다.

3) 구체적인 인적사항의 기재

이름, 생년월일, 주소, 주민등록번호 등 개인적인 인적사항은 반드시 기재되어야 한다. 또한 이력서의 상단부분에는 전형기간 동안 실제로 연락이 가능한 연락처를 기재하도록 한다. 이동전화와 이메일주소도 기재하는 것이 좋다. 학력, 경력사항, 특기분야, 자격증, 외국어능력 등을 일목요연하게 기재하도록 한다.

4) 사실적인 내용만 기재

자신의 장점을 살리되, 결코 허위사실이나 과장된 내용을 기재하여서는 안 된다. 차후에 허위사실이라는 것이 밝혀지면 입사 후에라도 입사가 취소되는 것을 명심하여야 한다.

■ 입사지원서 예시

입사지원서 (　　　)

사 진 (반명함판)

수험번호							성 명	(한글)	지원부문	1지망	
주민번호								(한문)		2지망	
연 령	만 세						희망지역	서 울 / 제 주	국 적		

연락처	현주소	(−)			
	전 화		핸드폰		E-mail

학력	졸업년월	학 교 명	전 공 (학위구분)	졸업구분	소재지	성적
	- -	대학교	(석사)	졸. 예. 퇴		/
	- -	대학교	(학사)	졸. 예. 퇴		/
	- -	대학	(전문학사)	졸. 예. 퇴		/
	- -	고등학교		졸. 예. 퇴		

사회경력	근무처	근 무 기 간		주경력 (업무)사항	직 위	월 급 여	퇴직사유
		-	개월				
		-	개월				
		-	개월				

병역구분		면제사유		병 과		계 급		복무기간	-
신 장		체 중		시 력		건강상 특이사항			

사회경력	관계	성 명	연령	출신교	학력	근무처	직위	동거	기 타	
									부모생존여부	부 / 므
									기혼 / 미혼	
									종 교	
									보훈대상여부	Y / N
									취미 / 특기	
									희 망 급 여	

외국어	외국어명	TEST 명	성 적	자격면허	자격면허명	등 급

수상경력	수 상 일 시	단 체 명	수 상 내 용

<table>
<tr><td rowspan="4">사
회
활
동</td><td>교내 / 교외</td><td colspan="2"></td><td colspan="2">해외여행 및 거주경험 (기간)</td></tr>
<tr><td>- 동아리</td><td colspan="2"></td><td colspan="2">(. - .)</td></tr>
<tr><td>- 학 회</td><td colspan="2"></td><td colspan="2">(. - .)</td></tr>
<tr><td>- 사회단체활동 등</td><td colspan="2"></td><td colspan="2">(. - .)</td></tr>
<tr><td colspan="2">취미/특기</td><td colspan="2"></td><td>존경하는 인물</td><td></td></tr>
<tr><td colspan="2">존경이유</td><td colspan="4"></td></tr>
</table>

성장 과정

나의 장점

나의 보완점

지원동기 및 포부

Sample of Resume

James O. McKinsey
27th fl. Seoul Finance Center, 84 Taepyung-ro 1-ga
Jung-gu, Seoul, Korea 100-101
james_mckinsey@mckinsey.com
82 2 2128 3555, 82 11 2128 3555

Education

1999-Present	**McKinsey University, Seoul, Korea** Major: xxxxxx, Minor: xxxxxxx • Candidate for B.S. degree, February 2003; GPA X.X/4.X • Concentration: Marketing & Finance; Self-directed concentration: Real Estate • Relevant Courses: Strategic Management, Consumer Behavior, Corporate Finance, Marketing Management, International Finance, Strategic Marketing

Work Experience

March 2003-Present	**XXX Country Club, Seoul, Korea** Executive Management Consultant • Restructured performance evaluation system for employees • Developed training program for management for effective use of the evaluation system • Proposed incentive system for improved employee productivity and motivation
Summer 2005	**XXX Finance Inc., Seoul, Korea** Intern, Antidumping Division • Assisted in analyzing financial data for antidumping case involving Korean consumer goods companies • Documented summaries of investigation results on antidumping cases published by Japan International Trade Commission • Translated business proposals, investment projects, and antidumping case studies
Winter 2004	**XXX Electronics Company, Seoul, Korea** Intern, New Market Development Taskforce • Assisted evaluation of European market opportunities and development of market entry strategies • Helped producing weekly, monthly, and quarterly forecasts for the guidance European countries

Leadership Roles

June 1999-Present	**XXX High School Alumni, Seoul, Korea** President • Increased average participation rate from 20% to 45% by revitalizing the organization • Organized Soccer tournament with 5 schools
March 1999-March 2000	**Church College Group, Seoul, Korea** Vice President • Organized volunteer visit to farm communities • Organized fund raising activities for charitable purpose

Honors and Awards

May 2000	**Muscular Dystrophy Foundation of Korea, Seoul, Korea** • Honored for long-term commitment to volunteer work and annual fund raising efforts

Skills and Other Information

Languages	• Fluent in English and working knowledge of Chinese • TOEFL: xxx, TOEIC: xxx
Computer Skills	• MS-Office literacy • Knowledge of C and HTML
Military Service	• 5 Infantry Division of Korea Army, Kyunggi, Korea (October 2000 - December 2002)
Others	• Swimming, Skiing, Cooking

Reference

Cheolsoo Kim, Professor at Business Administration Department, McKinsey University
Tel: xxx-xxxx Email: email@email.com
Younghee Lee, Manager at xxx Company, Senior from College
Tel: xxx-xxxx Email: abc@abc.com

3. 자기소개서 작성법

자기소개서는 정형화, 단순화된 이력서보다 구체적인 정보를 제공, 파악할 수 있다는 것이 특징이다. 고용주는 지원자의 성장배경에서부터 다른 구성원들과 얼마나 조화를 이룰 수 있는지를 짐작할 수 있는 인성과 실두경험, 업무능력 등을 파악하고 지원동기와 함께 평소의 생활태도까지도 짐작하려고 한다. 따라서 지원자는 자기소개서의 중요성을 충분히 이해하고 그에 맞는 치밀한 계획을 세워 작성하는 것이 취업 성공률을 높이는 방법이다.

1) 기업이 자기소개서를 요구하는 이유

❶ 가정환경이나 성장배경을 파악할 수 있다.

"같은 값이면 다홍치마"라는 말이 있다. 비교적 무난한 환경에서 자란 사람, 어려운 환경에서도 좌절하기보다는 자기개발을 위해 꾸준히 노력한 사람, 뚜렷한 목적의식을 가지고 적극적으로 또 성실하게 성장해온 사람을 채용하고 싶은 것이 보편적인 심리이다.

❷ 지원자의 인성을 짐작할 수 있다.

성장배경이나 성격을 통해 지원자의 인성을 파악하는 것은 당사에 입사한 후에도 다른 구성원들과의 친화력이 중요하기 때문이다. 화려한 경력과 실력을 갖춘 적극적인 인재라 하더라도 조직과 융화할 수 없다면 전체적인 사기를 떨어뜨릴 수도 있으며, 반대로 너무 소심하고 내성적인 성격 때문에 업무환경에 적응하지 못한다면 회사의 발전 속도에 저해될 수도 있기 때문이다.

❸ 관심분야와 지원동기를 알 수 있다.

고용주는 지원자가 당사에 대해 얼마나 알고 있는지, 지원부서의 업무 특성에 대해 얼마나 알고 있는지를 파악하려고 할 것이며, 동시에 여기저기

지나가듯 제출한 자기소개서인지 분명한 의지와 동기를 가지고 지원한 것인지를 파악하려 할 것이다. 의욕이 부족해 보이는 사람에게서 가시적인 성과를 기대하기 어렵다. 일반적인 내용으로 전개된 지원동기보다는 구체적인 정보 수집과 지원업체와 연관성 있는 지원동기를 제시해서 지원자의 강한 의욕을 보여주는 것이 중요하다.

❹ 실무경험과 업무능력 등을 파악할 수 있다.

지원자가 작성한 전 직장에서의 실무경험을 통해서 고용주는 당사 업무와 연관지어 생각하게 된다. 전혀 다른 업종, 다른 성격의 부서에서 근무했던 사람이나 경험이 없는 사람보다는 관련 분야의 해당 부서에서 실무경험이 있는 사람이 당사 실무에 투입되었을 때 빠른 적응력을 보일 것이며 기업으로서는 그만큼 교육에 필요한 시간과 돈을 절약할 수 있기 때문이다.

❺ 논리적 표현능력과 편집능력을 알 수 있다.

자기소개서 또한 인사에 관련된 중요한 문서이다. 당연히 사실을 근거로 한 내용의 전개에 있어서 자필로 작성했거나 컴퓨터의 문서편집 기능을 이용했더라도 공통적으로 전체적인 구성력과 문장력을 파악할 수 있고 특히, 컴퓨터를 이용했다면 실제 컴퓨터 활용능력을 짐작해 볼 수 있다. 그리고 어휘력과 맞춤법의 정확성을 함께 살펴봄으로써 꼼꼼한 업무처리 능력 또한 가늠해 볼 수 있다.

2) 자기소개서를 잘 쓰는 요령

❶ 성장과정

이 난은 제한된 지면이므로 미리 자기가 써야 할 것을 간추려 본 후에 또박또박 깨끗이 써야 한다. 이때 평범성보다는 가능하면 남들이 관심을 갖지 않던 새로운 분야에 대한 언급이 필요하다. 학교나 경력 등은 이미 이력서 또는 지원서에 기록이 되어 있기 때문에 새로이 이중으로 기술할 필요는 없다. 가훈 또한 고학, 아르바이트 등을 통한 역경을 딛고 일어선 의지 등을 기술하면 좋다.

❷ 성격소개

일부러 진실하지 못한 진술을 할 필요가 없다. 미사여구를 동원하다 스스로 함정에 빠지는 경우가 많기 때문이다. 장점을 최대한도로 부각시켜 자신을 소개하는 능력이 필요하다. 단점에 대해서도 진솔하게 기술하고, 그것을 극복하기 위해 어떤 노력을 하고 있는지를 진술하면 오히려 장점으로 부각될 수 있다.

어느 경우에서든지 완벽한 인간은 존재하지 않기 때문에, 스스로 완벽하다고 말하는 것은 넌센스임을 명심해야 한다. 적극적인 사고, 성실성, 근면성, 원만한 품성, 미래에 대한 도전의지, 패기있는 성격 등을 나타낼 수 있도록 유의해야 한다.

❸ 지원동기

친구, 선배의 소개 및 권유, 학교 선생의 추천 등이 있을 수 있겠지만, 보다 더 명백한 기술이 필요하다. 자신의 적성과 비전을 제시하는 방법도 추천할만 하다. 취업하고자 하는 기업의 업종, 경영이념, 창업정신, 성격 등을 알아서 그 기업의 업종이나 특성에 맞게 지원동기를 기술한다면 좋을 것이다.

❹ 희망업무 및 포부

희망업무는 이미 지원동기에서 언급한 것처럼 전공, 적성을 살리기 위해서나 또는 평소 그 업종에 대한 관심과 연구가 있었다면 좋을 것이다. 포부 수준도 비슷하다. 구체적으로 자기가 선택한 업종에 대한 목표성취나 개발을 위해 어떠한 계획을 가지고 있다는 것을 언급하라. 그렇다고 너무

수준을 높이는 우를 범할 필요는 없다. 늘 "신입사원"이 되는 것을 잊지 말아야 한다.

❺ 특기사항

전공의 특성 외에도 부전공, 외국어 구사의 능력, 번역 등의 실력을 과감하게 밝힐 필요가 있다. 특히 요즈음은 외국어 능력을 중시하고 있으므로 중국, 러시아, 동구권 등의 새로운 시장을 대비하여 중국어, 러시아어, 아랍어 등을 익혀두면 좋을 것이다. 그 밖에 컴퓨터 사용능력, 운전, 운동 여부와 각종 자격증, 면허증 등의 소지를 사실대로 진술해야 유리하다.

3) 자기소개서 작성 시 유의점

❶ 창의성 있는 자기소개

개인의 성장과정이나 생각 등을 적어 내려가다 보면 자칫 천편일률적인 내용이 되기 일쑤여서 읽는 사람이 지루해지기 마련이다. 수많은 응시자의 자기소개서 중에서 눈에 띄기 위해서는 독특한 작성이 요구된다. 문장력이 뛰어나다면 금상첨화이겠지만 그렇지 않더라도 작문을 하는 것처럼 제목을 특이하게 붙여 본다든지, 일상적 어투에서 벗어나 선현의 말씀을 인용하는 등의 노력이 필요하다.

❷ 자기 PR을 적극적으로 하되 과장되지 않도록

외국어능력, 컴퓨터활용능력 등 장점이 될 수 있는 것은 객관적, 구체적으로 PR한다.(예: 토익점수, 다룰 수 있는 컴퓨터 프로그램 등) 성격은 장점만 소개하지 말고 자신의 단점 역시 솔직하게 시인하고 이를 극복하기 위해 어떠한 노력을 하고 있는지 서술하는 편이 좋다.

❸ 논리적인 문맥 연결

수필과 감상문에서는 논리성이 비교적 적지만 자기소개서는 그 주장하는 논리성이 분명해야 한다. 문장과 문장의 연결, 단락의 연결에 있어서 보다 논리적이어야 한다. 자기소개서에 들어가는 내용은 성장과정, 성격, 특별한 능력, 생활신조, 지원동기, 장래희망이나 포부 등이다. 각 내용은 기본적으로 1. 1. 2. 4. 2 법칙에 따라 작성하는 것이 좋다. 즉 전체를 10 으로 볼 때, 성장과정의 중요도가 1 이라면, 성격은 1, 학교생활 2, 지원동기 4, 입사 후 포부 2 정도로 배분한다. 그만큼 지원동기가 중요한데 자기가 왜 이 회사에 들어가려고 하는지, 자기가 왜 이 직종을 택했는지에 대한 이유를 적고 그렇게 하기 위해 학창시절에 얼마나 노력했는지를 밝히고, 입사 후 어떻게 하고 싶다는 내용까지 일관성있게 기술하는 것이 좋다.

❹ 맞춤법, 띄어쓰기의 중요성

맞춤법이 너무 엉망이어서는 안 된다. 지극히 어려운 맞춤법의 경우에는 몰라도, 자주 쓰는 낱말의 맞춤법을 틀리면, 응시자의 국어 실력을 의심받게 된다. 띄어쓰기의 경우, 만약 잘못 사용한다면 문법적인 사항은 차치하고서라도 일단 읽기가 힘들어진다. 따라서 채점관의 눈에 거슬릴게 분명하며, 아예 읽지도 않고 넘어갈지도 모른다.

❺ 회사에 따라 내용을 달리 작성

지망회사의 성격이나 업무내용에 따라 내용을 조정하는 융통성이 필요하다. 언론사나 방송사라면 우등상보다는 번뜩이는 재치와 창의력, 대내외의 활발한 활동이 돋보일 수 있겠고, 일반기업의 경우 업무능력과 연관한 활동내용과 성실성이 높은 점수를 받을 수 있다. 똑같은 내용으로 자기소개서를 여러통 작성해 두기보다는 지망분야에 따라 2~3종류의 자기소개서를 준비해 두는 것이 좋다.

■자기소개서 사례

1. 성장과정

worst

초등학교부터 고등학교까지는 리더십이 뛰어나서 학급 반장을 거의 놓치지 않고 맡았고, 미술에 남다른 소질이 있어 여러 대회에서 10회 이상 수상한 경력이 있으며, 12년 동안 한 번도 지각이니 결석이 없는 성실한 학생이었습니다. 대학 입시에 한 번 실패했지만 재수할 때 피나는 노력으로 마침내 원하는 대학에 입학할 수 있었습니다. 대학시절에는 열심히 공부해서 우수 성적 장학금을 4회 받았고, 과대표와 동아리 회장직을 수행하면서 리더십을 기를 수 있었습니다.

best

고등학교 1학년이었을 때, 가장 친한 친구로부터 심한 배신을 당한 경험이 있습니다. 그 후유증으로 한 동안 사람들을 믿을 수가 없었고 특히 새로운 친구를 사귀기가 굉장히 힘들었던 기억이 있습니다. 그러나 그 사건을 계기로 제 자신을 돌아볼 수 있었고 사람관계에서 신뢰가 얼마나 중요한지를 절실히 느끼게 되어서, 항상 다른 사람들에게 신뢰를 받을 수 있는 사람이 되기 위해 노력하고 있습니다. 대학교에 입학하자마자 아버님이 운영하던 회사가 부도가 났습니다. 학비를 벌기 위해 하루에 아르바이트를 5개를 동시에 한 적도 있었습니다. 육체적으로 굉장히 힘들었지만 포기하지 않는 불굴의 정신을 배웠고, 무엇보다도 할 수 있다는 자신감을 얻을 수 있었습니다.

2. 성향과 가치관

worst

성격의 장점은 항상 모든 일에 최선을 다하는 성실함, 부정적인 면 보다는 희망과 밝은 면을 보려는 긍정성, 한 번 시작하면 어떤 일이 있어도 마무리 짓는 끈기, 새롭고 어려운 일을 두려워하지 않는 도전 정신, 다른 사람의 입장에서 생각하는 배려심, 끊임 없이 개선하려고 노력하는 자기계발 의지 등을 들 수 있습니다. 단점으로는 매사에 열성적이고 최선을 다하기 때문에, 간혹 가다 객관적으로 포기해야 하는 상황에서도 끝까지 밀고 나가서 주위 사람들을 피곤하게 만드는 경향이 있습니다.

best

저의 가장 중요한 가치, 신념, 원칙은 신용입니다. 신용은 돈으로도 살 수 없으며 단기간에 만들 수도 없습니다. 항상 변함없이 꾸준하고 성실하게 노력해야만 얻을 수 있는 것이라고 생각하고, 모든 사람에게 신용을 얻으려고 노력하고 있습니다. 대학교 2학년에 액세서리 노점상을 한 적이 있었는데, 제 믿음직한 신용을 믿고 어떤 도매상인께서 100만원 정도의 상품을 외상으로 주신 적이 있을 정도로 신용만큼은 자신이 있습니다. 또한 제가 제일 소중하게 생각하는 신용은 귀사의 고객중심이라는 핵심가치와 잘 부합된다고 생각합니다. 고객에게 신용을 얻지 못하면 결코 고객중심이 될 수 없기 때문입니다.

3. 사회경험

worst

굉장히 다양하고 많은 아르바이트 경험이 있습니다. 편의점 근무, 카페와 식당에서 서빙, 설문조사, 세차, 전단지 돌리기 등 이러한 다양한 아르바이트를 통해서 용돈도 벌고 사회를 체험할 수 있는 좋은 기회였습니다. 인턴은 A기업의 홍보팀에서 두 달간 회사 홍보 이벤트나 행사를 보좌하는 일을 해서, 기업에서 어떤 일을 하는지를 직접 체험해볼 수 있었습니다. 동아리 활동은 영어 연극반에서 했습니다. 햄릿이나 로미오와 줄리엣 같은 영어 공연을 준비하면서 영어 실력도 늘렸고 발표력과 표현력을 기를 수 있었습니다.

best

대학 시절에 전공 공부 이외에 가장 많은 시간과 노력을 기울인 곳은 공모전과 다양한 경험을 해보는 것이었습니다. 대학교 2학년부터 기업에서 마케팅 업무를 하기로 결심하고, 총 6회에 걸쳐 기업 마케팅 공모전에 참여하였고, 그 중에서 A회사와 B회사가 주최하는 공모전에서 입상한 경력이 있습니다. 다양한 경험을 갖기 위해 많은 시도를 해봤지만, 그 중에서 가장 기억에 남는 것은 한 달간의 인도 배낭 여행이었습니다. 정말 다양한 문화를 경험하고 다양한 사람들을 만나면서 이해력과 사고의 폭이 넓어졌고, 육체적, 경제적인 어려움을 통해서 인내와, 욕심을 버릴 수 있는 여유를 배울 수 있었습니다. 공모전 경험을 통해서 마케팅을 할 수 있는 기초 역량의 틀을 세울 수 있었고, 다양한 경험을 통해서 어떤 조직에서도 잘 적용할 수 있는 유연성을 기를 수 있었습니다.

4. 지원동기

worst

S식품은 늘 우리 곁에 있어주었던 오랜 전통을 자랑하는 식품 전문 회사로써, 그러한 전통을 가진 회사에서 제가 가진 열정을 펼칠 수 있다면, 보다 발전적인 인생이 될 것 같아서 지원했습니다. 오늘보다 내일이 더 발전된 모습이기를 바라는 저는, 전통을 가진 회사를 늘 동경해왔습니다. 이러한 측면에서 S식품에 진원하게 된 것입니다.

best

(조직의 벽을 허무는 젊은 기업)

지난 9월 학교의 취업 박람회에서 우연히 귀사의 부스를 방문했습니다. 무엇보다도 다른 회사의 직원들과는 달리 회사에 대한 자부심과 열정으로 똘똘 뭉친 귀사의 직원들에게 깊은 감명을 받았습니다. 또한 회사에 대한 설명을 통해서 그 동안 인식하고 있던 보수적인 S식품의 이미지와는 달리 자유스럽고 벽이 없는 조직이라는 것을 알게 되었습니다. 조직문화가 기업을 선택하는 첫 번째 조건이라는 신념을 갖고 있었던 제게는, 이렇게 자유롭고 유연한 조직이라면 평소에 꿈꿔왔던 최적의 기업이 될 것임을 확신했습니다. 사회의 출발을 이상향의 기업과 같이 한다면 누구보다 더 큰 열정을 발산하리라 사료됩니다. 뜨거운 열정으로 S식품을 상징하는 대표 사원이 되고 싶습니다.

5. 꿈과 목표

worst

영업부서장이 되고 싶습니다. 부단한 노력이 있어야 할 것이고, 그 목표에 도달하려면 많은 문제점이 발생하겠지만, 제 자신을 뛰어넘고 제 자신의 한계가 온다 하여도 영혼의 힘을 빌려서라도 목표에 다가갈 수 있도록 전진하겠습니다. 많은 것들을 사원시절부터 배우고, 제가 생각했던 조직을 만들어, 회사의 증진에 힘쓸 것입니다. 이로 인하여 S식품이 우리나라를 대표하는 기업뿐만 아니라 글로벌 시대에 걸맞게 세계시장에서도 세계인을 움직이는 그러한 기업을 만들고자 합니다. 그 중심에 제가 있도록 노력하겠습니다.

best

20년 후에 S식품의 영업 총괄 본부장을 목표로 직장생활에 최선을 다하겠습니다. 세계 시장 진출을 위해 영어 공부와 제품 전문지식에 대한 공부를 할 계획입니다. 매일 2시간 먼저 출근을 해서 1시간은 업무관련 공부를, 1시간은 영어 공부를 해서 식품업계에서 최고의 전문가로 성장하고 원어민 수준의 영어 능력을 습득하겠습니다. 또한 2년간 100권을 목표로 매주 2권의 책을 읽어 사고의 폭을 넓힐 것이며, 주말에는 대학교 1학년부터 해오던 마라톤을 5년 안에 3시간 이내로 완주하는 목표로 몸과 마음을 단련할 예정입니다.

〈인사팀장이 알려주는 채용의 오해와 진실, 김서인, 2010, 굿잡투데이〉

4. 면접요령

대부분의 호텔은 여러 차례에 걸친 면접을 통해서 지원자의 호텔이 요구하는 적응능력 및 직무수행능력 등을 파악하게 된다. 면접은 자기자신을 홍보하는 것이다. 자기를 소개할 기회가 주어지면 자기의 생각이나 행동을 최대한으로 나타내 보일 필요가 있다. 영어나 기타 외국어로의 자기소개도 준비하는 것이 좋다.

1) 호텔에 관한 정보 수집

호텔의 면접날짜가 정해지면 면접에 대비한 계획을 세우고 지원한 호텔의 특성과 자신이 지원한 부서에 대한 정보를 충분히 수집해야 한다. 학교의 취업상담부서나 각종 취업정보지 및 서적, 신문, 홈페이지 등을 통해 취업하고자 하는 회사에 대한 정보를 입수해야 한다. 그 호텔에 근무하고 있는 선배가 있다면 문의하는 것도 좋다.

2) 첫인상

첫인상은 면접에 있어서 최대의 관건이다. 따라서 면접실로 들어가는 순간 침착하고 바른 자세로 임하여 면접자에게 신선하고 건강한 이미지를 주어야 한다. 면접실의 문을 여는 순간부터 자신의 모든 행동과 말투는 평가받는다는 것을 명심해야 한다. 우선 밝은 표정을 짓고 허리를 조금 숙여 인사를 한 다음, 면접자가 앉으라는 말을 들은 후에 자리에 단정히 앉는다.

3) 면접 시 대화요령

대화도 하나의 기술이다. 분위기를 부드럽게 풀어 나가서 서로 통한다는 느낌이 들도록 대화를 이끌어 가는 것이 중요하다. 질문에 대한 답변만 충실하게 할 것이 아니라, 자신이 준비한 질문을 적절한 때 질문해 보는 것도 좋은 방법이다. 이러한 과정은 면접자가 당신에게 친밀감과 신뢰감을 갖게 할 수 있는 좋은 기회이다.

❶ 적극적인 태도

면접 시 가장 큰 적은 소극적인 태도이다. 어떠한 질문에도 적극적으로 답할 수 있는 자세가 필요하다. 그러기 위해서 그 호텔에 대한 상식은 기본이다. 또한 어떤 질문에 대답을 못했거나 분위기가 엉망이 되었다고 하더라도 결코 도중에 포기해서는 안 된다. 질문의 핵심을 찌르는 대답은 못했을지라도 최후의 분발로 상황을 역전시킬 수 있으므로, 최후까지 용기를 갖고 성의있게 행동해야 한다.

❷ 차분하고 성의껏 대답

면접자는 여러 가지 방법으로 응시자를 시험하고자 한다. 그러나 이것은 상대방의 반응을 살피려고 하는 것이므로 압박식 질문이나 다소 엉뚱한 질문이 나와도 당황해 하지말고 차분한 마음으로 성의를 다하여 대답하는 태도가 필요하다.

❸ 간단명료하게 대답

너무 간략해도 성의가 없어 보이고, 너무 장황하면 대답의 요지를 파악하는데 지루하거나 혼란을 겪을 수 있다. 따라서 어떠한 사실을 말하더라도 하나의 대답은 3분 이내에 마치는 것이 좋다.

❹ 말끝은 분명히

말끝을 흐리거나 입 속에서 중얼거리는 것은 좋은 느낌을 전달하지 못하므로 말끝을 분명히 하여 산뜻한 인상을 줄 수 있드록 한다.

❺ 결론부터 언급

자기의 의사나 생각을 상대에게 정확하게 전달하기 위해 무엇을 먼저 말하고자 하는지 명확히 결정한 후, 대답할 때 결론을 먼저 이야기하고, 그에 따른 설명과 이유를 덧붙인다. 자기가 말하려는 내용의 요지를 명확하게 밝혀 주기 위해 결론부터 말하는 것이 좋다.

■ 면접질문 사례

▶ 도입

- 우리 회사(부서)에 지원한 이유는 무엇입니까?
- 종업원 채용 모집이 있다는 것을 어떻게 알았습니까?

▶ 지원자의 현 직장이나 가장 최근의 직장에 대한 질문

- 현 직장은 어떻게 얻었습니까?
- 책임 업무는 무엇입니까?/무엇이었습니까?
- 현 직장(가장 최근의 직장)에서의 평범한 하루 일과를 기술해보십시오.
- 그곳에서 가장 만족스러웠던 점은 무엇입니까? 이유는?
- 그곳에서 가장 좌절했던 점은 무엇입니까? 이유는? 좌절을 어떻게 처리했습니까?
- 직속상관이나 동료들은 무엇이라고 대답할 것 같습니까?
- 현재 당신의 상사 혹은 가장 최근의 상사는 당신이 이룬 가장 큰 업적이 무엇이라고 말할 것 같습니까?

▶ 경력

- 당신의 경력 중 지원한 직무에 도움을 줄 부분을 말해보십시오.
- 지금까지 처리해 본 것 중 가장 의미 있는 도전은 무엇이었습니까? 어떻게 처리했습니까?
- 지금까지 이뤄 낸 것 중 가장 창조적인 업적은 무엇입니까?
- 당신이 긍정적인 영향을 미친 새로운 사업이나 사업절차가 있었다면 말해 주시오.
- 당신의 직무 수행력이 기대에 미치지 못했던 때를 말해 보시오.
- 다른 사람을 관리하는 능력을 보여준 예를 하나만 들어 보시오.

▶ 지원자의 스킬 평가

- 자신을 솔선수범하는 사람으로 생각합니까? 그렇다면 이유를 설명하고 예를 들어 보시오.
- 조직에 이득이 될 당신의 강점은 무엇입니까?
- 업무완수를 위해 다른 사람들에게 긍정적인 영향을 주었다면 어떤 것입니까?
- 관계있는 정보를 모두 수집하지 못했을 때 어떤 식으로 결정을 내리는지 말해 보시오.
- 빠른 결정을 하는 데 걸리는 시간은 얼마입니까?
- 반대하는 정책이나 사업절차를 어떻게 지원하겠습니까?
- 직속부하나 동료들에게 의욕을 불러일으키기 위해 어떻게 해야 하는지 말해보시오.

▶ 지원자의 유형 평가

- 지금까지 가졌던 직업 중 가장 마음에 드는 것은? 그 이유는?
- 지금까지의 경험 중 어떤 관리방식이 가장 좋았습니까?
- 당신의 직무를 지원하기 위해 상사들이 어떤 식으로 도움을 주었습니까? 경력을 지원하기 위해서는?
- 어떤 형태의 조직에서 일하고 싶습니까?
- 상사의 어떤 점에 가치를 부여합니까?
- 어떤 조직 환경이 가장 효율적이라고 생각합니까?
- 성공하기 위해서는 어느 정도의 지도와 피드백이 필요하다고 생각합니까?
- 이직을 하면서 가장 기대되는 것은 무엇입니까? 가장 좌절하는 것은 무엇입니까?
- 조직의 변화를 어떻게 처리했습니까?
- 자신이 어떤 관리자라고 생각합니까?
- 관리자는 당신을 어떻게 평가합니까?

▶ **경력의 열정 및 목표**

- 다음 직장에서 피하고 싶은 것은 어떤 것입니까? 그 이유는?
- 현 직장을 떠나려는 이유는 무엇입니까?
- 당신의 전체 경력계획 중에서 지금 지원한 직무는 어디에 속합니까?

▶ **학력**

- 학력, 경력, 교육훈련 경험 중 특별한 점이 있다면?
- 이 자리를 얻는다면 어떤 분야의 교육훈련을 부가적으로 받고 싶습니까?
- 학교와 교육훈련에서 얻은 지식의 어떤 부분이 이 직무에 유용할 것이라고 생각합니까?
- 당신의 교육적 목표는 무엇입니까?

▶ **고객 봉사**

- 고객의 요구에 응해 일한 경험을 말해보시오.

▶ **자기통제**

- 가장 괴로운 상황에 처했을 때, 적대적인 동료나 고객을 대할 때 어떻게 처리했는지 말해 보시오.

▶ **비판적 사고**

- 문제해결을 위해 상황을 평가해야 했을 때를 말해 보시오.

▶ **결과지향성**

- 작업방법과 (과정, 시스템, 팀)운영 방법을 주도적으로 개선한 때를 말해 보시오.

▶ **마무리**

- 이 직무에 관련된 것들 중 우리가 논의하지 않은 당신의 특질이 있다면 말해 보시오. 우리 회사에 대해 궁금한 점이 있다면 물어 보시오.

■영문 면접질문 사례

Education and Intelligence

- What subjects did you like best/least?
- Do you think your grades are a good indicator of your overall abilities?
- What accounted for your good grades?
- Have you ever thought about continuing your school?
- Why did you choose that school/major?
- Is it a good school? Why or Why not?
- If you had to do it all over again, would you make the same decision? Why or Why not?
- What is the most important thing you've learned in the past six months?

Physical Factors

- What do you like to do in your spare time?
- How many times were you absent or late on your last job? Do you think that's normal?
- What do you consider a good night's sleep?

Personal Traits

- What does your family think of your working as a hotelier?
- What was the first job you ever had?
- What was your first boss like?
- How did you get your first job? Your most recent job?
- Have you ever had to deal with a guest who is angry or complaining about everything? How did you calm the person down?
- Were you ever chewed out or criticized unjustly?
- Suppose your supervisor insisted you do a certain thing in a certain way, when you definitely know there's better way. What would you do?
- What would you change it if you managed that department? Did you try to change it?
- What was your biggest accomplishment or contribution at that job?
- Who was the best/worst supervisor you ever had?
- What can you do for us that other applicants can't do?
- What made you stay at that job for so long?
- How would your former boss and fellow employees describe you?
- What areas did your last performance review say you needed to improve on?
- What was the most important thing you learned on that job?
- What are your three strongest assets?
- What are the three areas in which you would most like to improve yourself?
- What one thing have you done of which you are the proudest?
- Where would you like to be five years from now? Then years from now? What are you doing to make it happen?
- What's the funniest thing that ever happened to you?

사례연구 **스위스서 유학, 현장경험 풍부**

호텔리어로 체크인하고 싶어요.

성명	정은지
학력 · 학점	스위스 세자르리츠대 국제호텔관광경영학과 졸업(2008년 6월) / 3.06(4점 만점)
외국어 · 해외연수	토익 980점(2009년 6월), 일본어능력시험(JPT) 740점(2009년 12월) / 아일랜드 어학연수(2004년 9월~2005년 5월)
경력	스위스라마다파크호텔 식음료부 인턴(2006년 9월~2007년 2월), 세자르리츠대 기숙사 편의시설 관리(2008년 7~9월), 그랜드인터컨티넨탈호텔 객실관리부 아르바이트(2008년 11월~2009년 2월), 코엑스인터컨티넨탈호텔 보안과 파견직(2009년 4~9월)
희망직무	호텔(사무 · 객실 · 프런트)업무, 여행사사무(상품개발), 관광업

정은지(25 · 여)씨는 '호텔리어'를 꿈꾼다. 미국에서 고등학교를 마친 그는 스위스로 유학을 떠나 호텔경영학을 공부했다. 학창시절 틈날 때마다 호텔에서 실습을 했다. 호텔 레스토랑에서, 프런트에서 손님을 맞으며 웃고 울었다. 그는 "호텔의 화려한 면을 보고 지원하는 뜨내기는 아니다"며 "호텔에서 일하다 보면 힘들고 어려울 때도 많지만 손님을 기쁘게 만든 경험을 잊을 수 없어 호텔리어를 꿈꾸게 됐다"고 말했다. 호텔의 문턱은 높았다. 그는 "10곳 정도 호텔에 지원했지만 모두 불합격했다"며 "얼마 전 한 호텔의 최종 면접에서 떨어져 실망이 컸다"고 털어놨다. 그는 그러면서도 "왜 떨어졌는지 모르겠다"고 했다. '예비' 호텔리어에게 자문단은 어떤 평가를 내렸을까?

■경력 모두 담으려 말고, 기억에 남는 에피소드 '한 방' 보여라

STEP 1 서류 집중 분석

이력서

'호텔' 한 우물만 팠다는 것을 한눈에 알아볼 수 있는 이력서다. 스위스까지 건너가 국제호텔관광경영학을 공부했던 경험이 대표적이다. 단순히 공부만 한 것이 아니라 끊임없이 호텔 실습경험을 쌓은 것도 좋은 평가를 받을 수 있는 부분이다. 결코 쉽지 않은 호텔 업무를 몸소 겪어본 지원자라는 인상을 준다.

하지만 호텔 관련 경력을 모두 담으려다 보니 기억에 남는 '한 방'이 없다는 것이 문제로 지적됐다. 예를 들어 정씨의 이력서에는 한 호텔에서 '세탁', '청소', '방역', '주차요금 정산' 등 각종 업무를 맡았다고 돼 있다. 황세연 SK텔레콤 인사담당 상무는 "호텔 관련 경험을 세세한 부분까지 나열해 강렬한 인상을 주지 못하고 있다"며 "본인이 가장 관심있는 분야와 희망 직무에 가중치를 두고 작성하는 것이 바람직하다"고 말했다. 서미영 인크루트 인사담당 상무는 "호텔 지원자 중에는 관련 경력을 가진 사람이 많아, 경력을 나열하는 것만으로는 많은 지원자 중에서 두각을 드러낼 수 없다"며 "경력을 적을 때는 맡았던 업무뿐 아니라 어떤 성과를 거뒀는지도 담는게 좋다"고 말했다. 성과를 통해 지원자의 역량을 드러내는게 핵심이라는 것이다.

서비스업종에 지원하는 만큼 사소한 부분까지 신경써야 한다는 조언도 이어졌다. 정씨는 호텔에서 영어로 중국 관광객 통역업무를 했던 적이 있다. 그런데 이력서에는 '중국 관광객 통역'이라고만 적었다. 서 상무는 "이렇게 쓰면 채점관은 정씨가 중국어를 능숙하게 하는 줄 안다(정씨는 간단한 수준의 중국어만 할 수 있는 수준이다)"며 "'관광객 영어 통역'이라고 적어야 오해를 막을 수 있다"고 말했다.

자기소개서

정씨는 스스로를 외국어 실력, 서비스 마인드, 실무 경력을 갖춘 사람이라고 소개했다. 만점에 가까운 토익(980점) 점수를 가졌고 미국·스위스에서 유학했기 때문에 영어를 잘할 것이라는 추측이 가능하다. 3곳이 넘는 호텔에서 오랜 기간 인턴을 했으므로 서비스 마인드와 실무능력도 갖췄을 것이다.

하지만 이런 능력을 경험을 통해 증명하지 못한 점이 아쉽다. 자기소개서는 경험을 적는 곳이지 지원자의 생각이나 주장을 적는 곳이 아니다. 그런데 정씨는 호텔 관련 경력을 충분히 갖고 있음에도 불구하고 거의 언급하지 않았다. 게다가 언급하더라도 에피소드 중심으로 풀어간 것이 아니라 근무했다는 사실만 적었을 뿐이다. 서 상무는 "호텔에서 좌충우돌했던 경험이 호텔리어를 꿈꾸는 데 어떤 영향을 미쳤는지 구체적으로 풀어내야 한다"고 조언했다. 능력을 가졌다고 나열하기보다 경험을 가감없이 드러내는 것이 중요하다는 것이다. 황 상무는 "경험만 잘 적어도 된다. 채점관은 경험을 통해 지원자의 역량을 충분히 짐작할 수 있다"며 "회사에서 원하는 인재는 '잘난' 사람이 아니라, 직무와 '적합한' 사람"이라고 말했다.

서류전형 평가

호텔경영학을 전공하고, 호텔에서 실습경험을 쌓은 정씨. 특히 호텔리어가 외국인을 많이 상대한다는 점을 감안할 때 외국에서 공부했다는 점까지 강점으로 갖고 있는 지원자다. 하지만 경력을 무기삼아 채점관에게 강한 인상을 남기지 못했다. 제대로 포장하지 못했기 때문이다. 황 상무는 "경력을 모두 담으려다 보니 나열에 그쳤다"며 "채점관이 자기소개서를 읽고 나서 기억에 남을 만한 경험이 서너 가지는 돼야 한다"고 말했다. '어떻게'에 집중하라는 조언도 나왔다. 서 상무는 "채점관은 지원자가 호텔에서 얼마나 '많은' 시간을 보냈는지보다 '어떻게' 시간을 보냈는지에 대해 관심을 갖고 있다"며 "서비스를 통해 고객을 감동시켰던 경험을 적는 것이 좋다"고 말했다.

■ '고객 감동' 사례 언급하면 좋은 평가받을 것

STEP 2 면접 집중 분석

Q 간단한 자기소개를 해달라.

A 나를 짧게 표현하라면 '돌봄과 배려'라고 말하겠다. (머뭇거리며) 죄송하다. 상대방을 배려하는 마음을 갖고 있기 때문에 호텔 직무에 적합한 지원자라고 생각한다. (머뭇거리며) 잠깐만 시간을 달라. 진심이 담긴 서비스로 손님을 대할 자신이 있다.

▶ 서비스 경험이 풍부한데도 불구하고 긴장하는 모습을 보였다. 자기소개야말로 기본질문이다. 내용이 중요한 것이 아니다. 얼마만큼 준비한 지원자인지 성실성을 평가하고자 하는 질문이다. 따라서 술술 소개할 수 있을 정도로 준비해야 한다. 내용이 너무 밋밋한 것도 고쳐야 할 부분이다. 간단한 경험을 예로 들어 어떤 사람인지 강한 첫인상을 남기는 것이 좋다.

Q 회사에 두 종류의 부서가 있다. A부서는 일은 재미없지만 팀장의 역량이 뛰어나 많이 배울 수 있는 곳이다. B부서는 일은 재미있지만 팀장이 뛰어나지 않아 배우기 어려운 곳이다. 어떤 부서를 선호하는지?

A 재미있는 일을 우선순위에 둔다. B부서를 선호한다.

▶ 지원자가 성장 욕구를 갖고 있는지 평가하는 질문이다. A부서를 택했다면 당장의 만족을 포기하더라도 미래의 발전 가능성을 중요하게 여긴다는 추측이, B부서를 택했다면 현재의 만족을 위해서 일한다는 추측이 가능하다. 물론, 두 부서 중 어느 곳을 택했더라도 합리적인 설명이 뒷받침된다면 문제될 게 없다. 하지만 대부분의 회사에서는 A를 택한 지원자에게 점수를 줄 것이다.

Q 호텔 손님을 배려했던 경험을 말해 본다면.

A 객실을 청소하러 들어갔는데 손님이 베개 커버를 벗겨놨더라. 까끌까끌한 커버였는데 피부가 민감한 손님이 일부러 벗겨놓은 것이라고 생각했다. 원래 호텔 매뉴얼대로라면 청소할 때마다 새로운 커버를 씌워놓아야 하는데, 매뉴얼을 따르지 않고 그대로 놔뒀다. 베개 커버를 벗길 정도라면 이유가 있었을 거라고 판단했기 때문이다. 나중에 손님으로부터 고맙다는 인사를 받았다.

Q 우연히 손님의 뜻과 일치했지만, 원치 않았을 수도 있었을 터다. 사전에 손님의 의사를 물어봤어야 하지 않을까?

A 프런트나 레스토랑에서 서비스한 경우였다면 사전에 물어봤을 것이다. 하지만 객실 청소를 하면서 손님과 접촉하기란 쉽지 않다. 오랫동안 일하면서 '손님이 이런 특성을 갖고 있는 분이구나' 하고 어느 정도 추측할 수 있었기 때문에 그렇게 했다.

Q 호텔 지배인은 정씨의 행동을 어떻게 평가할까?

A 손님을 배려하기 위한 서비스였다는 것을 안다면 문제없다고 볼 것이다.

Q 과도한 배려는 손님에게 불편을 줄 수 있지 않을까?

A 심각한 상황이었다면 직속 선배에게 물어보고 상담했을 것이다.

▶ 연속된 질문에 매끄럽게 잘 답했다.

Q OO호텔에 갔을 때 불편하다고 느낀 점은?

A 위치가 불편하다고 생각했다. 시내에 있는 다른 호텔과 달리 외딴 곳에 떨어져 있었기 때문이다. 그리고 행사장에서 한 사람이 일하다가 자리를 비우면, 한참 지나서야 다른 사람이 와서 서비스하는 것을 보고 서비스 마인드가 부족하다는 느낌을 받았다.

▶ 단순히 경험을 통해 지적하기보다 (호텔경영학을 전공했으니까) 평소 호텔업계에 갖고 있던 관심과 고민을 바탕으로 좀 더 전문적인 측면에서 지적하는 것이 낫지 않을까. 지적을 할 때는 한 가지 키워드를 잡고, 조목조목 분석하는 것이 좋다. 실전면접 평가 질문에 따라 평가가 엇갈렸다. 호텔 경험에 대해 물었을 때는 막힘이 없었다. 채점관이 공감할 만한 사례를 예로 들어 조리있게 답했다. 서 상무는 "경험에 바탕한 답변이 가장 매력적"이라며 "손님의 감동을 이끌어냈던 사례를 언급한다면 좋은 평가를 받을 수 있을 것"이라고 말했다. 하지만 기본적인 질문에 대해서는 준비가 부족했다. 긴장해 떠는 것도 연습을 통해 극복 가능한 부분이다. 모의면접을 통해 답변을 가다듬어야 한다. 황 상무는 "예상 질문에 대해서는 거침없이 답변할 수 있을 정도로 연습해야 한다"고 말했다. 세심한 부분까지 신경써야 한다. 이력서의 경우, 경력을 나열하기보다 어떤 업무를 했는지 간략한 설명을 덧붙이는 것이 중요하다. 자기소개서에서는 호텔 경험을 '그림 그리듯' 설명해야 한다. 서 상무는 "중요하지 않은 경험은 빼도 좋다"며 "호텔 관련 경험을 다 담으려 하기보다 중요한 경험만 선택해 집중적으로 소개하라"고 충고했다. 호텔에 지원했다는 것을 잊지말라는 조언도 있었다. 황 상무는 "호텔은 다양한 상황이 갑작스럽게 펼쳐지는 곳"이라며 "긴급한 상황에서도 매끄럽게 서비스할 수 있는 인재라는 점을 강조해야 한다"고 말했다.

〈중앙일보 2010. 4. 21〉

사례연구 | 직원 연봉 20% 올려주는, 1년만에 100억 초대박 터트린 곳

코어교육 내부 회의 장면

신왕국 대표의 사인회 장면

코어교육은 영어 업계에서 떠오르는 강자로 꼽힌다. UC 버클리 출신의 신왕국(27) 대표가 2017년 2월 창업했다. '코어소리영어' 라는 브랜드로 온라인 영어 강의를 서비스한다. 1년 만에 연 매출 100억 원을 돌파했다.

인기의 비결은 명확하다. 말 그대로 소리로 배우는 영어를 가르치기 때문이다. '언어를 처음 배우는 아기처럼 하라' 는 교수법이 젊은 층에서 인기를 끌었다. 신 대표 본인도 애니메이션을 보면서 대사를 따라 했던 것에서 공부를 시작했고, 사업 아이템을 구상했다고 한다. 코어교육은 올해 신입사원 100명을 채용한다. 온라인 교육업체를 넘어 플랫폼 비즈니스 기업으로 도약하겠다는 포부다.

채용절차와 서류전형

코어교육은 채용을 이력서 작성 → 에세이 평가 → 실무진 면접 → 대표 면접 등 4단계로 치른다. 경력 사원의 경우에는 채용절차 중 일부가 생략될 수 있다. 성별 비율은 남성 70%, 여성 30%다. 출신 학교는 서울 시내 대학 출신이 60% 선이라고 한다.

회사에 대해 열의와 관심이 큰 사람은 우대한다. 한 지원자는 면접을 마친 뒤 '질문이 있느냐' 는 말에 "나는 신왕국 대표의 팬인데, 면접자에게 수강 쿠폰은 안 주느냐"고 말한 적이 있다. 당황한 면접관이 쿠폰을 구해서 지급한 것은 물론, 면접도 합격했다. 지금도 코어교육 마케팅팀에서 일하고 있다.

코어교육은 '에세이 전형' 이 채용의 핵심이다. 단순히 자신의 스펙을 나열하는 자기소개서가 아니라, 자신의 생각을 진솔하게 풀어내는 에세이를 써야 한다. 마치 미국 유학을 갈 때 퍼스널 스테이트먼트(personal statement)를 쓰는 것과 비슷하다. 코어교육에서는 지원자가 제출한 에세이를 바탕으로 면접관이 심층적인 질문을 한다.

에세이 전형을 치르는 이유는 ① 생각을 글로 적으면서 더 깊은 사고를 할 수 있기 때문에 ② 창의력이 좋은 지원자를 선발하기 위해 ③ 과거의 행동, 회사와 경쟁사에 대한 이해도, 창의력을 판단하기 위해서 등 3가지다.

자기소개서는 5개 문항으로 다음과 같다. 자기소개서 문항은 과거의 행동을 기반으로 지원자의 실력을 가늠하는 질문 2개, 회사와 경쟁사에 대한 이해도를 측정하는 것 질문 2개, 마지막으로 창의력을 요구하는 질문 1개 등으로 구성돼 있다.

1. 지원한 직무를 선택한 이유와 그 직무에 필요한 역량을 갖추기 위해 지금까지 어떠한 노력을 해왔는지, 그 경험들이 앞으로 회사와 본인의 발전에 어떻게 기여할 것이라 생각하는지에 대한 소견을 작성해주시기 바랍니다.
2. 도전적인 목표를 정하고, 목표를 달성하기 위해 체계적인 계획을 세우고 실천하였던 경험에 대해 서술해 주십시오. 목표, 계획의 세부적인 내용과 그 과정에서 어려움을 극복한 방법, 결과적으로 본인이 얻은 성취에 대해 구체적으로 써주시기 바랍니다.
3. 코어소리영어의 STP, SWOT, 4P, 3C는 무엇인지 논리적으로, 구체적으로 작성해주시기 바랍니다.
4. 우리의 경쟁사는 누구라고 생각하시나요? 왜 그렇게 생각하시나요? 코어소리영어와 그들과의 차별성은 무엇인가요?
5. 코어소리영어가 온라인 교육시장을 넘어 플랫폼 비즈니스 기업으로 성장할 수 있는 방안을 작성해주시기 바랍니다.

잘 쓴 자기소개서의 예는 아래와 같다. 영어사업기획 부문 지원자다.

저희가 외주 업무를 수행하던 OOOO이라는 회사로부터 스카우트 제의를 받게 되었고 초등영어 멀티미디어 콘텐츠를 기획해서 초등학교에 공급하는 일을 했었습니다. 이 회사는 당시 130여개의 오프라인 영어학원을 운영하는 회사였고 코스닥에 상장하면서 신규 사업으로서 온라인 영어 교육 콘텐츠를 대중 시장에 유통하는 일을 추진하고 있었습니다. 그래서 그 사업부에서 B2C와 공교육시장을 대상으로 한 교육상품기획과 영업 부문을 맡아서 많은 경험을 하게 됩니다.

2010년 당시 개인적으로 알고 지내던 OOO 대표에게 함께 일할 것을 제안받았지만 교육철학과 사업 방향성에 대한 의견 차이로 인해서 무산되었습니다. 그 이후 OO 업체가 너무 잘 돼서 약간 배가 아팠습니다.

그 이후 수원에서 유명 수학 강사였던 친구와 함께 OOOO라는 왕초보 수학 강의 사이트를 준비하고 있던 차에, OOOO라는 회사로부터 2011년에 모바일 교육사업 담당자로 이직 제안을 받게 되었습니다. 처음에 모바일 교육 사업을 기획했지만 시대를 너무 앞서간 나머지 대중의 반응은 미지근했습니다.

그 당시는 모바일 게임이 호황을 맞던 시기였기에 회사가 게임사업으로 방향을 전환했고 우연치 않게 모바일 게임 사업에 발을 들이게 되었습니다.

그 이후 한국에서 성공할 수 있는 모바일 게임을 소싱해 오라는 회사의 미션을 받고 미션 수행을 위해서 남미와 아프리카를 제외한 전 세계를 5년간 쉴 새 없이 돌아다녔습니다. 그 결과 전 세계 25개국에 약 30여 개의 모바일 게임 개발사 네트워크를 구축할 수 있었으며 총 95개의 모바일 게임을 소싱하여 국내에 공급하였습니다. 이러한 경험을 통해서 해외 사업에 대한 감각을 터득하게 되었습니다.

이후 모바일 게임 사업의 거품이 꺼지고 회사가 해당 사업부를 매각하게 되면서 자연스럽게 퇴사하게 되었고 그동안의 업무 경험을 살려서 OOOO라고 하는 작은 회사를 창업하여서 해외 모바일 콘텐츠를 수입하여 유통하는 개인 사업을 진행하였습니다.

저는 영업직과 상담분야의 업무 경력이 많아서 어떠한 제품 및 서비스를 사람들 앞에서 설명하거나 프레젠테이션 하는 것 그리고 다른 직원들을 교육하는 업무에 자신이 있으며 그동안 내가 하고 싶은 말은 어느 정도 즉흥적으로 조합해서 영어로 표현할 수 있었기에 해외업무를 하는 데 큰 지장은 없었습니다.

하지만 영어가 명확하게 들리지 않아서 너무 답답했고 듣기가 왜 되지 않을까?라는 의문을 항상 달고 살았습니다. 그러다가 우연히 코어소리영어 광고를 보게 되었고 이거다!! 라는 생각이 들었습니다. 저 또한 코어소리영어의 열성 팬이자 수강생입니다. 그러다 구인 광고를 보게 되었고 직접 일해보고 싶다는 생각에 지원하게 되었습니다.

위에 나열한 것처럼 영어교육업계 경력 + 해외사업 경험 + 코어소리영어 수강생이라는 이 세 가지 조건을 가지고 있는 제가 귀사의 업무에 잘 매치가 된다고 생각합니다.

코어교육 인사담당자는 "뽑아만 주신다면 어떤 일이든 열심히 하겠다는 식의 막연한 열정보다는, 회사와 지원 직무에 대해 정확히 이해를 한 뒤 자신의 구체적인 역할을 서술하는 것이 중요하다"면서 "회사에 대해 면밀히 살펴본 뒤, 업무 중 관심분야를 선정해 이와 관련한 자신의 역량 및 자기계발 계획 등을 보다 구체적으로 제시하는 것이 좋다"고 말했다.

면접전형

코어교육은 면접을 2번 본다. 1차 면접은 실무진, 2차 면접은 신왕국 대표가 평가한다. 면접 때 시간 약속을 잘 지키지 않거나, 면접 과정에서 거짓말을 하는 사람은 합격하기 어렵다.

면접은 기본적으로 에세이를 기반으로 한 질문이 기본이다. 하지만 코어교육의 철학과 기업 정신에 대한 이해도와 회사 사업에 대한 이해도 중요하게 평가한다. 지원 직무에 대한 도전 정신도 본다. 면접에서는 정장 차림을 권장한다.

코어교육은 '행동면접'이라는 형태의 면접을 치른다. 주요 대기업에서 치르는 상황 설정형 면접과 비슷한 방식이다. '자신이 가장 소중하게 생각했던 사람이 갑작스럽게 사고가 나서 병원에 가야 하는 상황이다. 하지만 회사에서 2년 동안 추진한 사업이 있는데 오늘이 그 사업기획 발표날이다. 이때 당신은 어떻게 행동하겠는가' '여자친구와 3년 전부터 계획한 여행이 있는데 회사의 중대한 일 때문에 미뤄야 하는 상황이다. 여자친구에게 어떤 식으로 말하겠는가' 등의 질문이 나온다.

복지 및 기업문화

코어교육의 1인당 평균 연봉은 4140만 원이다. 업계 최고 수준, 연간 연봉 최대 20% 인상, 초고속 승진 등을 처우의 원칙으로 세웠다. 스타트업답게 '1등 인재에게 최고의 대우'를 해주겠다는 포부다. 연봉은 경력과 직군, 능력에 따라 다양하다.

코어교육은 사내 도서비 지원을 하고 있다. 알라딘에서 책을 월 5만 원어치 구매할 수 있으며, 읽고 나서 회사 내 도서 비치 장소에 둘 수 있다. 개인 소장을 할 경우에는 월 1회 1만 원까지 지원한다. 이외에 연간 최대 30만 원 외부 교육비(회사 승인 시 그 이상도 가능), 교통비(택시비 영수증 또는 유류비), 헬스장 이용료(월 30만 원) 등을 지원한다.

사내 문화는 자유롭다. 복장은 자유다. 호칭은 OOO 매니저 또는 OOO님이라고 한다. 휴가는 자유롭게 쓴다. 연차 신청을 할 때 사유를 쓰지 않는다. 또 평일 근무 1일을 주말 근무로 선택할 수도 있다.

코어교육은 주 1회 전체 직원이 모인 실적 점검 회의를 한다. 질책을 위한 회의가 아니다. 전체 임직원의 코멘트를 내 능력과 자산으로 만들기 위한 취지다. 연말 인사 고과는 업적평가(KPI) 70%와 역량평가 30%를 합산하며, 특별 공로에 대한 가산점이 있다.

코어교육은 또 영어교육회사로, 직원들에게는 온라인 영어강의 수강권을 준다. 3년간 코어소리영어 마스터패키지와 코어스텔링 마스터패키지 이용권을 준다.

〈조선일보 2019. 2. 22〉

관광 · 호텔 인적자원관리론

7

제7장

교육훈련관리

관광 · 호텔 인적자원관리론

7장

07

교육훈련관리

제1절 교육훈련의 의의

교육훈련이란 조직이 사람을 채용한 후 그 조직이 필요로 하는 인재로 만들기 위해서 실시하는 것이다. 이러한 교육훈련을 통하여 조직의 구성원들은 자신에게 부여된 과업을 효율적으로 달성할 수 있게 되며, 오늘날은 급격한 환경의 변화와 새로운 지식의 발달로 인해 교육훈련은 그 필요성이 점점 강조되고 있다.

교육훈련이라는 용어는 교육(education)과 훈련(training)이라는 용어를 합한 용어인데 이 둘의 의미를 구분해 보면 다음과 같다. 즉 교육은 특정직무와 관련되지 않은 내용으로 조직생활을 하는데 필요한 일반적인 지식이나 교양 등을 가르치는 것을 의미하는 반면, 훈련은 특정직무와 관련된 지식이나 기능 등을 습득 또는 숙달시키는 것을 의미한다.

한편, 이들과 유사한 용어로 개발(development)이 있는데, 이는 훈련과 교육의 양자를 종합한 성격을 지닌다. 예를 들어 경영자의 훈련과 교육을 경영자 개발이라고 하는데, 이는 경영자의 경우 훈련과 교육을 동시에 필요로 하기 때문이다.

제2절 교육훈련의 목적[5)]

조직의 질적 정도를 결정하는 요인은 구성원들의 지적, 육체적, 기술적 능력이라고 볼 수 있다. 특히 기업활동의 성과를 좌우하는 것은 바로 노동력의 질적 능력이다. 이러한 노동력의 질적 수준은 바로 그 구성원들에 대한 교육, 훈련에 달려있다. 그러므로 교육훈련의 구체적 목적을 명확히 정하고 교육에 임하는 것은 다음과 같은 여러 가지 목적을 달성하기 위한 것이다.

(1) 성과의 개선

교육훈련의 가장 중요한 목적은 성과를 향상하기 위해 종업원의 지식과 의식을 변화시키는 것이다. 그러므로 지식이나 기술의 부족으로 만족할만한 성과를 내지 못하는 종업원이 교육훈련의 대상자가 된다, 물론 교육훈련이 이루어졌다고 하여 기대한 성과가 반드시 향상되거나 부각된 문제점이 해결되는 것은 아니다. 그러나 교육훈련은 일차적으로 성과의 양과 질을 개선한다는 용이한 목적을 가지고 있으므로 이를 먼저 충족하고 더 나아가서 성과를 향상하기 위한 목적을 가져야 할 것이다. 조직이 바라는 목표달성은 구성원들이 가진 전문적 능력과 구성원의 높은 성취동기가 결합될 때 가능하다. 바로 이러한 전문적 능력향상이나 높은 성취동기도 교육훈련을 통해서 가능하고, 향상된 능력과 성취동기도 교육훈련을 통해서만이 비로소 높은 성과와 연결될 수 있다.

(2) 최신기술 숙지

교육훈련의 제2의 목적은 바로 최신기술을 익히는 것이다. 새로운 기계도입이 hard ware적 기술의 축적이라면 교육훈련은 software적 기술의 축적이라고 할 수 있다. 시대의 변화에 따라 그에 따른 새로운 제품을 생산해야 하고,

5) 최해진, 전략적 인사관리, 형성출판사, 1998. pp.225~228

그렇게 하기 위해서는 새로운 기술이 필요하다. 새로운 기술은 발경과 발견에 의해서도 이루어지지만 교육훈련을 통해서도 가능하다. 물론 기술의 변화는 직종의 변화와 직무의 변화를 동반한다.

(3) 관리의 진부화 방지

관리의 진부화란 경영자가 종업원들을 효율적으로 유치하도록 하는 새로운 방법과 절차를 보조하는 새로운 방법과 절차에 보조를 맞추는데 실패하는 것을 말한다, 즉 새로운 환경변화에 적절히 대응하는 관리기술이 부족하다는 것이다. 변화하는 환경에 적응하도록 하기 위한 길은 교육훈련을 통해서만이 가능하다.

(4) 조직문제 해결

경영자들은 개인적 갈등, 불확실한 정책과 표준, 계획의 지연, 재고의 부족, 높은 이직률과 결근률, 노사분규, 법적 규제에도 불구하고 높은 성과를 달성해야 하는 어려움이 있다. 조직의 문제점은 여러 경로로 전달되고 파급되므로 이러한 문제점을 해결하는 방법이 바로 교육훈련이다. 교육훈련을 통하여 문제점 해결의 실마리를 제공하고 새로운 대안에 착안하며 일반적 대응방법을 배운다.

(5) 신입사원 교육

직장에 새로 들어오는 신입사원들은 처음 며칠동안 심리적인 장애에 시달리면서 조직과 상급자 그리고 동료들에 대한 인상을 형성한다, 이 인상은 호의적인 것으로부터 적대적인 것까지 광범위하며 직무만족과 생산성에 크기 영향을 주기 때문에 신입사원들이 새로운 직장에 잘 적응하도록 해야 한다. 그러므로 교육훈련이 새로운 조직에 대한 사회화 고정의 촉매 역할을 담당할 때 신입사원은 심리적 장애를 극복하고 일에 대한 자신감을 가질 것이다.

(6) 승진 준비와 후계자 양성

체계적인 경력개발 프로그램이 주어져서 그 계획에 따라 교육훈련을 받았을 때 승진의 조건을 갖추게 되면 교육훈련은 종업원에게 매력을 주고 동기부여를 하는 중요한 방법으로 부각된다. 만일 이러한 교육훈련을 종업원에게 제공하지 않고 가능성을 주지 않으면 조직은 유능한 인재를 확보하는데 실패하며 동시에 유능한 계승자 또는 후계자를 육성하지 못한다.

(7) 개인적 성장욕구 충족

대부분의 경영자와 일선 종업원들은 새로운 직무에 도전하려는 성취의욕을 가지고 있다. 그러므로 교육훈련은 조직의 목적 달성과 개인의 성장을 위한 성취욕구를 충족시키려는 이중의 역할을 담당한다. 즉 조직이 목표로 하는 노동의 성과향상과 종업원의 자아실현욕구 충족은 교육훈련을 통해서만 가능하기 때문에 교육훈련은 조직과 개인의 욕구를 동시에 충족시키는 매개역할을 한다.

제3절 교육훈련의 방법[6)]

1. 장소에 의한 분류

(1) 사내교육훈련(OJT)

이 방법은 직속상사가 업무현장에서 부하에게 직접적으로 실무 또는 기능에 관하여 훈련시키는 것으로 역사가 오래 되었으며, 특히 기능교육이 필요한 분야에서 보편화된 교육방법이다.

---

6) 최해진, 전게서, pp.239~264.

이 방법은 업무현장에서 교육을 실시하기 때문에 피교육자의 이해도가 높으며 별도의 강의실이 필요가 없다는 장점이 있는 반면, 업무수행에 지장을 주며, 많은 종업원들을 일시에 교육시킬 수 없는 단점도 있다.

(2) 사외교육훈련(OFF JT)

이 방법은 업무현장을 떠난 별도의 장소에서 실시하는 훈련으로서 보통 다수의 인원을 대상으로 실시한다. 장점은 많은 종업원에게 동시에 실시할 수 있고, 피교육자는 업무부담에서 벗어나서 교육에 전념할 수 있다.

그러나 단점으로는 교육시설의 설치 등으로 경제적 부담이 커서 중소기업에서는 사실상 실시하기 어렵다.

2. 대상자에 의한 분류

(1) 신입사원 교육훈련

신입사원이 채용되면 회사에 빨리 친숙하도록 하기 위하여 집단적으로 실시한다. 우선 회사의 연혁 및 방침, 조직의 기구와 기능 등 회사의 전반적인 내용에 대하여 개괄적으로 설명하고 안내하여 회사에 대해 이해를 높힌다.

또한 회사에서 지켜야 할 규칙이나 직무수행의 방법과 요령 등을 설명함으로써 빠른 시간 내에 조직생활에 익숙하도록 돕는다. 기타 임금 및 복지제도나 기타 조직체의 일원으로서 필요한 기초적 지식과 기술을 강의하여 긍지를 갖고 업무에 매진할 수 있도록 만들어 준다.

(2) 일선종업원 교육훈련

생산활동과 가장 관개가 깊은 일선 종업원들에게는 방법에 관한 지식보다는 자기 직무에 직접 관계있는 기술을 습득하게 하는 기슬훈련이 그 중심이 되어야 한다.

그러나 특정기업에 가장 알맞은 훈련형태는 직무가 요구하는 기능, 종업원의 자질, 그리고 기업이 처하고 있는 문제점에 따라 달라진다. 이러한 필요성에 알맞은 훈련계획을 세우는 것도 중요하지만 인적자원관리자나 훈련책임자는 가장 알맞은 훈련방법을 감독자에게 조언하기 위해서 기업에서 실시되고 있는 전체 교육내용을 잘 알고 있어야 한다.

(3) 일선감독자 교육훈련

작업장에서는 직. 반장, 사무실에서는 각 업무단위의 책임자가 직접 작업자나 사무원을 감독, 지휘, 통솔하는 직위에 있기 때문에 이들을 일선감독자라고 한다.

이들은 생산관리나 업무관리를 인적자원관리와 직접적으로 연결하는 역할을 하며, 또 상사인 중간관리자와 부하의 사이에서 직접적인 연결점의 지위에 놓여 있으면서 다양하고 포괄적인 직무를 수행한다. 그러므로 다음과 같은 자질을 갖추어야 한다. 즉, 우수한 기술자, 유능한 관리자, 탁월한 통솔자, 모범적 교육자 그리고 인간적 협력자가 되어야 한다. 예를 들면 일선종업원 교육훈련은 특정 종업원에 대하여 기능과 지식을 습득시키는데 주력하지만 일선감독자 교육훈련은 기능과 기술의 향상과 더불어 사고력, 판단력, 응용력을 배양하는 동시에 지휘력, 통솔력을 기르는데 주력하는 것이 긴요하다.

(4) 중간관리자 교육훈련

중간관리자란 기업에서 중추적 역할을 장담하는 과장급, 부장급에 해당하는 계층에 있는 직무수행자를 말한다. 이들 중간관리자는 최고경영자와 일선감독자의 중간 연결지점에 위치하여 생산, 원자재구매, 판매의 라인적 기능과 인사, 경리, 연구, 개발, 조사 등의 스텝적 기능을 수행하는 부문적 직무에서 계획, 조직, 지휘, 조정, 통제, 조정의 관리활동을 한다. 그러므로 중간관리자가 이러한 기능을 효과적으로 수행하기 위해서는 직무관련 지식과 기능을 잘 알아야 되겠지만, 관련직무와 부서와의 협조성, 분석력, 통솔력이나 창의력도 필요한 관리능력으로 작용한다. 바로 이러한 능력을 향상시키기 위하여 관리자를 대상으로 하는 것이 중간관리자 교육훈련이다.

(5) 경영자 교육훈련

인적자원관리의 주체와 책임자가 최고경영자이므로 최고경영자 자신이 교육훈련의 대상이 된다는 것은 어쩌면 있을 수 없는 일이라고 볼 수 있으나 최고 경영자의 교육훈련이라는 것은 교육팀에서 행하는 것이 아니고 교육계획을 세워서 최고경영자 스스로 행하는 자기개발을 말한다.

창의력, 종합판단력, 결정력 등은 그 어느 것이든 일정한 경영지식과 경험을 기초로 하면서 그것을 적용하는 능력이므로 교육훈련에 의해서 습득하는 것이 필요하다. 창의력 육성에는 brain storming이, 종합판단력 육성에는 case study가, 결정력 육성에는 비즈니스게임과 인비스킷기법(in-basket method) 등이 대표적인 방법이다.

3. 내용에 의한 분류

이것은 교육훈련의 내용을 중심으로 분류한 것으로 크게 기능 및 직무교육, 교양 및 예절교육, 그리고 어학교육의 세 가지로 구분할 수 있다. 이 교육들은 각각 별도로 행해지는 것이 아니라 상호관련하에 또는 동시적으로 실시되며, 또 그것이 효과적이라고 할 수 있다.

4. 실행방법에 의한 분류

(1) 강의

강의는 가장 보편적인 교육훈련의 방법으로 강사가 구두로 지식을 교육 대상자에게 일방적으로 전달하는 형태를 말한다. 이 방법은 단일 시간에 다수의 피교육자를 동시에 교육시키는 장점을 가지고 있으나 피교육자들이 소극적으로 강의에 임하기 때문에 교육효과가 크지 않다는 단점이 있다.

(2) 실연

실연은 교육자가 교육내용을 실제로 피교육자에게 연출해 보임으로써 교육의 효과를 크게 높일 수 있는 아주 좋은 방법이다. 이 방법은 피교육자의 흥미를 쉽게 유발할 수 있으며, 구체적인 교육을 할 수 있는 장점이 있는 반면, 비용이 많이 들고 다수의 피교육자를 교육할 수 없다는 단점이 있다. 이 방법은 토론이나 VTR을 같이 사용하면 효과적이다.

(3) 시청각 방법

시청각 교육방법은 영화, 비디오, TV, 사진, OHP, 괘도, 그래프 등의 시청각 교재를 활용하여 교육훈련을 실시하는 것으로 교육의 효과를 높이기 위한 교육방법이다. 오늘날은 통신수단의 발달로 인해 원거리 교육단계까지 발달되고 있다.

시청각 교육훈련방법의 장점은 교육내용에 대한 설명을 정확하게 많은 대상자에게 하거나, 원거리에 가서 교육할 필요없이 유용한 자료를 자유자재로 옮겨가면서 교육할 수 있다는 장점이 있다. 그러나 내용이 기계적으로 고정되어 자칫 형식적인 설명에 그칠 우려가 있으며 교육자와 피교육자가 서로 긴밀한 상호작용을 할 수 없다는 단점이 있다.

(4) 역할연기법

역할연기법(role play)은 사례연구와 태도 개발 프로그램이 중복된 교육훈련방법이다. 교육훈련방법은 대개 십여 명의 참가자를 대상으로 그 중 두 사람을 뽑아 교육훈련의 주제인 상황과 역할을 부여하여 役割行動을 시키고 나머지는 지켜보도록 한다, 연기자들은 어떤 상황의 배경에 대한 정보를 제공받는

데 이러한 정보제공은 여러 가지 방법으로 받는다. 때때로 이 역할연기는 여러 작은 단위의 집단에서 행해진다.

이와 같이 부여된 역할을 수행하는 과정에서 남의 감정을 이해하고 자신의 행동을 되돌아볼 수 있는 반성의 계기로 삼는다는 점에서 직접역할 연기를 하는 사람이나 옆에서 지켜보는 사람은 많은 것을 배우고 깨달을 수 있다. 동시에 피교육자들의 감수성과 통찰력 그리고 자기 통제력을 강화할 수 있다.

(5) 사례연구

사례연구법(case study)은 장문 또는 단문의 사례를 재료로, 각자에게 문제를 발견하게 하고, 정보를 평가하게 하며, 여러 방법을 활용시켜 문제 해결책을 결정하게 한 다음 그것을 집단 구성원들이 토의를 거쳐 해결하도록 하거나 부각된 기업의 문제를 교육훈련 참가자로 하여금 풀도록 하게 하는 훈련방법이다.

즉 피교육자에게 사례에 대한 정보를 제공해주고 그 사례에 대한 것을 연구하도록 한다. 사례연구법에 집단토의가 반드시 필요한 부분은 아니지만 통신교육의 경우를 제외한 대개의 교육에서는 집단토의의 과정까지 포함하여 사례연구로 운용하고 있다.

(6) 브레인스토밍

이 방법은 靈感法, 두뇌짜기 또는 두뇌선풍법이라고도 하며 A. F. Osborn에 의하여 처음으로 개발된 방법인데 단 하나의 구체적인 주제를 부여하여, 자유로운 분위기 속에서 집단적으로 (약 10명, 때에 따라서는 개인이라도 가능) 아이디어를 만들어 내도록 하는 자유연상에 의한 아이디어 착상훈련법이다.

일반적으로 인간이 창의적인 생각이나 아이디어를 만들어 내기 힘든 것은 기존의 지식이나 습관에 집착하거나 타인이나 세상의 이목을 두려워하는 마음이나 또는 무기력과 체념 때문이라고 한다. 그래서 다음과 같은 일정한 규칙을 지켜가면서 회의를 진행하면 독창적인 아이디어나 생각이 떠오른다고 보고 있다.

❶ 발표하는 아이디어에 대해서 좋다 또는 나쁘다는 비판이나 판단을 절대로 해서는 안 된다.
❷ 자유로이 나온 모든 아이디어를 환영한다. 기상천외한 것도 좋다,
❸ 數的으로 다량의 아이디어를 요구한다,
❹ 나의 아이디어, 타인의 아이디어에 관계없이 개선이나 결합하고 구체화하는 것을 환영한다.

보통 10명 전후의 사람들이 하나의 그룹을 형성하여 한 사람은 사회자, 한 사람은 기록자가 된다. 기록해 두지 않으면 아무리 좋은 아이디어라도 소용이 없다. 연속적이고 파상적인 아이디어가 나오면 기록게임은 2-3명으로 증원해야 한다. 자칫 순서대로 발언하거나 기록하면 추리나 스무고개식이 되어버릴 우려가 있기 때문에 태풍이 휘몰아치듯 파상적으로 발언하는 것이 중요하다.

시작하기 전에 먼저 워밍업을 위하여 어떤 주제를 가지고 연습을 행한 후 본 주제에 들어간다, 구체적인 과제를 이용하는 것이 일반적이지만 추상적인 과제를 이용하기도 한다.

이와 같은 원칙을 지키면서 브레인스토밍을 진행시켰을 때 참가자의 창의적인 태도의 형성을 촉진할 수 있고, 인간관계는 원활하게 되며 개인이 가진 능력과 성취동기도 키울 수 있다.

■조선호텔의 교육제도

구분	세부내용
직무 교육	직군별 직무교육(직무 아카데미) - Rooms : Rooms의 이해, ABC' of HSK, SPG - F&B : Beverage 1.2.3, Wine 1.2, Selling Skill - Kit. : HACCP기초, 조리원리, 한 · 중 · 일 · 양식 개론 - 자격증 : 소믈리에, 조리 기능장, Les Clef D' or - 기타 : Cost Control, Menu Engineering, 외국어 등
서비스 교육	서비스교육(서비스 아카데미) - Basic Level : Service Spirit, Service Standard, Complaint Handling - Intermediate Level : Service Frontier, Upscale STD 고객 유형별 등 - Advanced Level - 선택과정 : 이문화 이해, 비즈니스 매너, Image Making
기본 교육	영향력 향상 과정, 문제해결 향상 과정, 변화관리, 성과관리, 팀 커뮤니케이션, 리더십, 신입 멘토링, 사이버 과정, 독서통신 교육

■조선호텔의 교육제도 안내문

조선호텔은 Global 경쟁력을 갖춘 최고 전문가 육성을 목표로 호텔 전문 직무를 포함한 다양한 분야의 교육 모듈을 개발하여 종업원들에 대한 적극적인 교육을 실시하며, 종업원 스스로의 자기계발과 더불어 경쟁력을 높이는데 투자를 아끼지 않고 있습니다. 조선호텔의 교육은 핵심인력 중심의 Global학습 강화를 위한 해외 선진 교육기관 사이버 과정 운영, 초급 간부의 사내 MBA과정 운영, 외국어 학습 지원 등을 실시하고 있으며, 직무별 전문가 육성 시스템 도입을 통한 역량 평가에 따른 Level별 직무 아카데미 운영, 전문 자격증 취득 지원 등을 실시하고 있습니다. 또한 현업 성과 중심의 학습 강화를 위한 신입 사원 멘토링제도 운영, 서비스 아카데미, 직책별 리더십 운영 및 코칭 인력을 양성하고 있으며, 해외 연수 교육 및 국내외 경쟁사, 선진호텔의 벤치마킹을 적극 지원하여 Global 경쟁력을 갖춘 호텔리어로 성장할 수 있도록 지원/노력하고 있습니다.

■신라호텔의 교육제도

구분	세부내용
신입사원 입문교육	호텔이해, 서비스인의 기본 자세, Shilla Service Standard, 외국어 교육 등
재직사원 직무교육	재직사원 직무교육서비스 Excellence(직무별 서비스 Level Up), 외국어 교육(사내과정, 외국어 생활관 파견 등), 정보화 교육, 테마 아카데미(객실전문가, F&B 전문가, 소믈리에, 바리스타 등) 국제화
국제화 교육	해외 지역 전문가 파견(1년 이상), 해외 MBA 파견, 선진호텔/레스토랑 연수
관리능력 함양교육	관리능력 함양교육리더십 교육(코칭, 면담 등), 경영관리(업장 손익관리 등)

사례연구 **세계최고 기업엔 특별한 인재 프로그램이 있다**

인재가 회사의 최고 자산이라는 것은 누구도 부인할 수 없다. 문제는 인재를 어떻게 길러낼 것인가 하는 점이다. 많은 최고경영자(CEO)들이 골머리를 앓고 있는 인재양성의 비결을 미국의 경제전문지 포천지가 19일(현지시간) 몇몇 기업의 사례를 통해 공개했다. 포천은 또 세계 최대 인재 컨설팅 회사인 휴잇과 리더십 개발 전문회사인 RBL그룹 등과 손잡고 최고의 리더를 양성하는 이들 회사의 순위를 매겼다.

1위에 오른 기업은 제너럴 일렉트릭(GE). 세계 최고의 인재 양성소로 정평이 난 GE의 '크로톤빌 연수원(잭 웰치 리더십 개발 센터)'은 수많은 기업들의 벤치마킹 대상이기도 하다. 이뿐 아니다. GE는 '온라인 리더십 워크숍'도 운영하고 있다. 이 워크숍을 활용, 전 세계 30만여 명의 회사 직원들이 자신의 능력을 극대화할 수 있도록 돕고 있다. 크라이슬러의 로버트 나델리 CEO, 보잉의 제임스 맥너니 CEO 등이 바로 이 같은 GE의 인재 양성 프로그램을 통해 길러졌다.

2위는 P&G. 인재들의 감성 개발을 중요시하는 것으로 유명하다. 소비자의 마음을 읽기 위해선 지성보다는 감성을 기르는 것이 더욱 중요하다고 여기기 때문이다. GE의 제프리 이멜트 CEO도 P&G 출신. 스티브 발머 마이크로소프트(MS) CEO, 멕 휘트먼 이베이 CEO, 스티브 케이스 AOL 창립자 등이 P&G에서 성장한 인물이다.

멘토(조언자) 프로그램을 적극 활용하는 노키아는 3위에 선정됐다. 노키아의 인재들은 6개월간의 특별 멘토링 프로그램을 통해 부사장급으로 구성된 멘토의 특별 조언도 얻고, 자신들이 원하는 개발 분야의 수업도 들을 수 있다. 또 4위에 오른 인도의 힌두스탄 유니레버는 최근 몇 년간 세계 각지의 다른 회사에 200여 명의 자사 출신 CEO를 심어 놓기도 했다. 이 회사는 인재의 능력에 따라 녹색, 노랑, 빨강 등 색깔별로 구분, 관리의 효율성도 높이고 직원간의 경쟁도 유발하고 있다.

5위에 오른 미국의 캐피털 원 파이낸셜은 노키아와 비슷한 '매니저코치'

프로그램을 통해 인재들을 훈련하고 있다. 이 밖에 6위에 오른 미국의 식품 회사 제너럴 밀스는 시뮬레이션 기법을 통한 문제 해결 프로그램이 유명하며, 7위에 선정된 맥킨지는 직원들을 전 세계 각지에서 근무하도록 배려하고 있다.

다른 기업들을 인수합병(M&A)하면서 장점을 습득하는 IBM, 동료의 평가를 중요시하는 스페인의 BBVA은행, 근로자 평균 연령이 26세일 정도로 젊은 아이디어가 살아 숨쉬는 인도의 인포시스 테크놀로지스 등도 최고의 인재 양성 기업으로 꼽혔다.

〈한국경제 2007. 9. 20〉

사례연구 이젠 인재경영이다 삼성그룹

창조경영 위한 '천재형 인재' 발굴

지난해 8월 일본의 경제주간지 닛케이 비즈니스는 세계 IT(정보기술)업계의 강자로 급부상한 삼성전자의 경쟁력을 해부하는 특집을 실었다. 이 잡지는 "삼성의 경쟁력은 '인재제일' 이란 고 이병철 회장의 인재중시 경영이 오늘의 삼성을 일군 기본적인 정신적 토대가 됐다"고 분석했다. 뛰어난 기술력과 잘 짜여진 마케팅조직도 삼성의 현재를 이룩하는 데 결정적인 기여를 했지만,세계 최고의 핵심인재를 대거 확보한 노력이 삼성 경쟁력의 근간이라는 것.

사실 국내 기업 중 삼성 만큼 인재확보에 열성적인 곳드 없다. 1994년 이건희 삼성 회장이 '좋은 인재 한 명이 10만 명을 먹여살릴 수 있다' 는 천재경영론을 제시한 이후 계속된 '인재경영' 은 많은 기업들의 귀감이 되고 있다. 삼성의 미래를 밝게 보는 많은 이들이 주목하는 대목 역시 바로 삼성이 구축한 막강한 '인재군(群)' 에 있다.

■ 창조경영형 인재를 키운다

삼성은 그동안 이 회장의 뜻에 따라 '천재형' 인재 확보에 주력해왔다. 대표적인 게 'S급' 인재다. 삼성은 현재 핵심인재를 'S(Super)급' 과 'A(Ace)급'' H(High Potential)급' 등으로 나눠 각종 특전을 제공한다. 이 가운데 S급 인재의 경우 웬만한 사장급 연봉을 웃도는 급여를 지급하는 등의 대우를 해준다. 또 이들 S급 인재에 대해서는 각계열사 사장이나 주요 임원들이 직접 '멘토' 를 맡아 철저하게 관리하기도 한다.

예를 들어 삼성전자의 경우 윤종용 부회장과 각 총괄 사장들이 매달 핵심인재를 직접 면담할 정도다. 삼성은 또 핵심인재 영입을 위해 CEO들이 직접 해외 각지를 발로 뛰도록 하고 있다. 삼성전자 CEO들의 경우 미국, 일본 등 선진국가들과 인도, 중국, 러시아 등 인재풀이 풍부한 국가들에 출장갈 때 비즈니스 활동 외에 직접 현지에서 인재 스카우트 활동도 벌인다.

이 같은 삼성의 인재경영은 올 들어 더욱 분주해졌다. 이 회장이 지난해 설파한 새 경영화두인 '창조경영' 을 위해선 이를 뒷받침할 창조적 인재 발굴이 필요하다는 점에서다. 실제 이 회장은 올 초에도 "우리나라 경제가 앞서가는 일본과 뒤쫓아오는 중국 사이에 끼여 있는 이른바 '샌드위치' 현상이 더욱 심해지고 있다"며 "이를 근본적으로 해결하기 위해서는 교육제도를 선진국 수준으로 바꾸고 우수한 인재를 키워 천재로 만들어야 한다"고 강조한 바 있다.

■5만 임직원 모두를 초일류 인재로

삼성그룹이 핵심인재 발굴에만 주력하는 것은 아니다. 미래 경쟁력 확보를 위해서는 한두 명의 핵심인재를 확보하는 것도 중요하지만 빠른 실행력을 위해선 전 임직원들을 일류급 인재로 키워내는 것도 중요하다는 게 삼성의 생각이다. 이에 따라 삼성 각 계열사들은 사내 전 임직원에게 다양한 교육의 기회를 제공하는 데 주력하고 있다.

교육의 기회는 △사내 교육프로그램과 △해외 지역전문가 및 MBA과정 등 두 가지다. 그룹의 주력계열사인 삼성전자의 경우 3가지 사내 교육프로그램을 운영 중이다.

첫 번째는 '리더십개발센터'. 이 센터는 임원부터 말단 직원에 이르기까지 전 임직원을 대상으로 리더십과 혁신역량을 배양케 하는 곳이다. 두 번째로는 글로벌마케팅연구소를 들 수 있다. 이곳은 사내 모든 마케팅 인력에게 높은 수준의 실천력과 상황대처능력을 키우는 교육을 실시한다. 첨단기술연구소도 삼성전자의 대표적 사내 교육프로그램이다. 1990년 설립된 이 연구소는 해외 주요 대학과 연계해 기술엔지니어들에게 통신, 광학 등 첨단기술을 교육하는 곳이다.

해외 지역전문가 제도도 빼놓을 수 없는 삼성만의 독특한 교육 프로그램이다. 1990년 도입된 이 제도는 입사 3년 이상인 사원부터 차장급까지의 직원들에게 1년간 해외 특정지역에 거주하면서 현지 문화와 시장상황 등을 조사케 하는 것이다. 삼성은 또 사내 직원들을 대상으로 2년 과정의 MBA 코스도 지원하고 있다.

〈한국경제 2007. 11. 1〉

제8장

인사고과

관광 · 호텔
인적자원관리론

8장
08

인사고과

제1절 인사고과의 의의

인사고과(performance appraisal)는 조직구성원들의 능력과 업적 등을 평가함으로써 각종 인적자원관리 활동에 필요한 정보를 획득하고 활용하는 것으로 조직 구성원의 보상, 동기부여 및 능력개발에 결정적인 역할을 함으로써 조직을 활성화시키는데 중요한 역할을 한다.

이러한 인사고과는 19세기 초 스코틀랜드에서 직물공장을 경영했던 Robert Owen이 최초로 시도하였는데, 그는 종업원들의 업무성과를 게시판에 색깔별로 구분하여 게시함으로써 조용한 경고자의 역할을 하도록 하였다. 1906년에는 Karl Pearson이 평정척도법을 고안하였고, 1차 세계대전 중에 스코트가 인물비교법 척도를 만들었다. 1917년 스코트가 만든 미국 육군 평가척도법이 개선되어 민간기업에 소개되었고, 1923년 미국에서 인사분류법(the Classification Act)이 공포됨에 따라 공무원에 대한 인사고과가 공식적으로 실시되면서 인사고과제도가 널리 보급되기 시작하였다.

전통적인 인사고과는 단순히 과거의 성과나 능력 등을 평가하는 것이었으나 근래에는 종업원들이 가진 잠재적 능력을 발견하여 개발하는데 초점을 둠으로써 구성원에 대한 동기부여의 수단으로 활용되고 있다.

제2절 인사고과의 목적[7)]

1. 성과의 향상

기업 내의 모든 관리활동은 조직의 성과를 조금이라도 높이기 위한 것이며 이러한 조직 목적에 해가 되거나 무익하다면 실시할 필요가 없을 것이다. 과연 인사고과가 조직성과의 향상에 도움이 될까? 인사고과를 해서 그 결과를 당사자들에게 피드백시킨 경우 과연 그들의 실력과 태도가 개선되어 기업의 성과 향상에 도움이 되는 것일까? 이는 상식적으로도 맞는 말이지만 연구조사 결과도 있다. 고과가 없다면 당사자는 물론 상사나 동료도 잘못된 행동을 모르고 지날 수 있으며 그 행동은 계속 반복될 것이다. 어떤 아이스크림 회사에서 점원들이 습관대로 아이스크림을 과자 콘에 퍼주었다. 평가를 해보니 조금씩 많이 준다는 사실을 알았다. 이런 잘못을 개선한 후 그 회사는 낭비를 줄이고 연간 수익을 두배나 올렸다.

개인의 성과를 평가하고 있는 205개 회사와 평가를 하지 않는 232개 회사의 성과를 비교해 보았더니 재정적으로나 생산성 측면에서 전자가 확실히 앞서고 있었다. 다만 평가로 얻어진 향상된 수익과 평가에 들어간 비용을 한 번 비교해 볼 필요는 있을 것이다.

2. 공정한 보상

회사는 인적자원에 대한 비용(대가)을 지불하고 그들로부터 공헌을 얻는다. 비용보다 얻는 공헌이 더 큰지 작은지를 파악하여 그 자원을 계속 사용해야 할지를 판단해야 한다. 뿐만 아니라 개개인의 업적을 알아야만 더 많이 공헌한 사람에게 더 많이 보상(성과급, 보너스, 포상, 칭찬 등)을 주고 그렇지 못한 사

---

7) 임창희, 신인적자원관리, 명경사, 2003, pp.191~195.

람에게는 더 작은 보상(임금삭감, 강등, 문책 등)을 할 수 있다. 따라서 공정한 보상을 하기 위해서 성과측정이 필요하다.

또한 회사의 보상이 공정하지 못하다면 종업원들로부터 불평이 늘어나고 그들의 행동을 공헌 쪽으로 유도하기가 어려워진다. 공헌을 많이 해도 보상이 적다면 구태여 공헌을 많이 하려고 애쓸 필요가 없기 때문이다.

그러므로 승진과 임금 결정 시에 인사고과결과를 기준으로 판단하는 능력급제도와 능력별 승진제도의 도입이 함께 고려되어야 하는데 1990년대 이후 우리 나라에도 연공승진, 연공보상이 점차 후퇴하고 능력 중시의 인사제도가 확산되면서 인사고과의 타당성과 정확성은 과거보다 훨씬 더 중요하게 부각되고 있다.

3. 종업원의 능력개발

인사고과가 종업원의 능력개발에 공헌한다는 의미는 크게 두 가지 측면에서다. 첫째는 종업원에 대한 동기부여이다. 학생들에게 열심히 지식을 가르쳐도 시험을 보지 않으면 학습효과가 크지 않다. 학교에서 때대로 시험을 치르는 이유는 학점을 평가하여 장학금도 주고 포상도 하기 위해서지만 사실은 공부를 유도하기 위해서가 더 큰 이유이다.

사람들은 어떤 행동을 하고 그 행동이 타인에 의해 평가받는다고 생각되면 더 열심히 하지만 아무런 평가나 후속 조치가 없으면 흥을 잃을 뿐만 아니라 아무렇게나 처리하여 업무성과도 나빠진다. 결국 본인의 능력 신장을 방해하게 된다. 또한 더 배워서 더 잘 해야 한다는 의무감이 없어져서 더 배우려고 노력을 하지 않게 되는 것이다.

인사고과가 종업원의 능력개발에 공헌하는 두 번째 이유는 종업원들의 개발노력을 헛되지 않게 한다는 데 있다. TOEIC, TOEFL, 영어실력을 향상시키기 위해서는 가끔 시험을 쳐서 자신의 영어실력을 단어 쪽보다 독해력이 약한지,

듣기능력보다 영작능력이 강한지 평가한 후에 부족한 부분에 집중 투자하는 것 이 효율적일 것이다. 물론 이러한 효과를 얻으려면 요소별 인사고과 결과를 본인에게 피드백시켜 주면서 본인이 깨닫게도 하고 어떠한 능력을 더 키우라는 자세한 충고가 뒤따라야만 한다.

제3절 인사고과의 절차

1. 인사고과의 주체

원칙적으로 고과자는 피고과자의 감독자가 되며, 피고과자의 부서나 업무상의 상사들이다. 고과자는 보통 1~3명 정도이며, 1차 고과자는 직속상사가 되며, 2차 고과자는 차상급자 등의 순서로 고과를 실시한다.

전통적으로 인사고과는 피고과자의 상급자에 의해 실시되는 경우가 많았으나 오늘날은 인사고과의 객관성을 제고하기 위해 고과자의 범위가 피고과자의 상급자뿐 아니라 동료, 부하, 본인, 기타 전문가 등으로 확대되는 경향이 있다.

(1) 상급자 고과

이 방법은 현재까지 가장 많이 사용되는 고과방법으로 시행이 체계적이고 용이하며, 고과자가 피고과자를 비교적 잘 알고 있다는 점에서 장점이 있으나 반대로 고과가 주관적이기 쉽다는 단점도 지닌다.

(2) 자기 고과

이 방법은 피고과가 스스로를 평가하는 방법으로 직무성과에 관련된 정보의 양이 풍부하며, 직무만족을 향상시키고, 평가과정에 대한 불만이 적다는 장점이 있다. 그러나 자신의 성과를 다른 평가자들보다 높게 평가하는 경향이 있다는 단점도 있다. 따라서 이 방법은 보완적인 수단으로 활용하는 것이 바람직하다.

(3) 동료 고과

이 방법은 동료끼리 서로 평가하는 것으로 상사보다는 동료가 더 정확히 평가할 수 있다는 생각에서 착안하여 2차세계대전 중 미국 해군에 의한 개발된 방법이다. 이 방법은 상사에 의한 평가보다 신뢰도와 타당도가 높은 것으로 알려져 있으나, 동료 간의 친밀감, 또는 경쟁의식 등으로 인해 고과결과가 편파적일 수 있다.

(4) 하급자 고과

이 방법은 부하가 상급자를 평가하는 방법으로 오늘날 필요성이 대두되어 다면평가의 일부분으로 다른 평가방법과 병행하여 보완적으로 실시되는 경향이 있다.

(5) 전문가 고과

이 방법은 인사분야에 관한 전문가가 피고과자를 평가하는 방법으로 비교적 체계적이고 객관적인 방법이다. 그러나 외부 전문가의 경우 회사나 업무에 대한 내용을 잘 모를 경우 자칫 피상적인 평가에 그칠 수 있는 단점이 있다.

(6) 복수 고과

고과자의 개인편차를 감소시키는데 목적이 있으며, 높은 계층의 고과자의 발언권에 좌우되지 않도록 특히 주의해야 한다.

2. 인사고과의 횟수 및 고과요소

인사고과는 회사에 따라 다르나 일반적으로 1년에 임금인상이나 승진을 실시하기 전에 1~2회 실시한다.

고과요소는 피고과자의 능력, 근무태도, 업적, 적성 및 성격 등 여러 가지가 있으나 대체로 능력, 태도 및 업적의 세 가지로 구성되는 것이 일반적이다. 고과요소는 인사고과의 목적을 고려하여 고과대상에 필요한 직능에 맞추어 선정하여야 한다. 즉 고과요소의 선정은 고과대상과 고과결과의 적용목적에 따라 달리하는 것이 이상적이다.

또한 인사고과의 목적에 따라 각 고과요소에 대한 가중치를 부여할 필요가 있는데 이는 평가목적별, 직종별, 직위 또는 직급별로 상이한 것이 일반적이다. 예를 들면 임금인상과 같은 목적을 위해서는 업적에 높은 가중치를 두고, 승진과 교육훈련을 위해서는 업적보다는 능력이나 태도에 높은 가중치를 둘 필요가 있다.

제4절 인사고과의 방법

1. 전통적 방법

(1) 서열법

피고과자들을 서로 비교하여 그 순위를 정하면서 평가하는 방법으로 단순서열법과 교대서열법 등이 있으며, 실무에서는 교대서열법이 효과적이다. 도입과 실시가 용이하고 비용이 적게 들어 많이 이용되며, 복수고과를 하면 임금관리의 목적에 적합하다. 그러나 기준이 막연하여 설득력이 약하고 대상인원이 많을 경우 곤란하다.

■서열법

평가요소	현재능력	잠재력	태도	업적	합계	순위
김현섭	3	3	4	4	14	4위
이찬용	1	2	3	2	8	2위
박민기	4	1	1	1	6	1위
최현성	2	4	2	3	11	3위

(2) 평정척도법

이 기법은 가장 오래되고 널리 사용되는 기법으로 종업원의 직무수행 달성 정도에 따라 사전에 마련된 척도를 근거로 하여 평정자로 하여금 체크할 수 있도록 하는 방법이다. 장점으로는 계량화와 분석적 고과가 가능한 점을 들 수 있으며, 반면 단점으로는 고과요소의 선정과 구성이 어려운 점, 고과자의 오류 방지가 어려운 점, 서열자료를 계량화하는 문제 등이다.

■평정척도법

평가요소	매우부족	부족	중간	많음	매우많음
신뢰성	1	2	3	4	**5**
창의성	1	**2**	3	4	5
근면성	1	2	3	**4**	5
잠재력	1	**2**	3	4	5
총점	13점(2+2+4+5)				

성명 : 홍길동

(3) 체크리스트법

이 기법은 직무상의 행동을 구체적으로 표현하여 피고과자를 가장 잘 묘사한 항목에 체크하는 방법으로서 보통 고과자는 평가항목에 체크만 하며, 그에 대한 평가는 인사팀에서 하는 것이 보통이다.

■체크리스트법

고과요소 : 리더십은?		(성명 : 홍길동 과장)
가중치		
4	◎	부하들에 대해 공정한 인사를 한다.
4	□	부하들 신망이 두텁다.
2	◎	문제에 부딪치면 결단력있게 해결한다.
2	□	다른 부서장들과 좋은 관계를 갖는다.
1	◎	부하들의 감정까지 읽으면서 통솔한다.
5	◎	부하들로부터 실력이 있다는 평을 많이 듣는다.
총점 : 12점(4+2+1+5)		

※ 왼쪽의 가중치는 인사부서에서만 알고 있으며 고과자는 해당되는 네모칸 안에 ○표만 하면 됨.

2. 현대적 방법

(1) 행위기준고과법

이는 BARS(Behaviorally Anchored Rathing Scales)라고도 하는데 피고과자의 직무와 관련되는 중요한 행동이나 사건들을 나열해 주고 각각의 행동들에 대하여 자주하는지 전혀 안하는지의 척도를 매기게 하여 총점을 계산하는 방식이다. 업무와 직결되는 구체적 행동이기 때문에 평가하기도 쉽지만 이 방법의 장점은 피고과자가 좋은 점수를 받기 위해 다음번에 구체적으로 어떤 행동을 해야 하는지를 제시해 줄 수 있다는 점이다. 좋은 점수를 받기 위해 계속 평가표에 제시된 행동을 하다보면 점점 그런 쪽으로 개발될 수도 있다.

■행위기준고과법

고과요소	기준행동	전혀아님	아니다	중간	그렇다	매우그렇다
친절성	•고객과 자주 싸운다(R)	1	2	3	4	5
	•고객의 아기를 돌봐준다	1	2	3	4	5
	•항상 웃는다	1	2	3	4	5
	•고객이 얄밉게 하면 얼굴을 찡그린다(R)	1	2	3	4	5
근면성	•지각을 자주한다(R)	1	2	3	4	5
	•휴일근무를 친구 대신 할 때가 많다	1	2	3	4	5
	•흩어진 진열품은 손님이 가고 나면 금방 정돈한다	1	2	3	4	5
	•남보다 더 많은 고객을 상대한다	1	2	3	4	5
	•자주 의자에 앉아있다(R)	1	2	3	4	5
⋮	⋮			⋮		

※(R) 표시는 점수를 반대로 환산해야 함.

(2) 목표관리법

이는 MBO(Management by Objectives)라고도 하는데 P. Drucker에 의해 개발되었으며, 해당 종업원의 직속상사와 협의하여 작업 목표량을 결정하고, 이에 대한 성과를 부하와 상사가 같이 측정하고 고과하는 방법으로서 오늘날 가장 바람직한 고과기법으로 인정받고 있다. 이 방법은 각 피고과자가 ① 상급자와 협의하여 자신의 목표를 설정한 후 ② 상급자와 협의하여 조직목표와 비교, 검토하여 목표를 확정하고 ③ 업무를 수행한 후 업무수행 과정과 결과를 목표와 비교, 평가하고, ④ 문제점 및 개선점을 공동으로 검토하여 다음의 목표를 설정하는 4단계로 설명할 수 있다.

■목표관리법

목표항목	목표량	결과	달성률	가중치	점수
TV판매	100대	110대	+10%	5	+0.5
냉장고판매	20대	24대	+20%	10	+2.0
새고객유치	30명	20명	-33%	3	-0.99
고객항의 신고	20회 이하	15회	+25%	2	+0.5
총점					+2.01

판매원 : 홍길동

(3) 평가센터법

이 기법은 미국 통신회사인 AT&T에서 경영자를 뽑기 위해 최초로 시도하였는데, 어느 기법보다도 정확성이 높게 나타났다. 이 기법은 피고과자를 며칠간 별도로 합숙시키면서 각종 의사결정게임과 토의 그리고 심리검사를 실시하여 여러 명의 고과자와 심리학 전문가들이 평가를 실시하여 이를 종합한 후 최종적으로 승진대상자를 결정하는 방법이다.

제5절 인사고과의 문제점 및 개선 방향

1. 문제점

(1) 현혹효과

현혹효과는 고과자가 피고과자를 고과할 때 한 분야의 피고과자 인상이 다른 분야의 평가에 영향을 주는 경향을 말한다. 즉 피고과자의 한 가지 장점 때문에 현혹되어 모든 것을 다 좋게 평가하거나, 반대로 한 가지 단점 때문에 모든 것을 나쁘게 평가하는 것을 말한다.

이는 인사고과의 타당성과 객관성을 훼손하는 중요한 요인이 되며, 이를 제거하기 위해서는 고과자가 피고과자의 특성별로 평가해야 한다.

(2) 관대화 경향과 가혹화 경향

관대화 경향이란 피고과자의 실제의 능력이나 업적보다 더 높게 평가하는 경향을 말하며, 이와 반대로 실제보다 과소평가하는 것을 가혹화 경향이라고 한다. 그러나 가혹화 경향보다는 관대화 경향이 많이 나타나며, 관대화 경향이 나타나는 원인으로는 부하를 나쁘게 평가하여 굳이 대립할 필요가 없고, 자기 부하가 타 부문의 종업원에 비하여 더 나쁘게 평가되는 것을 원하지 않으며, 또한 나쁜 평가로 인해 고과자 자신의 책임으로 간주될 수 있는 이유 등이다.

관대화 경향과 가혹화 경향을 줄이기 위해서는 피고과자에 대한 평가의 분포를 강제로 분산시켜 정규분포를 이루도록 만들 필요가 있다.

(3) 중심화 경향

중심화 경향은 평가의 결과가 평가척도상의 중심점에 집중하는 경향을 말한다. 이러한 경향의 원인은 관대화 경향의 경우와 비슷하며, 평가요소의 기준이 불명확할 경우에도 나타난다.

이러한 문제점을 해소하기 위해서는 관대화 경향의 경우와 마찬가지로 피고과자에 대한 평가의 분포를 강제로 분산시킬 필요가 있다.

2. 개선방향[8)]

(1) 평가기준의 명확화

우선 인사고과를 실시하는 기준이 명확해야 한다. 인사고과의 목적, 평정방법, 평정요소, 가중치, 평가척도 등의 내용이 명확해야 한다.

---

8) 이재규 · 김진극 · 김동조, 디지털시대의 인적자원관리, 문영사, 2003, pp.193~195.

평가기준이 평가자에게 명시되어 있는 것은 당연하지만, 특히 의사소통을 위해 평가척도나 평가기준에 대해서는 특히 구체적인 평가사례와 그 수준을 명시할 필요가 있다.

또한 이러한 평가기준은 평가자뿐만 아니라 피평가자에게도 반드시 알려주어야 한다. 평가기준에 대해 이해부족이 고과에 대한 불신을 낳게 된다. 앞으로의 인사고과가 피고과자를 참여시켜 자기신고, 자기평정, 면접지도를 한다고 할 때 평가기준의 명확화는 반드시 필요하다.

(2) 평가자의 복수화

인사고과에서는 1인의 피고과자를 1인의 고과자에게만 맡기는 것이 아니라 2인 이상의 고과자에게 고과를 맡김으로써 주관이나 자의에 의한 평정의 잘못을 최소한으로 줄이도록 해야 한다. 인사고과는 사람이 사람을 평가하는 시스템이므로 평정방식, 평정기준, 척도, 등을 아무리 객관적으로 공평하게 사용한다 하더라도 고과결과가 평정자의 주관에 빠지는 경향은 피할 수가 없다.

피고과자의 직속상사가 제1차 고과자, 그리고 그보다 위의 관리자가 제2차 고과자가 되도록 하고, 간혹 부하도 고과에 참여시킴으로써 이들이 고과에 대해 서로 조정, 의견통일을 보도록 하여야 한다.

(3) 편견요소의 제거와 고과자의 교육

인사고과의 성패는 사실상 고과자에 달려 있다. 따라서 피고과자의 특성이나 고과가 이루어지는 상황 등이 인사고과에 영향을 미치지 않도록 편견요소들을 가능한 한 배제시켜야 한다. 그리고 인사고과는 인간을 평가하는 일이므로 발생 가능한 여러 가지 오류를 사전에 막기 위해서 조직은 고과자에 대한 주의 깊은 교육을 통해 이들이 인사고과에 대한 충분히 이해하여야 한다.

(4) 능력개발 목적에 이용

지금까지의 인사고과는 승진이나 상여금 지급 등과 같이 주로 통제적인 목적을 위해 사용하여 왔으나, 앞으로는 비통제적인 목적으로 활용 폭을 넓히고 인사고과 결과를 종업원의 근로의욕을 향상시키고 능력을 개발하기 위해 상담, 지도, 의사소통을 촉진시키기 위한 목적으로 사용하여야 한다.

사실 인사고과는 종업원의 장점과 성과를 측정하기 위한 평가이지만 실제로는 종업원의 결점과 실수를 찾아내는 평가가 되고 있다는 비판이 있다.

200 년 상/하반기

근 무 평 가 표

(PERFORMANCE EVALUATION)

평가 기간	200 년 월부터 200 년 월까지

• 피평가자 인적사항(Personal Records)

성명: (Name)	사원번호 : (Employee Nr.)
부서 : (Dept.)	업장 : (Outlet)
직위 : (Position)	담당 직무 : (Job)
입사일 : (D.O.E.)	현부서/업장 근무일 : (Date in present position)

• 평가요령(How to Evaluate)

1. 피평가자는 Section A의 전항목, Section B의 자기평가항목 및 Section C의 1항을 작성하여 평가자에게 제출하며, 평가자는 제출받은 평가표를 신중히 검토한다.
2. 평가자는 피평가자와 면담일시를 미리 약속하고 조용한 장소에서 피평가자의 마음의 안정되고 자연스러운 분위기가 유지되도록 배려하여야 한다.
3. 피평가자의 자기관찰에 대하여 상의하면서 진행하되, 시정할 수 없는 약점보다는 개선가능한 점을 중심으로 명확히 이야기한다.
4. 평가자는 피평가자를 비판평가하는 것이 아니고 피평가자의 잠재능력을 개발시키고 업무를 도와주는 태도로서 업무수행능력 및 생산성 향상에 역점을 두어 평가하여야 한다.

- 자기 자신에 대한 평가가 공명정대하게 되기를 바라듯이 자기가 작성한 평가가 공정하게 이루어지도록 최선의 노력을 다하여 주시기 바랍니다.

200 년 월 일

● 본 항목은 피평가자가 작성한다(To e completed only by indivdual being reviewed)

1. 직무만족도(표기방법의 해당항목 선택기재) (Job Satisfaction) (1) 업무의 양은? (Quantity of Work) : ( ) (2) 업무의 질은? (Quantity of Work) : ( ) (3) 직무수행 시 나의 능력발휘도는? : ( ) (showing my ability) (4) 업무상 나의 재량권은? : ( ) (5) 업무에 대한 나의 흥미는? : ( ) (6) 종합적인 현직무의 만족도는? : ( ) (Overall Job Satisfaction Level) ※ 표기방법(Rating Key) A : 매우 많다(높다, 좋다) (Most, Best) B : 많다(Much, Many, good) C : 보통(Normal) D : 적다(낮다, 나쁘다)(Little) E : 매우 적다(낮다, 나쁘다) (Least, worst)
2. 전배치 희망(Career Development) (1) 희망 직무 또는 부서/업장(Next Position) : (2) 전배 희망시기(Time Frame) : −3개월 이내( ) −6개월 이내 ( ) −1년 이내( ) (within 3 month) (within 6 month) (within 1 year) (3) 전배 희망 사유(Reason) :
3. 자기개발(Self-Development) (1) 지난 6개월 동안 자신의 능력개발을 위해 특별히 관심을 두고 연구했거나 학습했던 분야는? (Any special areas that you have studied for developing your abilities for last 6 months.) : (2) 향후 자신의 능력개발을 위해 특별히 연구하고 교육받고 싶은 분야가 있다면?(Areas that you want to study, hereafter) :
4. 고충 및 애로사항(Difficulties or Grievances)
5. 건의사항(Proposal and Suggestion)

SECTION B

근 무 평 가 표

(PERFORMANCE EVALUATION)

<table>
<tr><th rowspan="3"></th><th rowspan="3">항 목
Factor</th><th rowspan="3">세부사항
CONTENTS</th><th colspan="5">배점(Distribution)</th><th rowspan="3">자기
평가
(self)</th><th rowspan="3">1차
평가
(2st)</th><th rowspan="3">2차
평가
(2st)</th><th rowspan="3">조정
(Adjust-ment)</th></tr>
<tr><th>탁월</th><th>우수</th><th>보통</th><th>부족</th><th>열등</th></tr>
<tr><th>E</th><th>A.S</th><th>S</th><th>M</th><th>B.M</th></tr>
<tr><td rowspan="3">능력
Ability</td><td>업무지식
JOB
Knowledge</td><td>담당업무를 수행하는데 필요한 전문지식 및 관련지식의 폭가 깊이</td><td>A</td><td>B</td><td>C</td><td>D</td><td>E</td><td></td><td></td><td></td><td></td></tr>
<tr><td>이해판단력
Judgement</td><td>회사방침, 지시에 대한 핵심파악능력과 신속정확한 상황대처능력</td><td>A</td><td>B</td><td>C</td><td>D</td><td>E</td><td></td><td></td><td></td><td></td></tr>
<tr><td>기획창의력
Initiative</td><td>담당업무를 수행하기 위한 단계, 순서 등을 구체적으로 전개하고 창조성과 독창성을 발휘하여 새로운 방법을 찾아내는 능력</td><td>A</td><td>B</td><td>C</td><td>D</td><td>E</td><td></td><td></td><td></td><td></td></tr>
<tr><td rowspan="4">태도
Attitude</td><td>책임성
Dependability</td><td>업무수행 및 그 결과에 대해 성실하고 책임감있는 태도를 취하는 정도</td><td>A</td><td>B</td><td>C</td><td>D</td><td>E</td><td></td><td></td><td></td><td></td></tr>
<tr><td>직무의욕
Interest</td><td>담당업무에 대해 가지고 있는 관심도와 업무수행에 임하는 열의 및 욕구</td><td>A</td><td>B</td><td>C</td><td>D</td><td>E</td><td></td><td></td><td></td><td></td></tr>
<tr><td>협조성
Cooperation</td><td>담당업무를 위하여 관련 부문, 고객, 상사와 동료에게 이해와 협조를 얻어내는 정도</td><td>A</td><td>B</td><td>C</td><td>D</td><td>E</td><td></td><td></td><td></td><td></td></tr>
<tr><td>근태
Punctuality</td><td>출근시간을 잘 지키며 근무시간에 충실한 태도를 취하는 정도</td><td>A</td><td>B</td><td>C</td><td>D</td><td>E</td><td></td><td></td><td></td><td></td></tr>
<tr><td colspan="2">업적
Job Performance</td><td>기간에 담당한 업무의 양과 담당업무를 수행한 결과의 질적 수준</td><td>A</td><td>B</td><td>C</td><td>D</td><td>E</td><td></td><td></td><td></td><td></td></tr>
</table>

※ 필히 피평가자와 상기 각 평가항목관련 면담을 한 후 서명하시기 바랍니다.

* Rating Key : A – Exceptional
B – Above Standard
C – Standard
D – Mininum
E – Below Mininum

1차 평가자(1st Appraiser) 성명(Name) 서명(Sign.) :

2차 평가자(2st Appraiser) 성명(Name) 서명(Sign.) :

SECTION C

근무평가 면담 기록
(Interview Description)

<table>
<tr><td>※ 업무목표 설정설정-피평가자용(Goal Setting for Employee)
다음 근무평가 이전까지 달성하고자 하는 업무목표를 기술하시오.
1.

2.

3.</td></tr>
<tr><td>※ 평가자 의견(Appraiser's Comments) : 피평가자의 신상문제 및 애로사항, 업무수행상문제점, 조직생활, 장래진로 및 지도육성방향 등을 면담실시후 평가자가 기록하시오.</td></tr>
<tr><td>1차 평가자(1st Appraiser)</td></tr>
<tr><td>2차 평가자(2nd Appraiser)</td></tr>
</table>

반드시 피평가자가 서명하여야 하며, 직상사가 면담 후 서명하시기 바랍니다.

피평가자(Employee) 성명(Name) : ______ 서명(Sign.): ______ 일자(Date):

1차 평가자 (1st App.) 성명(Name) : ______ 서명(Sign.): ______ 일자(Date):

2차 평가자 (2nd App.) 성명(Name) : ______ 서명(Sign.): ______ 일자(Date):

자료 : 호텔관광인적자원관리, 김대권 · 김복동, 백산출판사, 2005. pp.140~143

사례연구 삼성전자 해외 부문도 'GE식 성과관리'

평가, 보상 등 적절한 '성과 관리'는 성공을 원하는 모든 기업들이 반드시 해결해야 할 숙제다. 하지만 제대로 해내는 것이 만만치 않다. 업무가 제각각인 수많은 직원들을 평가하고 보상하려다 보면 이런저런 불만이 터져 나오기 마련이기 때문이다.

그렇다면 제너럴일렉트릭(GE), IBM, 지멘스, 삼성전자(1,010,000원 16000 1.6%) 등 세계적으로 성공한 기업들은 어떤 평가, 보상 시스템을 갖고 있을까.

8일 국내의 한 대기업이 주요 글로벌 기업들의 성과 관리 방식을 분석한 자료에 따르면 이들 기업들의 성과 관리 방식은 유사한 점이 적지 않다. 상당수가 세계 제일의 '인재사관학교'로 불리는 GE식 모델을 따르고 있기 때문이다.

이 자료에 따르면 글로벌 기업들의 성과 관리는 대체로 각 포지션(자리)의 역할 크기를 측정하는 것에서부터 출발한다. 같은 팀장 자리라도 전략, 회계, 인사, 홍보 등 업무에 따라 회사에서 차지하는 비중이 다를 수 있다. 포지션의 크기가 정해지만 각 포지션을 회사가 정한 직급 단계와 매칭시킴으로써 직급 체계가 구축된다. 같은 팀장이라도 어떤 팀장은 상무가 되기도 하고 어떤 팀장은 사장이 되기도 한다. 과장급 팀장도 있을 수 있다.

이런 직급 체계는 사람 중심의 연공서열이 아닌 역할과 책임에 따라 직급이 결정되는 것이 특징이다. 업무를 해낼 수 있는 능력을 인정받아야 해당 포지션으로 이동할 수 있고 인사이동과 함께 그 자리에 해당하는 직급을 갖게 되는 구조다. 사람을 중심으로 일정 시간이 지나면 자동적으로 직급이 높아지는 연공서열과는 차이가 있다.

평가 시스템도 GE식 '나인 블록 매트릭스(9 Block Matrix)'가 가장 많이 쓰인다. 이 방식은 가로 축은 승진 가능성, 세로축은 성과 평가를 기준으로 각각 3단계로 구분해 모두 9개의 블록이 만들어진다.

성과 평가의 3단계는 상위가 20%, 중위가 70%, 하위가 10%가 되도록 이뤄진다. 상위 20%는 충분한 인정과 보상이, 하위 10%에는 확실한 자극을 주게 되고 퇴출도 배제할 수 없다. 중위 70%는 불안에 떨지 않으면서 도전 의욕을 북돋우게 된다. 승진 가능성의 3단계는 높음, 보통, 낮음으로 구분된다. 모든 직원들은 승진 가능성과 성과 평가를 토대로 9개 블록 중에 한 블록에 위치하게 되며 이는 인사카드에 기재돼 인사 보상 등의 기준이 된다.

GE 방식을 채용했다고 해서 모든 기업이 9개 블록을 사용하는 것은 아니다. 독일의 지멘스의 경우 승진 가능성과 성과 평가를 각각 5단계로 나눠 모두 25개 블록을 기준으로 직원들을 평가하기도 한다.

보상은 각 포지션별 시장 가치를 반영한 포지션 임금을 기준으로 역량 평가와 성과 평가에 대한 보상을 더해 결정된다. 삼성전자도 해외에 있는 글로벌 조직들은 GE식의 성과 관리 방식을 적용하고 있다. 다만 성과 평가는 A, B, C, D, E 5개 등급으로 한다. 등급별 분포는 최상인 A등급이 5%이고 B~E가 각각 25%, 50~55%, 10%, 5% 미만으로 운영된다. 보상의 기본 원칙 중 하나는 고성과자 1, 2등급에게 임금 인상 재원의 65%를 배분하도록 하고 있는 것으로 알려져 있다. 전체 인원의 35%가 인상 재원의 65%를 가져가는 구조다.

삼성전자 국내 조직은 승진 연한 제도가 있어 GE방식을 그대로 적용하지 않고 있다. 승진 연한이 차고, 성과 평가가 나오면 승진 가능성을 어느 정도 예측할 수 있어 승진 가능성 평가의 의미가 작아지기 때문이다.

〈머니투데이 2010. 9. 9〉

사례연구 "C등급 이하는 성과급 없다" 당근과 채찍 든 LG전자

직원 간 화합을 우선시하던 인화(人和)의 LG가 바뀌고 있다. 주력 계열사 LG전자가 고과가 안 좋은 직원에겐 성과급을 아예 주지 않고 승진을 못 하면 임금을 동결하는 성과 우선주의 정책을 연이어 내놓고 있는 것이다. 성과가 좋은 직원에겐 경쟁사 못지않게 파격 대우하는 정책도 준비하는 것으로 알려졌다. 여기에 적자 부서의 인력은 대폭 감축하는 대신 흑자 부서 쪽으로 인력을 집중하고 있다.

이달 중순 LG전자가 경기도 평택에 있는 스마트폰 공장을 베트남으로 이전하겠다고 밝힌 것도 이런 변화와 같은 맥락이다.LG전자의 노조도 회사의 이런 변화에 제동을 걸기보다는 한발 양보하는 모양새다. 그만큼 정보기술(IT) 분야의 경쟁이 치열하고, 자칫 안주했다가는 도태될 수 있다는 위기감을 노사가 공유하고 있는 것이다.재계 관계자는 "LG전자가 국내 고용을 강조하는 정부 기조와 달리 생산 기지를 해외로 옮기고 희망퇴직까지 실시하는 건 그만큼 생존이 절박하다는 것"이라며 "말로만 하는 '선택과 집중'이 아니라 소리 없지만 강한 실행력으로 새로운 LG 경쟁력을 갖춰가고 있다"고 말했다.

人和보다 성과… 변화 바람 부는 LG

LG전자는 내년부터 근무 고과에서 C등급 이하를 맞은 직원에게 성과급을 지급하지 않기로 했다. 최근 노조와 이런 내용의 인사 방침을 협의해 양해를 얻었다. 위기의 LG전자를 더 강하게 만들자는 취지다.

LG전자의 고과 등급은 S · A · B · C · D로 개인별 절대평가다. 현재는 D등급 고과자를 제외하고는 모두 성과급을 받았다. 이를 C등급으로 한 단계 올린 것이다. LG전자 관계자는 "그동안 직원 거의 모두가 C등급 이상이었기 때문에 기존 구분은 사실상 유명무실했다"며 "성과급 대상 등급을 높여 조직 전체에 긴장감을 불어넣기 위한 조치"라고 했다.

반면 '성과를 낸 직원은 확실히 챙긴다'는 기조는 강화하고 있다. 지난 2월 역대 최대 실적을 낸 생활 가전과 TV 부문에서 기본급의 500% 성과급을 지급했다. 역대 최대 규모다. 지난해에 역대 최대였던 450%를 줬지만 이를 경신한 것이다. 건조기 · 세탁기 · TV사업부에서 일하는 차장 · 부장급(책임)

은 성과급 최대 2000만원을 가져갔다. 적자를 낸 스마트폰과 자동차 전자 장비 부문에선 성과급을 안 줬다. 직원들은 격려금 명목으로 150만원을 받은 게 전부였다. 기본급 체계도 지난해 바뀌었다. 4년간 진급을 누락한 직원은 기본급을 인상하지 않기로 했다. 예전엔 물가상승률을 기본으로 개인 성과를 평가해 해마다 기본급을 인상하는 게 관행이었다. 제도 전환한 지 4년째가 되는 2021년부터는 기본급 동결을 감수해야 하는 '만년 과장' '만년 차장'이 등장하는 것이다.

적자 부서의 직원을 감축하고 흑자 부서 직원을 늘리는 인력 조정도 과감하게 진행되고 있다. 2014년 7900여 명이었던 스마트폰 부문 직원 수는 작년 말에 4000여 명으로 대폭 감소했다. 반면 생활 가전 부문은 같은 기간 2000여 명에서 6400여 명으로 늘었다.

LG전자는 연내 경기도 평택 스마트폰 공장에서 근무하던 생산직 750명을 전원(全員) 경상남도 창원의 생활 가전 공장으로 재배치할 예정이다.조직력 강화한 뒤 미래 산업 공략 나서 LG전자는 현재 사업 구조를 보다 탄탄하게 다진 뒤 미래 신규 사업에 가능한 한 빨리 역량을 집중하겠다는 방침이다. 적자인 스마트폰 부문을 안정화시키는 한편 강점인 생활 가전의 수익 기반을 다져놓고 인공지능(AI) · 로봇 · 자율주행 사업에서 승부를 보겠다는 것이다. 이를 위해 LG는 지난해 말 조직 개편에서 CEO(최고경영자) 직속에 '로봇사업센터'와 '자율주행사업 태스크(Task)'를 신설했다.

LG전자는 그동안 안내 · 청소 · 잔디깎이 로봇 같은 9개 신규 로봇을 개발해 공개하기도 했다. 올해는 식당용 로봇도 선보일 계획이다. 자율주행 분야에서는 미국 마이크로소프트(MS)와 협력하기로 했다. 자율주행차 부품과 그 안에 들어가는 인포테인먼트(차량용 정보와 오락 제공 장치) 분야에도 진입할 예정이다.여기에 건조기 · 공기청정기 · 의류관리기 · 무선청소기 같은 신(新)가전을 더 키운다는 전략이다. 피부 관리 기기나 휴대용 공기청정기 같은 특화 가전이 대표적이다. LG전자 관계자는 "여유 있는 인재를 모두 미래 산업 쪽으로 집중하면 가전 못지않게 세계시장에서 두각을 낼 것으로 본다"고 말했다.

〈조선일보 2019. 4. 30〉

관광 · 호텔 **인적자원관리론**

제9장

임금관리

관광 · 호텔
인적자원관리론

9장
09

임금관리

제1절 임금관리의 의의

1. 임금관리의 개념

임금은 기업이 근로자에게 근로의 대가로서 지급하는 일체의 보상을 말한다. 우리나라 근로기준법에도 "임금이란 사용자가 근로의 대가로 근로자에게 임금, 봉급, 기타 어떠한 명칭으로든지 지급하는 일체의 금품을 말한다."라고 되어있다. 따라서 이때 임금의 의미는 임금, 급여, 수당, 상여금 등도 포함하는 광의의 개념으로 일반적으로 복리후생을 제외한 모든 금전적 보상을 의미한다.

그러나 일반적으로 육체적 근로자가 받는 것을 임금(wage)이라고 하며, 정신적 근로를 하는 사무직원이나 경영자가 받은 임금(salary)을 봉급, 급여, 또는 월급이라고 한다.

2. 임금관리의 중요성

임금은 근로자나 사용자에게 다같이 중요한 의의를 가지고 있다. 임금은 근로자에게는 경제적인 면에서는 생계를 유지하는 수입의 원천이며, 조직생활 및 사회생활에 있어서 자신의 신분을 나타내므로 근로자는 가능한 많은 임금을 받기를 원한다. 그러나 기업의 측면에서 볼 때는 임금은 원가를 구성하는 비용이기 때문에 가능한 적게 지급하기를 원한다.

따라서 임금을 둘러싸고 기업과 근로자는 서로 상반된 이해관계에 놓이게 되며, 이는 많은 기업에 있어서 노사분규의 가장 큰 원인이 되고 있으며, 임금문제는 오늘날 노사관계에 있어서 핵심적 과제가 되고 있다.

이러한 임금관리의 목적은 상반되는 이해관계를 조정하여 상호이익의 방향으로 임금제도를 형성함으로써 노사관계의 안정을 도모하고 이를 바탕으로 노사협력에 의한 조직의 생산성 증진과 근로자들의 생활향상을 달성하는데 목적이 있다.

■ 임금에 대한 입장의 차이

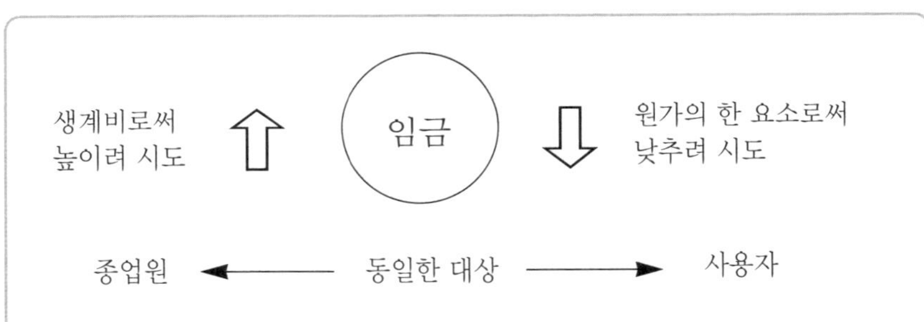

3. 임금관리의 내용

임금관리는 크게 세 가지 관리영역으로 나누어진다. 이 중에서 임금수준의 관리란 거시적 분석의 대상으로 기업이 모든 임직원들에게 지급하는 평균적인 임금의 수준을 결정하는 영역으로 적정성의 원칙이 요구된다. 임금체계의 관리란 정해진 임금총액의 배분방법을 결정하는 영역으로 공정성의 원칙이 적용된다. 마지막으로 임금형태의 관리란 개인별로 정해진 임금총액의 지급방법에 관한 것으로 합리성의 원칙이 요구된다.

■임금관리의 3대 영역

관리영역	개요	적용원칙
임금수준의 관리	기업의 평균임금의 수준 관리	적정성
임금체계의 관리	기업의 임금총액에 대한 개인별 배분방법	공정성
임금형태의 관리	개인별 임금총액의 지급방법	합리성

4. 임금의 구성

1) 기준 임금

기준 임금은 정상적인 작업조건하에서 일하는 근로자의 정상적 노동에 대해 지급되는 것으로 임금체계 내에서 기준이 되는 부분으로 기준 임금은 기본급과 기본수당으로 구성되어 있다.

(1) 기본급

기본급은 흔히 본봉이라고도 하며, 조직체가 일정한 기준에 의하여 조직구성원들에 대해 공통적, 고정적으로 지급하는 현금보상을 말하며, 구성원의 근속연수, 학력, 경험, 연령 등과 같은 개인적 특성이나 직무의 특성 또는 직무수행능력 등의 가치를 반영하여 결정한다. 즉 구성원 개개인의 노력이나 성과와는 관계없이 개인적 특성이나 직무특성 또는 직무수행능력이 비슷한 구성원들에게 비슷한 급료가 기본적으로 제공되는 현금보상이다. 기본급은 금액 면에서 가장 큰 비중을 차지하고 있는 가장 핵심적인 부분으로 상여금이나 퇴직금의 산정기준으로도 사용된다.

(2) 기본수당

수당에는 기본임금 이외에 통상적인 업무에 대하여 고정적으로 지급되는 기본수당과 비통상적인 업무에 대하여 일시적으로 지급되는 특별수당이 있으며, 전자는 기준임금에, 후자는 기준외임금에 포함된다. 기본수당은 기본급을 보완하기 위해 기본급에 부가하여 지급되는 임금이다. 직책수당, 직무수당, 자격수당 등이 이에 속한다.

2) 기준 외 임금

기준 외 임금은 기준 임금 이외에 부가급의 형태로 근로자들에게 지급되는 임금으로 정상적 노동 이외의 노동에 대해 지급되는 특별수당, 회사의 방침이나 경영성과 등에 의해 지급되는 상여금과 퇴직금, 봉사료 등이 있다.

(1) 특별수당

특별수당은 비통상적인 업무에 대하여 변동적, 일시적으로 지급되는 것으로 우리나라에서는 상여금과 퇴직금을 제외한 부가적인 임금을 수당이라고 부르는 경향이 있다. 초과근무수당, 야간근무수당, 휴일근무수당 등이 이에 속한다.

(2) 상여금

상여금이란 근로자의 업적이나 공헌도에 따라 기본급 이외에 정기적으로 지급되는 임금을 말한다. 상여금 제도는 과거 일본의 대기업에서 일반화되었던 것이 우리나라에 도입된 것으로 보인다.

상여금의 성격에 대해서는 다음과 같은 여러 가지 이론이 있다. 즉, 관습적으로 지급되고 있다는 사회관습설, 재직 중의 수고와 공로에 대한 대가적 성격을 가지고 있다고 보는 공로보상설, 임금수준이 높지 못하기 때문에 그에 대한 보상을 위하여 일정 기간 후에 추가적인 임금의 성격을 가지고 지급한다고 보는 임금후불설, 기업의 수익을 분배한다고 보는 수익분배설 등이 있다.

(3) 퇴직금

퇴직금은 종업원이 퇴직하면 해당 사업주가 근로자에게 지불하는 것으로 퇴직시에 지불하는 퇴직일시금과 퇴직 후 계속적으로 일정 기간 지불하는 퇴직연금을 통칭한다.

일반적으로 퇴직금이란 퇴직일시금을 의미한다. 우리나라에서는 주로 전자의 퇴직일시금이 압도적으로 많으나, 최근에는 연금이 증가하는 경향이 있다. 보통 사기업에서는 일시금 형태가 일반적이며, 공기업이나 공무원, 교원의 경우는 퇴직연금제도를 활용하고 있다.

본래 퇴직금은 각 기업의 형편에 따라서 적절하게 지급하던 것을 근로자퇴직급여보장법 제8조에서 '퇴직금제도를 설정하려는 사용자는 계속 근로기간 1년에 대하여 30일분 이상의 평균임금을 퇴직금으로 퇴직 근로자에게 지급할 수 있는 제도를 설정해야 한다'라고 하여 퇴직금에 대한 최저기준을 강제로 규정하였다. 서구에서는 연봉에 대한 3~4일분의 급료를 지급하는 것이 관례인데 반하여 우리나라에서는 지급액수가 많아서 기업이 상당한 자금부담을 안고 있다.

■ 통상임금과 평균임금의 차이

구분	내용
통상임금	근로기준법 시행령 제31조 1항에서는 "근로자에게 정기적, 일률적으로 소정근로 또는 총 근로에 대하여 지급하기로 정하여진 시간급금액, 일급금액, 주급금액, 월급금액 또는 도급금액을 말한다."라고 정의하고 있으며, 해고의 예고수당, 시간 외 수당, 야간수당, 휴일근로수당, 월차 및 연차 등의 유급휴가대체수당 등을 산정할 때 활용된다.
평균임금	근로자에게 지급된 임금의 총액을 해당기간의 총일수로 나눈 금액을 의미하기도 하며, 퇴직금, 재해보상금 등의 산정 기준임금으로 매월 실질적으로 받는 임금을 의미하기도 한다. 근로기준법에서는 평균임금을 "평균임금을 산정하여야 할 사유가 발생한 날 이전 3개월간에 그 근로자에 대하여 지급된 임금의 총액을 그 기간의 총일수로 나눈 금액을 말한다"라고 정의하고 있다.

■임금체계

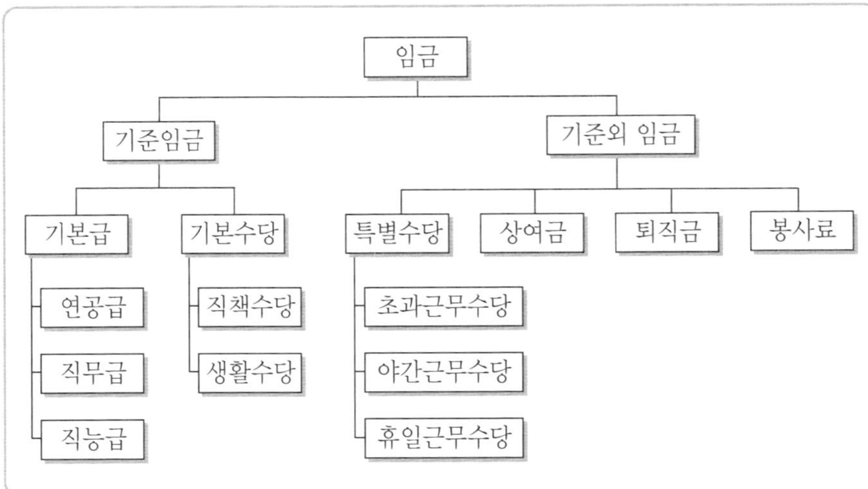

제2절 임금수준의 관리

1. 임금수준의 개념

임금수준이란 한 기업 내의 모든 임직원들에게 지급되는 평균적인 임금의 수준을 말한다. 이는 일정한 기간 동안에 한 기업 내의 모든 종업원들에게 지급되는 임금총액을 그 기업체의 모든 종업원의 수로 나누어 계산하며, 임금수준은 관점에 따라 전국 임금수준, 산업별 임금수준, 기업별 임금수준, 직종별 임금수준 등으로 나누어진다.

2. 임금수준의 결정

기업에 있어서 임금수준의 결정은 임금지급의 대상이 되는 직무 및 관점의 다양성으로 인하여 매우 복잡하고 어려운 일이다. 그러나 그 수준의 결정에 임금관리자의 입장에서 반드시 고려하지 않으면 안 되는 몇 가지 요인이 있으며, 이를 임금수준의 결정요인이라고 한다.

임금수준에 영향을 미치는 요인은 다양하나 대표적 요인으로 생계비, 기업의 지불능력, 노동조합의 영향, 사회적 임금수준 및 정부의 규제 등으로 대별해 볼 수 있다.

(1) 생계비 수준

생계비란 근로자 및 부양가족의 생계를 유지하기에 필요한 비용으로서 생계비의 수준이 어느 수준을 의미하는 것인가에 대해서는 한마디로 규정하기는 어려우나 단순한 생계만을 보장할 수 있는 최저임금으로서의 생존임금이 아니라 적절한 범위 내의 문화적인 생활까지도 보장할 수 있는 생활임금을 의미한다고 보아야 할 것이다. 이는 임금의 수준을 정하는데 있어서 하한선으로서의 기준역할을 한다.

(2) 기업의 지불능력

기업의 지불능력이라고 하는 것은 단순히 기업이 지블할 수 있는 최대한의 재정적 능력이 아니라, 기업이 안정된 성장을 계속할 수 있다는 전제조건 하에서 지불할 수 있는 기업의 능력을 말하는 것이다. 기업의 지불능력을 파악하는데 필요한 지표로 수익성과 생산성 등을 들 수 있다.

(3) 노동조합의 교섭능력

기업의 노동조합은 노동조합 가입자의 이익을 대변하는 단체르 근로자의 경제 · 사회적 지위를 향상하는데 목적을 두고 있으므로, 노조가 결성된 기업의 임금수준은 단체교섭에서의 교섭능력에 따라 다르나 일반적으로 높은 경향을 보인다.

(4) 사회적 임금수준

임금은 아무리 합리적으로 결정되었다고 하더라도 같은 업종이나 지역 등의 임금수준이 비하여 낮은 수준으로 정해지면 우수종업원을 확보하거나 생산성의 향상은 기대하기 어려울 것이다. 따라서 임금수준을 결정할 때는 사회일반의 임금수준을 고려해야 하는데, 특히 동종기업 간의 임금수준 균형은 더욱 큰 의미를 갖는 것이다.

(5) 정부의 규제

다른 임금수준 결정의 요인들은 정도의 차이는 있으나 기업이 반드시 준수해야 하는 것은 아니지만, 이들과는 달리 반드시 준수해야 할 요인이 있는데 대표적인 것으로 최저임금제도를 들 수 있다.

최저임금제도는 근로자에게 지급되는 임금의 최저액을 정하는 제도이다. 근로자와 그 가족에게 어느 정도의 문화생활을 보장하지 못하게 되면 직무 및 직장에 불만이 커지고 사기는 저하되어 노동력의 재생산이 불가능하게 되고, 더욱이 그러한 사태가 악화되면 격심한 노사 간의 대립, 나아가서는 정치적, 사회적 문제까지도 일으키게 될 것이다.

이러한 취지에서 오늘날 많은 나라에서는 종업원의 생활안정을 도모하기 위하여 종업원이 받을 임금의 최저수준을 정하고 그 이하로는 임금지급을 하지 못하도록 법률로 규정하여 채택하고 있다.

임금수준의 결정은 이상과 같은 임금수준의 결정요인들을 합리적으로 고려함으로써 해결할 수 있다. 임금수준을 결정하는 기준으로 일반적인 상한선은 기업의 지불능력으로 하고, 하한선은 종업원의 생계비수준으로 하되 기타 다른 요소들은 그 중간에 위치하게 하여 종합적으로 고려하여 결정하는 방법이 가장 바람직하다.

■ 임금수준의 결정구조

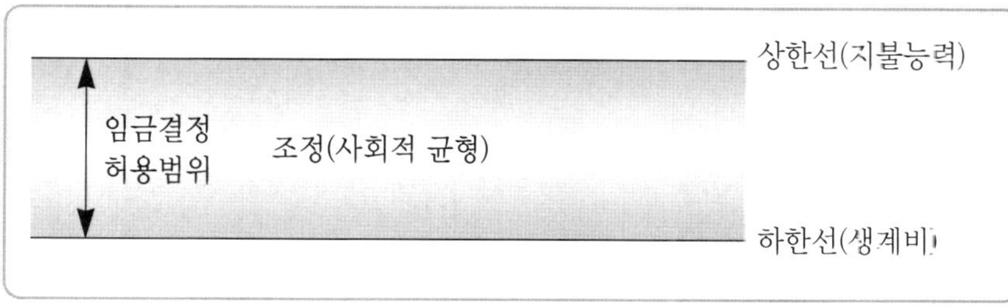

최저임금법

제1장 총칙

제1조(목적) 이 법은 근로자에 대하여 임금의 최저수준을 보장하여 근로자의 생활안정과 노동력의 질적 향상을 꾀함으로써 국민경제의 건전한 발전에 이바지하는 것을 목적으로 한다.

제2조(정의) 이 법에서 "근로자", "사용자" 및 "임금"이란 「근로기준법」 제2조에 따른 근로자, 사용자 및 임금을 말한다.

제3조(적용 범위) ① 이 법은 근로자를 사용하는 모든 사업 또는 사업장(이하 "사업"이라 한다)에 적용한다. 다만, 동거하는 친족만을 사용하는 사업과 가사(家事) 사용인에게는 적용하지 아니한다.

② 이 법은 「선원법」의 적용을 받는 선원과 선원을 사용하는 선박의 소유자에게는 적용하지 아니한다.

제2장 최저임금

제4조(최저임금의 결정기준과 구분) ① 최저임금은 근로자의 생계비, 유사 근로자의 임금, 노동생산성 및 소득분배율 등을 고려하여 정한다. 이 경우 사업의 종류별로 구분하여 정할 수 있다.

② 제1항에 따른 사업의 종류별 구분은 제12조에 따른 최저임금위원회의 심의를 거쳐 고용노동부장관이 정한다.

제5조(최저임금액) ① 최저임금액(최저임금으로 정한 금액을 말한다. 이하 같다)은 시간 · 일(日) · 주(週) 또는 월(月)을 단위로 하여 정한다. 이 경우 일 · 주 또는 월을 단위로 하여 최저임금액을 정할 때에는 시간급(時間給)으로도 표시하여야 한다.

② 다음 각 호의 어느 하나에 해당하는 자에 대하여는 대통령령으로 정하는 바에 따라 제1항에 따른 최저임금액과 다른 금액으로 최저임금액을 정할 수 있다. 〈개정 2010.6.4., 2012.2.1.〉

1. 수습 사용 중에 있는 자로서 수습 사용한 날부터 3개월 이내인 자. 다만, 1년 미만의 기간을 정하여 근로계약을 체결한 근로자는 제외한다.
2. 「근로기준법」 제63조제3호에 따라 감시(監視) 또는 단속적(斷續的)으로 근로에 종사하는 자로서 사용자가 고용노동부장관의 승인을 받은 자

③ 임금이 통상적으로 도급제나 그 밖에 이와 비슷한 형태로 정하여져 있는 경우로서 제1항에 따라 최저임금액을 정하는 것이 적당하지 아니하다고 인정되면 대통령령으로 정하는 바에 따라 최저임금액을 따로 정할 수 있다.

제5조의2(최저임금의 적용을 위한 임금의 환산) 최저임금의 적용 대상이 되는 근로자의 임금을 정하는 단위기간이 제5조제1항에 따른 최저임금의 단위기간과 다른 경우에 해당 근로자의 임금을 최저임금의 단위기간에 맞추어 환산하는 방법은 대통령령으로 정한다.

제6조(최저임금의 효력) ① 사용자는 최저임금의 적용을 받는 근로자에게 최저임금액 이상의 임금을 지급하여야 한다.

② 사용자는 이 법에 따른 최저임금을 이유로 종전의 임금수준을 낮추어서는 아니 된다.

③ 최저임금의 적용을 받는 근로자와 사용자 사이의 근로계약 중 최저

임금액에 미치지 못하는 금액을 임금으로 정한 부분은 무효로 하며, 이 경우 무효로 된 부분은 이 법으로 정한 최저임금액과 동일한 임금을 지급하기로 한 것으로 본다.

④ 다음 각 호의 어느 하나에 해당하는 임금은 제1항과 제3항에 따른 임금에 산입(算入)하지 아니한다.

1. 매월 1회 이상 정기적으로 지급하는 임금 외의 임금으로서 고용노동부장관이 정하는 것
2. 「근로기준법」 제2조제1항제7호에 따른 소정(所定)근로시간(이하 "소정근로시간"이라 한다) 또는 소정의 근로일에 대하여 지급하는 임금 외의 임금으로서 고용노동부장관이 정하는 것
3. 그 밖에 최저임금액에 산입하는 것이 적당하지 아니하다고 인정하여 고용노동부장관이 따로 정하는 것

⑤ 제4항에도 불구하고 「여객자동차 운수사업법」 제3조 및 같은 법 시행령 제3조제2호다목에 따른 일반택시운송사업에서 운전업무에 종사하는 근로자의 최저임금에 산입되는 임금의 범위는 생산고에 따른 임금을 제외한 대통령령으로 정하는 임금으로 한다.

⑥ 제1항과 제3항은 다음 각 호의 어느 하나에 해당하는 사유로 근로하지 아니한 시간 또는 일에 대하여 사용자가 임금을 지급할 것을 강제하는 것은 아니다.

1. 근로자가 자기의 사정으로 소정근로시간 또는 소정의 근로일의 근로를 하지 아니한 경우
2. 사용자가 정당한 이유로 근로자에게 소정근로시간 또는 소정의 근로일의 근로를 시키지 아니한 경우

⑦ 도급으로 사업을 행하는 경우 도급인이 책임져야 할 사유로 수급인이 근로자에게 최저임금액에 미치지 못하는 임금을 지급한 경우 도급인은 해당 수급인과 연대(連帶)하여 책임을 진다.

⑧ 제7항에 따른 도급인이 책임져야 할 사유의 범위는 다음 각 호와 같다.

1. 도급인이 도급계약 체결 당시 인건비 단가를 최저임금액에 미치지 못하는 금액으로 결정하는 행위
2. 도급인이 도급계약 기간 중 인건비 단가를 최저임금액에 미치지 못하는 금액으로 낮춘 행위

⑨ 두 차례 이상의 도급으로 사업을 행하는 경우에는 제7항의 "수급인"은 "하수급인(下受給人)"으로 보고, 제7항과 제8항의 "도급인"은 "직상(直上) 수급인(하수급인에게 직접 하도급을 준 수급인)"으로 본다.

제7조(최저임금의 적용 제외) 다음 각 호의 어느 하나에 해당하는 자로서 사용자가 대통령령으로 정하는 바에 따라 고용노동부장관의 인가를 받은 자에 대하여는 제6조를 적용하지 아니한다.

1. 정신장애나 신체장애로 근로능력이 현저히 낮은 자
2. 그 밖에 최저임금을 적용하는 것이 적당하지 아니하다고 인정되는 자

제3장 최저임금의 결정

제8조(최저임금의 결정) ① 고용노동부장관은 매년 8월 5일까지 최저임금을 결정하여야 한다. 이 경우 고용노동부장관은 대통령령으로 정하는 바에 따라 제12조에 따른 최저임금위원회(이하 "위원회"라 한다)에 심의를 요청하고, 위원회가 심의하여 의결한 최저임금안에 따라 최저임금을 결정하여야 한다.

② 위원회는 제1항 후단에 따라 고용노동부장관으로부터 최저임금에 관한 심의 요청을 받은 경우 이를 심의하여 최저임금안을 의결하고 심의 요청을 받은 날부터 90일 이내에 고용노동부장관에게 제출하여야 한다.

③ 고용노동부장관은 제2항에 따라 위원회가 심의하여 제출한 최저임금안에 따라 최저임금을 결정하기가 어렵다고 인정되면 20일 이내에 그 이유를 밝혀 위원회에 10일 이상의 기간을 정하여 재심의를 요청할 수 있다.

④ 위원회는 제3항에 따라 재심의 요청을 받은 때에는 그 기간 내에 재심의하여 그 결과를 고용노동부장관에게 제출하여야 한다.

⑤ 고용노동부장관은 위원회가 제4항에 따른 재심의에서 재적위원 과반수의 출석과 출석위원 3분의 2 이상의 찬성으로 제2항에 따른 당초의 최저임금안을 재의결한 경우에는 그에 따라 최저임금을 결정하여야 한다.

제9조(최저임금안에 대한 이의 제기) ① 고용노동부장관은 제8조제2항에 따라 위원회로부터 최저임금안을 제출받은 때에는 대통령령으로 정하는 바에 따라 최저임금안을 고시하여야 한다.

② 근로자를 대표하는 자나 사용자를 대표하는 자는 제1항에 따라 고시된 최저임금안에 대하여 이의가 있으면 고시된 날부터 10일 이내에 대통령령으로 정하는 바에 따라 고용노동부장관에게 이의를 제기할 수 있다. 이 경우 근로자를 대표하는 자나 사용자를 대표하는 자의 범위는 대통령령으로 정한다.

③ 고용노동부장관은 제2항에 따른 이의가 이유 있다고 인정되면 그 내용을 밝혀 제8조제3항에 따라 위원회에 최저임금안의 재심의를 요청하여야 한다.

④ 고용노동부장관은 제3항에 따라 재심의를 요청한 최저임금안에 대하여 제8조제4항에 따라 위원회가 재심의하여 의결한 최저임금안이 제출될 때까지는 최저임금을 결정하여서는 아니 된다.

제10조(최저임금의 고시와 효력발생) ① 고용노동부장관은 최저임금을 결정한 때에는 지체 없이 그 내용을 고시하여야 한다.

② 제1항에 따라 고시된 최저임금은 다음 연도 1월 1일부터 효력이 발생한다. 다만, 고용노동부장관은 사업의 종류별로 임금교섭시기 등을 고려하여 필요하다고 인정하면 효력발생 시기를 따로 정할 수 있다.

제11조(주지 의무) 최저임금의 적용을 받는 사용자는 대통령령으로 정하는 바에 따라 해당 최저임금을 그 사업의 근로자가 쉽게 볼 수 있는 장소에 게시하거나 그 외의 적당한 방법으로 근로자에게 널리 알려야 한다.

제4장 최저임금위원회

제12조(최저임금위원회의 설치) 최저임금에 관한 심의와 그 밖에 최저임금에 관한 중요 사항을 심의하기 위하여 고용노동부에 최저임금위원회를 둔다.

제13조(위원회의 기능) 위원회는 다음 각 호의 기능을 수행한다.

1. 최저임금에 관한 심의 및 재심의
2. 최저임금 적용 사업의 종류별 구분에 관한 심의
3. 최저임금제도의 발전을 위한 연구 및 건의
4. 그 밖에 최저임금에 관한 중요 사항으로서 고용노동부장관이 회의에 부치는 사항의 심의

제14조(위원회의 구성 등) ① 위원회는 다음 각 호의 위원으로 구성한다.

1. 근로자를 대표하는 위원(이하 "근로자위원"이라 한다) 9명
2. 사용자를 대표하는 위원(이하 "사용자위원"이라 한다) 9명
3. 공익을 대표하는 위원(이하 "공익위원"이라 한다) 9명

② 위원회에 2명의 상임위원을 두며, 상임위원은 공익위원이 된다.

③ 위원의 임기는 3년으로 하되, 연임할 수 있다.

④ 위원이 궐위(闕位)되면 그 보궐위원의 임기는 전임자(前任者) 임기의 남은 기간으로 한다.

⑤ 위원은 임기가 끝났더라도 후임자가 임명되거나 위촉될 때까지 계속하여 직무를 수행한다.

⑥ 위원의 자격과 임명 · 위촉 등에 관하여 필요한 사항은 대통령령으로 정한다.

제15조(위원장과 부위원장) ① 위원회에 위원장과 부위원장 각 1명을 둔다.

② 위원장과 부위원장은 공익위원 중에서 위원회가 선출한다.

③ 위원장은 위원회의 사무를 총괄하며 위원회를 대표한다.

④ 위원장이 불가피한 사유로 직무를 수행할 수 없을 때에는 부위원장이 직무를 대행한다.

제16조(특별위원) ① 위원회에는 관계 행정기관의 공무원 중에서 3명 이내의 특별위원을 둘 수 있다.

② 특별위원은 위원회의 회의에 출석하여 발언할 수 있다.

③ 특별위원의 자격 및 위촉 등에 관하여 필요한 사항은 대통령령으로 정한다.

제17조(회의) ① 위원회의 회의는 다음 각 호의 경우에 위원장이 소집한다.

1. 고용노동부장관이 소집을 요구하는 경우
2. 재적위원 3분의 1 이상이 소집을 요구하는 경우
3. 위원장이 필요하다고 인정하는 경우

② 위원장은 위원회 회의의 의장이 된다.

③ 위원회의 회의는 이 법으로 따로 정하는 경우 외에는 재적위원 과반수의 출석과 출석위원 과반수의 찬성으로 의결한다.

④ 위원회가 제3항에 따른 의결을 할 때에는 근로자위원과 사용자위원 각 3분의 1 이상의 출석이 있어야 한다. 다만, 근로자위원이나 사용자위원이 2회 이상 출석요구를 받고도 정당한 이유 없이 출석하지 아니하는 경우에는 그러하지 아니하다.

제18조(의견 청취) 위원회는 그 업무를 수행할 때에 필요하다고 인정하면 관계 근로자와 사용자, 그 밖의 관계인의 의견을 들을 수 있다.

제19조(전문위원회) ① 위원회는 필요하다고 인정하면 사업의 종류별 또는 특정 사항별로 전문위원회를 둘 수 있다.

② 전문위원회는 위원회 권한의 일부를 위임받아 제13조 각 호의 위원회 기능을 수행한다.

③ 전문위원회는 근로자위원, 사용자위원 및 공익위원 각 5명 이내의 같은 수로 구성한다.

④ 전문위원회에 관하여는 위원회의 운영 등에 관한 제14조제3항부터 제6항까지, 제15조, 제17조 및 제18조를 준용한다. 이 경우 "위원회"를 "전문위원회"로 본다.

제20조(사무국) ① 위원회에 그 사무를 처리하게 하기 위하여 사무국을 둔다.

② 사무국에는 최저임금의 심의 등에 필요한 전문적인 사항을 조사 · 연구하게 하기 위하여 3명 이내의 연구위원을 둘 수 있다.

③ 연구위원의 자격 · 위촉 및 수당과 사무국의 조직 · 운영 등에 필요한 사항은 대통령령으로 정한다.

제21조(위원의 수당 등) 위원회 및 전문위원회의 위원에게는 대통령령으로 정하는 바에 따라 수당과 여비를 지급할 수 있다.

제22조(운영규칙) 위원회는 이 법에 어긋나지 아니하는 범위에서 위원회 및 전문위원회의 운영에 관한 규칙을 제정할 수 있다.

■우리나라 연도별 최저임금의 추이

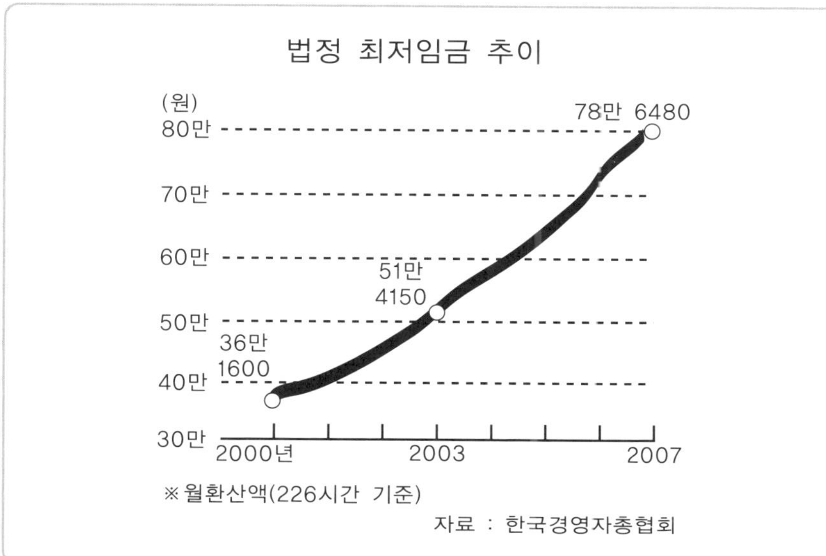

사례연구 **어느 중소기업 사장의 '최저임금제' 고민**

경기도 수원에서 연매출 30억 원대의 중소기업을 운영하는 ㈜우림실업 이병호(64) 대표는 요즘 최저임금제가 올해 또 올라갈까 고민이다. 최근 몇 년간 최저임금 인상률이 너무 높아 회사 경영을 압박하고 있기 때문이다. 최저임금은 2000년 이후 연평균 11.8%씩 올랐다. 반면 같은 기간 중소기업의 연평균 노동생산성은 2.4% 증가하는 데 그쳤다.

SKC, 도레이새한 등에 폴리에스테르 필름을 감는 데 쓰이는 종이파이프인 지관(紙管)을 전문적으로 납품하는 이 회사는 지난해 34억 원의 매출과 1억 6500만 원의 순익을 올렸다. 전년에 비해 매출은 7.5% 늘었지만 순익은 오히려 9.2% 떨어졌다. 인건비와 원자재 값이 올랐지만 납품 단가는 인하됐기 때문이다. 지난해 매출에서 인건비(9억 원)가 차지하는 비중은 26%나 됐다. 이 대표는 "중소 제조업에서 인건비가 20% 넘으면 힘들다"고 말했다.

이 회사 직원 35명 중 생산직은 28명, 생산직 직원의 평균 연봉은 2200만 원 정도다. 올해 최저임금은 시간당 3,480원으로 월 단위로 환산(226시간 기준)하면 78만 6480원이다. 12개월로 환산해도 최저임금은 1000만 원을 밑돈다. 그런데 왜 그는 고민할까? 그 이유는 최저임금에 월 고정급여만 포함돼 있기 때문이다. 연 400%의 상여금과 연봉의 30%를 차지하는 연장, 휴일 근무수당은 최저임금의 대상이 아니다. 최저임금이 올라가서 인건비가 부담되면 상여금을 내리면 되지 않을까. 이 대표는 "중소기업 실정을 몰라서 하는 말"이라며 "상여금을 깎으면 노사 간의 다툼이 생길 수 있다"고 설명했다. 최저임금이 올라가면서 이 회사에서 부녀사원의 일자리가 줄었다. "똑같이 최저임금이 적용되기 때문에 이왕이면 근력이 좋은 남자를 선호할 수 밖에 없다"는 것이다. 노동시장의 약자를 보호하려는 선의(善意)의 정부 정책이 오히려 약자의 일자리만 줄인 셈이다.

최저임금이 올랐기 때문에 고숙련 근로자들도 손해를 봐야 했다. 연봉이 낮은 근로자의 임금을 올려준 만큼 선임들의 연봉을 같은 비율로 인상해 줄 정도로 여력은 없었기 때문이다. 최저임금제는 인건비만 상승시키는 게 아니라 국민연금 등 회사가 부담해야 하는 4대 보험료 같은 부가적인 비용도 함께 끌어올린다.

이 대표는 "'가끔 이렇게 힘들게 기업을 꼭 해야 하나' 하는 회의가 들기도 한다"고 말했다. 목 좋은 자리에 있는 공장을 팔아서 은행이자만 받아도 현재 사장으로 받는 월급보다는 낫다는 생각도 들었다. 하지만 그는 평생 제조업을 하겠다고 흔들리는 마음을 다잡고 있다. 그는 "어떻게 사느냐가 더 중요하지 않으냐"며 "사업을 시작한 이상 나하고 인연을 맺은 직원들이 잘 사는 것을 보고 싶다"고 했다. 이달 말 내년도 최저임금이 결정된다. 재계는 동결을, 노동계는 28.7% 인상을 요구하고 있다.

〈중앙일보 2007. 6. 21〉

제3절 임금체계의 관리

1. 임금체계의 개념

임금체계는 전후 일본에서 단체교섭의 과정 중에서 최초로 사용된 것으로 알려져 있으며, 일반적으로 두 가지의 의미로 사용되고 있다. 첫째는 임금의 구성내용, 즉 근로자들의 임금항목이 어떻게 구성되어 있는가를 의미하며, 둘째는 임금의 지급기준, 즉 각 근로자들 간의 임금의 격차가 어떠한 기준에 의하여 차이가 생기는가를 의미한다.

2. 임금체계의 종류

(1) 연공급

연공급이란 인적 요소에 의한 대표적 임금형태로 개인의 연령, 학력, 자격 및 근속연수에 따라 임금을 결정하는 임금체계이다. 따라서 연공급에 의하면 근속연수가 많아짐에 따라 임금이 높아지는 것이 특징이다. 즉 같은 업무를 하거나 같은 성과를 내더라도 근속연수가 다르면 임금이 차등이 생긴다.

이 제도는 근속연수에 비례하여 지출금액이 증가하고 또한 특별한 전문적 능력이 필요하지 않은 직무의 경우에는 근속연수에 비례하여 능력이나 업적이 증가한다고 보는 논리에서 생겨난 제도라고 볼 수 있으며, 이러한 면에서 생활급적 사고원리에 따른 임금체계라 할 수 있다.

특히 한국과 일본에서는 유교사상의 영향을 받아 사회질서가 연공서열형으로 구성되어 일찍부터 연공급 임금제도가 자연스럽게 적용되어 왔다.

(2) 직무급

직무급체계란 서구의 합리적인 사상을 배경으로 하여 직무의 중요성과 곤란도 등에 따라서 각 직무의 상대적 가치를 평가하고, 그 결과에 의거하여 임금액을 결정하는 체계이다.

직무급은 기업 내의 각자가 담당하는 직무의 상대적 가치를 기초로 하여 지급되는 임금이므로 먼저 직무 간의 서열이 정해져야 하고, 이를 위하여 직무평가가 이루어져야 한다. 이는 동일한 직무에 대하여는 동일한 임금을 지급한다는 원칙에 입각한 것으로 직무 간 공정한 임금격차를 유지할 수 있는 기초가 된다.

직무급제도가 발전하기 위해서는 우선 직무가 표준화되어야 하고 임금수준 또한 어느 정도의 수준 이상이 되어야 한다.

(3) 직능급

직능급체계는 직무수행능력에 따라 임금의 사내격차를 만드는 체계이며, 능력급체계의 대표적인 제도이다.

이 제도는 연공급의 단점을 극복하기 위해 일본을 중심으로 생겨난 제도로 연공급을 직무급과 결합하여 임금관리의 합리화와 동양적 전통을 절충하려는 제도이다.

이와 같은 직능급에서는 직능의 등급화로 직계(계장 · 과장 · 차장 등)를 정하고, 이를 다시 세분화하여 호봉과 등급을 정하며, 호봉에는 근무연수 등의 연공적 요소가 포함된다.

■ 임금체계의 결정기준

임금체계	결정기준	주요 사용국가
연공급	사람	일본, 한국
직무급	직무의 상대적 가치	서구
직능급	직무 수행능력	일본

제4절 임금형태의 관리

1. 임금형태의 개념

임금형태는 임금을 지급하는 방식을 말한다. 임금형태에 대한 고찰과 그 발전은 19세기 말에 미국에서부터 시작되었다. 임금형태 중에서 가장 중심이 되는 것은 시간급제와 성과급제이며 그 이외에 연봉제 등이 있다.

2. 임금형태의 분류

(1) 시간급제

시간급제 또는 고정급제는 작업의 양과 질에는 관계없이 단순히 근로시간을 기준으로 하여 임금을 산정하여 지불하는 방식이다. 예컨데 일급, 주급, 월급, 연급 등이 그것이다.

시간급제는 근로자의 입장에서 보면 임금이 확정적으로 보장되고, 또 기업의 입장에서는 근로일수나 근로시간수가 산출되면 임금계산에 관한 업무는 간단히 처리될 수 있으므로 임금산정이 명확하고 간편하며, 아울러 제품과 서비스의 생산에 시간적 제약을 받지 않으므로 품질의 저하를 방지할 수 있는 등의 장점이 있다.

반면에 임금이 작업수행이 양과 질에 관계없이 지불되므로 근로자를 자극할 수 없어 작업능률이 오르지 않고 단위시간당의 임금계산이 용이하지 않는 등의 단점이 있다.

(2) 성과급제

성과급제는 작업성과를 측정하여 그 결과에 따라 임금을 산정 지급하는 제도이다. 따라서 작업수행에 소요된 작업시간은 고려하지 않고 작업량만 계산하여 이에 일정한 비율을 적용하여 임금을 계산을 하기 때문에 개인별 임금은 각자의 작업성과에 따라 증감한다.

성과급제는 작업성과와 임금이 정비례하므로 작업능률을 자극하여 생산성을 제고할 수 있으며, 또한 근로자들에게 합리성과 공평감을 주는 장점이 있는 반면, 임금을 올리기 위해 무리하게 노동한 결과 심신의 과로를 가져오기 쉽고 임금이 확정적이 아니므로 근로자의 수입이 불안정하고 작업량에만 집중하므로 품질이 저하되며, 미숙련자에게는 불리한 단점도 있다.

(3) 연봉제

연봉제는 근속연수나 나이에 관계없이 전년도의 성과나 능력에 따라 1년간의 임금총액에 대하여 기업과 근로자 간의 개별적인 협상에 의해 결정하여 임금을 지급하는 방식을 말한다.

따라서 연봉제는 유교적 전통을 지닌 우리나라에서 받아들이기 어려운 제도로 인식되어 왔으나 IMF라는 경제위기와 WTO 체제의 출범으로 세계적으로 무한경쟁의 시대가 도래함에 따라 기업의 경쟁력을 제고하기 위해 오늘날 많은 기업들이 채택하고 있다.

이러한 연봉제의 특징으로 임금총액이 1년을 단위로 하여 매년 결정되고, 원칙적으로 기본급, 상여금, 수당 등을 구별하지 않고 연간 임금총액을 매월 1/12씩 분할하여 지급되며, 또한 임금이 개개인의 업적이나 능력에 의해 결정되므로 업무평가에 따라 감봉도 가능하다.

연봉제의 장점으로는 능력과 실적이 임금과 직결되므로 근로자들의 사기를 진작시켜 생산성 향상에 기여할 수 있고, 우수한 인재를 확보할 수 있으며, 임금체계와 임금지급 구조를 단순화시켜 임금관리가 효율적이다. 반면에 단점으로는 업적위주의 경직된 조직문화가 조성되고, 근로자들 간의 지나친 경쟁으로 인해 불필요한 갈등을 불러일으키며, 고용에 대한 불안을 야기할 수도 있다.

사례연구 **호봉제 버리고 직무-성과 중심… 임금개편 새흐름**

국내 300인 이상 기업 10곳 가운데 7곳(69.2% · 지난해 기준, 고용노동부)은 근속연수에 따라 임금이 오르는 호봉제(연공형 임금체계)를 채택하고 있다. 이런 임금체계가 상대적으로 높은 성과를 올리는 젊은 근로자에게 불리하다는 것이 재계의 시각이다. 이런 상황에서 9일 한국경영자총협회가 밝힌 기업 사례가 주목받고 있다. 경총은 이날 서울 중구 한국프레스센터에서 OCI, 포스코건설, 네오바이오텍의 인사 · 노무담당자들을 초청해 호봉제에서 직무 · 성과중심 임금체계로 개편하게 된 과정과 내용을 발표했다.

저성과자 재원을 고성과자에게 배분

화학에너지기업인 OCI는 2014년 단체교섭 합의에 따라 노사공동 태스크포스(TF)를 구성해 지난해 1월 기능직(생산직) 임금체계를 기존 호봉제에서 능력급제로 전환했다. 과거 근속급과 직능급으로 구분된 임금을 개인 기본급으로 합치고 평가에 따라 능력급을 차등 지급하는 구조로 전환한 것이 핵심이다. OCI는 최하위 고과를 받은 직원의 능력급은 지급하지 않는 대신 그 재원을 상위 고과자에게 배분하는 방식도 추진하고 있다. 박현걸 인사관리팀장은 "저성과자에 대한 능력급 인상분을 점차 줄여 2018년부터는 아예 없애기로 했다"고 말했다.

포스코건설은 2012년부터 6단계 직급별 밴드를 기준으로 기준연봉(누적식)과 성과연봉(비누적식)으로 구성된 연봉제를 시행하고 있다. 이 회사는 성과에 대한 차등 수준을 앞으로 더욱 강화할 방침이다. 예를 들어 일반 부장 5년 차의 경우 현재는 업적평가에서 최고(S)와 최하위(D)의 성과연봉 차가 398만 원 수준이지만 이를 888만 원으로 확대하는 안을 추진 중이다. 김태량 포스코건설 노무후생그룹장은 "고정비용인 기준연봉은 상승을 억제하고 변동급인 성과연봉 비중을 매년 확대해 현재 24%인 성과연봉 비중을 2025년 50% 수준으로 늘릴 계획"이라고 말했다.

중소기업으로 치과용 임플란트 제조기업인 네오바이오텍은 지난해부터 사무직과 생산직 등 전 직종에 직무급을 도입했다. 9번에 걸친 전사 · 부문별 워크숍을 통해 전체 직무를 126개로 분류했고 직무등급별로 기본연봉 밴드를 만들었다. 담당 직무의 가치에 따라 적용 밴드가 달라지고 개인 성과목표 대비 달성도에 따라 기본연봉의 인상률이 결정된다. 성과급은 조직 전체의 성과, 개인 목표달성도, 상사의 평가에 따라 결정된다.

임금체계 개편 추진하는 기업 늘어나

이런 분위기가 반영돼 임금체계 개편을 추진하는 기업들이 속속 늘고 있다. 최근 경총이 주요 기업 48곳을 조사한 결과 응답 기업의 72.9%가 지난 3년간 임금피크제 도입과 호봉제 완화 등 임금체계 개편을 추진한 것으로 나타났다. 응답기업 중 임금체계 개편을 완료한 기업은 4.2%였고 진행 중이거나 올해 안으로 진행할 계획인 기업은 16.7%, 중장기적으로 추가 개편을 계획하는 기업은 72.9%로 나타났다. 임금체계 개편 애로사항으로는 노조반대를 꼽은 비율이 56.3%로 가장 높았다.

김영배 경총 상임부회장은 "기존 연공중심 임금체계가 불합리하다는 인식이 사회 전반에 확산되고 있으며 60세 정년 의무화 시행으로 더이상 임금체계 개편을 미룰 수 없게 되었다"며 "세계 최고 수준의 과도한 연공성을 가진 한국의 연공형 임금체계로는 60세 정년 의무화 연착륙은 사실상 불가능하다"고 말했다. 경총에 따르면 한국의 20~30년 장기근속자 임금 수준은 신입사원의 3.1배로 유럽(1.1~1.91배), 일본(2.4배)보다 높은 수준이다.

〈동아일보 2016. 5. 10〉

10

제10장

복지후생관리

관광 · 호텔 인적자원관리론

10장

10

복지후생관리

제1절 복지후생의 의의

복지후생이란 조직이 구성원과 그의 가족의 생활수준 향상을 위하여 제공하는 임금 이외의 모든 혜택을 총칭하는 개념이다. 원래 복지후생제도는 주로 사용자가 근로자에 대하여 온정적, 은혜적인 관리의 차원에서 자우의사에 의해 제공되어 왔으나 산업사회의 발전과 노사관계의 변화로 인해 점차 국가가 사회복지 차원에서 입법을 통해 기업이 의무적으로 시행하도록 강제하고 있으며, 이에 따라 오늘날에는 근로자의 사기앙양과 기업의 이미지 제고의 차원에서 대기업들을 중심으로 복지후생제도가 양과 질적 측면에서 더욱 발전되고 있는 추세에 있다.

임금과 복지후생은 다같이 종업원에 대한 보상이지만 그 성격이 명확히 다르다. 즉 임금은 직접적 성격을 지니지만 복지후생은 간접적인 성격을 지니며 구체적으로는 다음과 같다.

❶ 임금의 경우는 종업원들에게 개별적으로 다르게 지급하나 복지후생의 경우는 집단적 보상의 성격을 가진다. 즉 복지후생비의 금액은 일정 기간의

지출총액을 그 기간의 평균종업원 수로 나누어 산출하기 때문에 조직에 대한 불만이 없어지고 협동적 자세가 형성된다.

❷ 임금은 연령, 성별, 지위, 근속연수, 업무성과, 능력 등에 따라 지급조건이나 내용에 차등을 두지만 복지후생은 원칙적으로 노동의 질이나 양, 능률 등에 의해 차등을 두지 않고 일정한 신분을 지닌 모든 구성원들에게 골고루 혜택을 제공한다.

❸ 복지후생비는 필요성의 원칙에 의해서 지급된다. 즉 복지후생의 구체적 내용이 설정되어 있어도 각 종업원들에게 지급조건이 발생할 때만 혜택이 주어진다.

❹ 임금은 종업원이 자신의 의사에 의하여 마음대로 사용할 수 있지만, 복지후생은 각각의 사용목적이 분명하며 따라서 사용용도가 제한을 받아 그 목적 이외에는 사용할 수 없다. 예를 들어 통근버스, 피복지급 등과 같은 복지후생의 용도는 각각 다르다.

❺ 임금은 현금으로만 지급되는 것이 원칙적이지만 복지후생은 다양한 형태로 지급된다. 즉 복지후생비는 현금 외에도 현물이나 서비스의 제공, 시설물의 이용 등을 통해서도 지급된다.

❻ 임금은 종업원이 언제든지 여러 가지의 목적으로 사용할 수 있어 특정목적으로 일시에 많은 금액을 사용하고 나면 미래의 생활안정에 기여할 수 없는 경우가 생길 수 있다. 그러나 복지후생비는 사용목적이나 지급시기가 일정하게 정해져 있기 때문에 결과적으로 종업원의 미래 생활을 안정시키는 역할을 한다.

제2절 복지후생관리의 원칙

1. 적정성의 원칙

적정성의 원칙이란 다음의 세 가지의 전제조건 아래에서 실시되어야 함을 의미한다. 첫째 기업의 모든 종업원에게 절실히 필요하고, 둘째 조직의 지급능력 범위 내에서 이루어져야 하며, 셋째 동종업체나 지역 내 산업과 비교하여 비슷한 수준을 유지해야 하는 것 등이다. 따라서 복지후생제도의 효과적 관리 및 시행을 위해서는 종업원들에 대한 설문조사를 실시하고 동종업체나 지역 내의 시설 등에 관한 조사 등을 통해 일반적 현황을 파악하여 자신들의 조직 형편에 맞는 추진계획을 세워서 연차적으로 시행하는 것이 바람직하다

2. 합리성의 원칙

복지후생제도는 기업뿐만 아니라 국가, 지역, 사회에서도 실시하기 때문에 서로 중복되지 않아야 한다. 예를 들면, 기업이 국가의 사회보장제도를 활용하거나 민간회사의 보험사업을 이용하거나 혹은 지역사회와 협력하여 복지시설을 공동으로 운영하면 시간과 비용을 줄여서 기업의 경쟁력을 강화할 수 있다.

3. 협력성의 원칙

복지후생제도가 성공하기 위해서는 외부적으로는 정부, 공공기관과 협력해야 할 뿐만 아니라 기업 내부적으로도 노사 간이나 근로자 간의 협력이 절대적으로 필요하다. 따라서 노사가 허심탄회한 입장에서 서로 협의하여 복지후생의 내용을 충실하게 검토, 실시함으로써 알찬 시설이나 제도를 마련할 수 있다. 예를 들어 조직 내에 복지후생후원회를 설치하여 노사 쌍방의 협조하에 운영함으로써 커다란 성과를 거둘 수 있다.

제3절 복지후생의 내용

1. 법정 복지후생제도

오늘날 선진국에서는 근로자가 질병, 노령, 재해, 실업 등으로 일을 하지 못하게 될 때 국가에서 최저생활을 보장하는 사회보험을 실시하고 있으나 우리나라의 경우는 사회보장제도가 아직 미흡한 상태에 있다. 그러나 산업사회의 발전에 따라 정부에서는 내용의 우선순위에 따라 점차 법률을 통해 국민에 대한 복지후생제도를 실시해오고 있으며, 이처럼 법정 복리후생제도란 종업원의 개인적 의사나 기업의 방침과는 관계없이 법률에 의해서 강제적으로 실시되어야 하는 복지후생시설이나 제도를 말한다.

(1) 국민건강보험

국민건강보험은 기업 내 종사원이나 그 가족에게 발생하는 질병이나 사고로부터 그들을 예방하고 보호하기 위해 강제적으로 실시되는 제도이다.

우리나라에서는 1979년에 의료보험법이 시행되면서 500명 이상의 근로자를 고용하고 있는 기업에서 강제적으로 실시하도록 하였으며, 1988년에는 10인 이상의 근로자를 고용하고 있는 전국의 모든 사업장에서 의무적으로 의료보험을 가입하도록 개정되었다.

그후 1999년에 국민건강보험법이 공포되고 2000년 국민건강보험공단이 설립되어 직장의료보험과 지역의료보험이 통합되어 현재에 이르고 있으며, 보험료는 직장의료보험의 경우 사용자와 근로자가 절반씩 부담한다.

(2) 국민연금보험

국민연금보험은 모든 사람에게 다가오는 노령에 대비하여 미리 해당 조직과 개인이 임금액의 일정액을 보험에 불입하여 일정한 연령에 도달하거나 사망할 경우에 그간의 적립금을 당사자나 그 유족에게 주어 혜택을 받도록 함으로써 본인의 노후보장이나 유족의 생활안정을 보장하는 제도이다.

우리나라는 1986년 국민연금법이 제정되어 1988년부터 시행되고 있으며 도입당시에는 10인 이상의 근로자를 고용하고 있는 기업을 대상으로 하였으나 1992년부터는 5인 이상의 근로자를 고용하고 있는 기업까지 확대되었다. 이에 따라 근로자와 사용자는 각각 표준급여액의 4.5%씩 부담해야 한다.

(3) 산업재해보상보험

산업재해보상보험은 업무수행과 관련하여 근로자가 부상, 질병, 사망 등의 재해를 당함으로써 임금을 받을 수 없는 상황에 처해 질 경우에 당사자나 그 가족의 경제적 어려움을 덜어주기 위하여 경제적 보상을 해 주는 제도이다.

우리나라에서는 이 제도가 1963년에 사회보험제도로서는 최초로 제정되어 1986년 이후부터는 원칙적으로 근로기준법이 적용되는 모든 사업장에 적용되고 있다.

이 보험은 다른 보험제도와는 달리 정부가 직접 관장하고 있다, 보험금은 근로자는 전혀 부담하지 않고 사용자가 전액 부담하며, 약간의 국고부담이 행해진다. 보험료는 보험 가입주가 경영하는 사업의 임금총액에 그 사업종류에 적용하는 일정한 보험료율을 곱한 금액으로 하고 있다.

(4) 고용보험

고용보험은 근로자가 실직을 할 경우에 근로자와 그 가족의 생계를 지원하고 실업자를 경제활동에 복귀시키는데 그 목적이 있으며, 따라서 고용보험의 내용은 직업상담 및 직업소개, 직업훈련, 고용촉진 등의 사전적 활동과 실업수당을 지급하는 사후적 활동으로 구분된다.

우리나라의 고용보험제도는 1993년에 국회를 통과하여 1995년부터 시행되었으며, 1998년부터 전사업장으로 확대하여 운영되고 있다.

2. 법정 외 복지후생제도

법정 외 복지후생제도는 기업이 자체적으로 실시하는 제도이기 때문에 기업의 특성이나 규모 및 경영자의 의지 여하에 따라 그 내용이 달라진다. 일반적으로 법정외 복리후생제도는 크게 두 가지 방향으로 나누어 볼 수 있는데, 첫째, 법정 복지후생제도에 대한 추가급여의 형태로 지급되는 것으로 법률이 정한 최소한도의 범위를 넘어 추가적으로 사용자가 별도로 보험료를 부담해 주는 경우 등이 있으며, 둘째, 기업이 자율적으로 설정한 복지후생제도로 따라서 이 제도의 실시 여부와 적용범위나 금액 등은 전적으로 기업의 자율적 의사에 달렸으며, 또한 이에 따라 기업 간의 복지후생제도에 차이가 나타난다.

■법정 외 복지후생제도의 종류

종류	내용
주택관계	• 주택시설 : 사택, 기숙사, 아파트 등 • 주택소유 조성 : 주택적립금 등 • 주택비 보조 : 주택마련자금 대여
생활경제관계	• 급식시설 : 사원식당 • 구매시설 : 매점, 물품알선 • 위생 · 미용 : 샤워실, 락커, 유니폼 등 • 장학 · 육영 : 학자금 · 장학금 등의 지급과 대부
보건위생관계	• 진료시설 : 의무실, 지정병원 등 • 보양시설 : 보양소, 휴양소 등 • 건강증진 · 예방시책 : 정기검진 · 건강상담 등
문화체육시설	• 문화시책 : 도서실, 문화서클 등 • 체육시설 : 헬스장, 체육관, 운동장 등
금융관계	• 공제시책 : 경조관계 급부금, 재해위로금 등 • 금융시책 : 각종 대부금, 사내 예금 등
인간관계	• 인간관계시설 : 카운슬링, 종업원 생일축하 • 기타 : 여가활동지원

자료 : 이순구 · 서원석, 호텔인사관리론, 2004, pp.219~220.

제4절 카페테리아식 복지후생

복지후생제도는 기본적으로 직종. 직급, 욕구에 관계없이 동일한 혜택을 제공하는 것이 원칙이다. 그러나 현실적으로 나이, 결혼여부, 자녀의 수, 소득수준, 생활스타일에 따라 근로자들이 희망하는 복지후생의 내용은 다를 수 있다. 예를 들면 젊은 근로자들은 교육비 보조 등을 선호하는 반면, 나이든 근로자들은 연금이나 건강보험을 선호할 것이다.

이처럼 종래의 복지후생제도가 종업원들의 만족을 충족시켜 주지 못할 뿐만 아니라 비용에 대한 효율성이 떨어지는 문제점을 갖고 있음에 따라 이와 같은 문제점을 해결하기 위하여 고안된 것이 카페테리아식 복지후생제도이다.

이 제도는 기본적으로 다양한 개별 근로자의 욕구를 충족시키기 위해 기업의 복지후생시설과 제도 중에서 일정한 비용의 범위 내에서 자신이 원하는 것을 선택하게 하도록 설계하는 제도이다.

이 제도는 종업원 개인의 욕구나 선호를 보다 적절하게 충족시킬 수 있어 보상의 가치에 대한 인식과 만족감의 증대, 결근율과 이직률의 감소 등의 장점이 있는 반면, 관리가 복잡하고 비용이 증가하는 단점도 있다. 즉 각 개인이 이용할 수 있는 복지후생비의 총액설정이 어렵고 신청자가 적을 경우 비용이 증가하게 된다.

따라서 카페테리아식 제도는 중소기업에서는 실시가 어려우며, 대기업에서도 처음에는 많은 비용이 소요되므로 처음에는 제한된 범위의 복지후생에 대해서 실시하다가 점차 확대해 나가야 하며, 무엇보다도 근로자들과의 의사소통이 원활해야 성공할 수 있다.

■R호텔 복지제도

구분	내용
임금 및 상여금	• 정기상여금 600% • 짝수달 10일에 각각 100%씩 지급한다.
특별상여금 (정규직만 해당)	• 구정 : 1년 이상자 50%, 2년 이상자 100%(구정 5일 전) • 추석 : 100%(추석 5일 전) • 연말상여금 : 50% • 효도상여금 : 50% • 영업활성화 장려금 : 500,000원(매년 지급 9월 30일 기준) • 김장상여금 : 기혼자 300,000원, 미혼자 250,000원(11월 20일 지급) • 하계휴가비 : 300,000원(7월 1일 기준), 아르바이트 6개월 이상인 자 : 150,000원
가족수당	• 1년 이상자 본인 20,000원, 배우자 10,000원, 자녀 10,000원(2자녀까지)
근속수당	• 1년 이상자 기초 10,000원, 매년 차당 10,000원씩 가산
직급 및 직책수당	• 사원 20,000원(7년 차 이상 2002년 기준 95년 3월 31일 이전 입사자) • 주임 30,000원 • 계장 50,000원
국민건강보험	• 연간 총근로소득으로 월평균급여 산정 • 월평균급여액의 1.7% 본인부담, 1.7% 회사부담
국민연금	• 월간 총근로소득으로 월평균급여 산정 • 월평균급여액의 4.5%, 본인부담, 4.5% 회사부담
고용보험	• 월급여액의 0.5% 본인 부담, 1.3% 회사부담
산업재해보상보험	• 전액 회사가 부담
브레이크 타임 수당	• 해당업장에 한함, 시간당 3,000원(3:00~5:00pm)
휴일 및 휴가	• 월차 휴가 만근자 1일 휴가 지급
연차휴가	• 1년간 만근한 경우 10일, 9할 이상 출근자 8일 • 2년 이상 근무자에 대해서 매년 1년에 대하여 1일씩 가산 • 연 · 월차가 20일을 초과할 경우 매년 3월 10일에 정산지급한다.
유급휴가	• 법정휴일, 노동절, 회사창립일, 정부가 지정한 임시공휴일, 노사가 합의한 날 • 설과 추석 명절 연휴기간, 노조창립일에 근무하는 경우 대휴로 사용할 수 없으며, 익월에 법정수당으로 지급한다.

<table>
<tr><th>구분</th><th colspan="2">내용</th></tr>
<tr><td>생리휴가</td><td colspan="2">• 여종업원에게 월 1회 생리휴가 지급</td></tr>
<tr><td>산전 후 휴가</td><td colspan="2">• 근로기준법 제 72조 적용
• 산전 후 2개월 유급휴가 + 1개월 유급휴가(고용보험)</td></tr>
<tr><td>동아리</td><td colspan="2">• 노사가 공히 인정하는 동아리에 한하여 지급한다.
• 연 150~200만 원 보조비</td></tr>
<tr><td>하계휴양소</td><td colspan="2">• 매년 하계휴양소를 설치 운영</td></tr>
<tr><td>선물</td><td colspan="2">• 구정 · 추석 · 노조창립일에 선물 지급(연 20만 원)</td></tr>
<tr><td>장제위원회</td><td colspan="2">• 노사 협의하여 파견자 2명 선정, 노조간부 1명 파견 지원 (직계 부모 및 배우자 상)</td></tr>
<tr><td>건강진단
(보건증 신체검사)</td><td colspan="2">• 관리방법 : 간호사
• 비용부담 : 보건증은 회사부담, 채용신체검사는 회사부담
• 일반검진 : 매년 실시(전 종업원 해당함)
• 종합검진 : 만 40세 이상 종업원 2년에 1회 정밀종합검진 실시
• 특수검진 : 회사부담으로 시행(세탁부, 시설부)</td></tr>
<tr><td>휴직 사용방법</td><td colspan="2">• 종합병원 의사진단 시 첨부하여 병가계 제출</td></tr>
<tr><td>업무상 부상 또는 질병 시</td><td colspan="2">• 6개월까지 100% 임금지급</td></tr>
<tr><td>업무 외 부상 또는 질병 시</td><td colspan="2">• 평균임금의 50%를 3개월까지 지급(단, 1년 이상자에 한함)</td></tr>
<tr><td>휴직 사용기간</td><td colspan="2">• 1개월 초과하는 장기요양 시(6개월 초과 시 조합과 협의)</td></tr>
<tr><td>식음료 할인</td><td>할인율</td><td>• 25%(본인 포함 6명까지 적용)
• 단, 인사부 사전 승인 시 적용</td></tr>
<tr><td rowspan="3">객실할인
(자매호텔
이용 시)</td><td>자격</td><td>• 종업원으로서 6개월 이상</td></tr>
<tr><td>연이용일수</td><td>• 연간 자매호텔 최장 12일까지 사용가능</td></tr>
<tr><td>할인액
할인율</td><td>종업원 본인의 경우 1박에 미화 50달러
배우자 및 직계가족 이용 시 75달러 적용
동 사용기간 중 무알코올 음료에 한하여 25% 할인혜택
단, 인사부로부터 사전에 예약한 경우</td></tr>
<tr><td>정년</td><td colspan="2">• 57세. 퇴직일은 12월 31일</td></tr>
<tr><td>봉사료, 잉여금</td><td colspan="2">• 매월 정산지급 상 · 하반기 잉여금 결산공고(정규직 100%, 비정규직 80%)</td></tr>
<tr><td>학자금</td><td colspan="2">• 근속연수 3년 이상 중 · 고등하교 100% 지급(2자녀)
• 대학교(전문대 포함) 재학 중인 1자녀 학기당 100만 원
• 유치원 당해연도 만 6세 1회 1자녀 200,000원 지급</td></tr>
</table>

■R호텔 경조휴가 및 경조금

경조휴가	경조금	경조휴가	경조금
본인결혼 : 6일	300,000원	배우자부모상 : 6일	300,000원
자녀결혼 : 2일	300,000원	배우자상 : 6일	500,000원
형제자매결혼 : 1일		조무보상 : 3일	200,000원
부모 · 빙부모회갑 및 칠순 : 2일	100,000원	형제, 자자매상 : 3일	50,000원
자녀출생 : 2일	100,000원	자녀상 : 6일	200,000원
부모상 : 6일	300,000원	부모, 배우자, 부모탈상 : 1일	없음
본인 사망	5년 미만 근무자 1,000,000원		
	5~10년 근무자 2,000,000원		
	10년 이상 근무자 3,000,000원		
	15년 이상 근무자 5,000,000원		
하계특별휴가 : 3일	매년 6~9월 중에 시행(아르바이트 6개월 이상인 자 2일 지급)		
수 · 화재 기타 중대한 재해 시 : 3일			
공민권 행사필요기간	• 야간 8시간 예비군 훈련 및 민방위 훈련받을 경우 : 익일 근무 인정 • 주간 4시간 이상 훈련 시 : 당일 1일 근무 인정 • 야간 4시간 예비군 훈련 시 : 익일 오전근무 인정(야간 22:00~익일 6:00)		
경조화환 지급기준 (3개월 이상 계속 근무자)	• 본인 결혼, 부모사망 시, 배우자 부모사망 시 지급 • 기타 총지배인 또는 관리이사가 인정할 경우		

자료 : 이순구 · 서원석, 호텔인사관리론, 2004, pp.223~225

사례연구 지구촌 '넥타이부대'의 로망

화장실에서도 행복하다.

'비디오 게임기와 당구대, 피아노가 놓인 사무실과 호텔급 유기농 음식을 공짜로 제공하는 식당. 하루의 피로를 풀어 줄 전문 마사지사와 의료진, 여기에 세탁 · 이발 · 자동차 오일까지 해결해 준다면….'

1998년 가을 스탠퍼드대의 두 공학도 래리 페이지(Larry Page)와 세르게이 브린(Sergey Brin)은 먼지가 수북이 쌓인 캘리포니아의 한 차고에서 파스타를 나눠 먹으며 유쾌한 상상을 떠올렸다. 학교에서 북쪽으로 80㎞ 떨어진 작은 마을 차고를 월 1700달러에 빌려, 자체 개발한 검색엔진에 '구글'이란 이름을 붙이고, 식사는 인스턴트 음식으로 대충 때우던 시절이었다. 몇 년 뒤 두 대학원생은 IT 역사에 남을 벤처 신화를 이룩하며 돈방석에 올랐고, 자신들의 상상력을 하나씩 현실에 구현하기 시작했다. 이들의 구상은, 엔지니어들이 자유분방하게 뛰놀며 혁신적인 아이디어를 실행에 옮기는, 일종의 거대한 놀이 동산이었다.

지난달 3일 오전 9시 캘리포니아 마운틴 뷰 구글 캠퍼스. 메인 건물 역할을 하는 43번 빌딩 로비에 들어서자 너비 10m의 화이트 보드가 기념비처럼 가로놓여 있었다. 보드는 휘갈겨 쓴 수학공식과 도형, 모교(母校)의 심벌 따위로 빽빽이 채워져 있다. 이 거대한 낙서장은 창업 초기 혁신적인 서비스의 단초를 제공하는 아이디어 창고 역할을 했다.

'구글 플렉스(plex · 단지)'에서는 일터와 놀이터의 경계가 무너진다. 구글러(Googler · 구글 직원)들은 이곳을 직장이라고 부르지 않는다. 캠퍼스라고 부른다. 곳곳에 혁신과 창의의 정신이 흘러 넘친다. 캠퍼스 전체가 R&D(연구개발) 센터다.

건물 내 화장실 소변기 · 양변기의 눈높이엔 복잡한 공식이 가득한 문제지가 걸려 있다. 화장실에 머무는 짧은 시간 동안에도 구글 엔지니어들의 머리는 자극을 받는다. '토트'(ttot · testing on the toilet)라 불리는 이 수학 게임은 구글 엔지니어들이 심심풀이 용으로 매주 새로 만든다. 정답을 맞춰 전용홈페이지에 입력하면 상금을 받는다.

층마다 온갖 놀거리가 가득 차 있었다. 대형 TV 앞의 비디오 게임기와 로비 계단 밑에 놓인 전자식 피아노, 카페테리아의 푹신한 소파는 사람들로 북적거렸다. 구글러들의 또 다른 취미는 3~4명의 팀이 머무는 사무실 '큐브(cube · 정육면체)'를 꾸미는 것이다. 메인 건물의 한 사무실은 온통 만화 '심슨' 캐릭터로 도배돼 있다. 모래가 깔린 고무 튜브 수영장을 들여 놓은 큐브도 있다. 한 30대 엔지니어는 최근 "사내의 유행에 따라" 책상과 의자를 가슴 높이까지 오는 입식(立式)으로 바꿨다.

입사 2년 차 온라인광고 소프트웨어 개발자 미셸 레베스크(Leves que · 여 · 24)는 "아침에 눈을 뜨면 행복하다"고 했다. 레베스크는 매일 아침 집 근처 정류장에서 직원 전용 리무진 버스에 오른다. 무선랜이 지원되는 좌석에서 메일을 체크하고 하루의 일과를 준비한다. 회사에 도착하면 건물 내 카페테리아에서 신선한 과일과 시리얼, 카푸치노 한 잔을 집어 들고 사무실로 향한다. 점심은 더 행복한 선택이 기다리고 있다. 미국식 · 프랑스식 · 인도식 · 중식 · 일식 등 호텔급 유기농 음식을 공짜로 제공하는 구내 식당이 17개나 되기 때문이다.

일이 풀리지 않을 때는 티라노사우루스 화석 모형과 열대 식물이 가득한 건물 주변을 산책한다. "혼자 틀어박혀 서류 작업만 하거나, 팀원들과 몇 시간 동안 잡담을 하기도 해요. 프로그래밍에 몰두해 밤을 새우기도 하고, 그냥 하루 종일 구상에만 잠겨있는 날도 있어요. 그때그때 나 자신이 가장 효율적이라고 생각하는 방식으로 일해요."

〈조선일보 2007. 11. 9〉

사례연구 제조업의 상징 GE, 111년만에 다우지수서 쫓겨나

레스토랑 메뉴의 구내식당, 육아 걱정없는 사내 어린이집, 스크린골프장… 춘천 '바디텍메드' 화제

팔보채와 모둠강정, 감자그라탱, 양송이볶음, 훈제연어샐러드, 낙지볶음 그리고 찐 옥수수와 자몽에이드….

21일 점심 때 강원 춘천시 동내면 바디텍메드㈜ 구내식당에 차려진 음식들은 여느 고급 레스토랑 못지않게 푸짐했다. 직원들은 옹기종기 모여앉아 즐겁게 식사를 했다. 바디텍메드 구내식당에선 하루 세 끼 모두 공짜다.

바디텍메드의 직원 복지가 화제다. 의료용 체외진단기기 및 진단시약 전문기업인 바디텍메드는 연구개발 못지않게 직원 복지를 우선시한다. 벤처업계 최고 수준의 임금만큼이나 최고라고 자부하고 있다. 바디텍메드는 지난해 398억 원 매출에 131억 원의 영업이익을 냈다. 코스닥에 상장하는 과정에서 합병하면서 비용이 많이 들어가 대차대조표상으론 적자다. 하지만 사원 복지에는 전혀 변화가 없다.

이런 선진국형 사원 복지는 최의열 대표(55)의 의지에서 나왔다. 한림대 교수로 재직하다 1998년 교내 창업을 통해 회사를 일군 최 대표는 "직원들에게 의식주 걱정 없는 직장 생활과 저녁이 있는 삶을 주고 싶었다. 상대적으로 수도권에서 떨어져 있다 보니 우수 인재를 영입하기 위해서도 복지에 많은 투자가 필요했다"고 말했다. 먼저 최 대표는 직원들에게 안정적인 일자리를 보장했다. 식당 조리사와 버스 운전기사, 경비원을 포함해 직원 대부분이 정규직이다. 일부 신입 사원만 계약직인데 이들도 1년이 지나면 큰 문제가 없는 한 정규직으로 전환된다. 춘천에 연고가 없는 주말부부나 미혼 직원에게는 사택과 기숙사가 무료로 제공된다. 또 주택 구입비와 전세금 일부를 무이자로 대출해주고 있다.

바디텍메드의 가장 큰 자랑거리는 사내 어린이집. 이곳의 영유아는 67명으로 0세 반(3명)과 1세반(9명)도 운영한다. 부모들은 일하면서 수유를 하는 등 틈틈이 아이들을 챙길 수 있어 대만족이다.

어린이집에서는 초등생 자녀를 위한 방과후 수업과 방학교실도 무료로 운영한다. 수업을 마친 학생들을 회사 버스가 태우고 와 다양한 프로그램을 진행한다. 방학교실은 여름에는 수영과 수상스키, 겨울에는 스키캠프 등으로 인기가 높다. 성수용 바디텍메드 차장은 "육아 걱정 없이 업무에 집중할 수 있다는 점에서 직원과 회사 모두에 이익이 되는 것 같다"고 말했다.

일과 후엔 회사 내 체육시설과 어학교실이 직원들로 붐빈다. 헬스장을 비롯해 테니스장 2면, 배드민턴장 3면, 풋살장, 탁구장, 당구대에 스크린골프도 2실이 있어 종합체육관을 방불케 한다. 헬스케어센터에는 전문 직원이 상주해 직원들의 건강 관리를 돕고 주 2회 요가 교실도 운영한다. 또 영어 중국어 일본어교실과 외국인 직원을 위한 한국어교실도 운영 중이다.

최 대표는 "직장의 일과 개인의 삶이 연계될 때 개인과 회사가 동시에 발전한다"며 "뛰어난 직원 복지로 소문난 구글 못지않은 우리만의 개성 있는 복지 시스템을 갖춰 직원들이 편하게 직장생활을 할 수 있도록 하고 싶다"고 말했다. 바디텍메드는 매년 성장을 거듭하고 있다. 올해엔 지난해보다 200억 원 증가한 600억 원의 매출을 기대하고 있다.

〈동아일보 2016. 7. 29〉

제11장

이동관리

관광 · 호텔 인적자원관리론

11장

11

이동관리

회사에 신입사원이 들어오면 여러 가지 교육을 받은 후 특정 부서로 배치되어 일하게 된다. 그러나 일반적으로 하나의 직위에만 계속해서 머물러 있는 것이 아니고 시간이 흐르면서 여러 가지 사정으로 부서를 옮기거나 승진 등의 변화를 거치면서 근무하다 결국에는 회사를 떠나게 되는데, 이처럼 종업원이 입사하여 퇴직하기 전까지의 과정에서 직위의 위치를 변경시키는 것을 이동이라고 한다.

구미에서는 1920년경부터 기업들이 체계적으로 종업원의 이동을 관리하기 시작하였으며, 초기에는 승진이나 전직 등의 각각의 개념들이 서로 다른 개념으로 인식되어 왔다. 그러나 이후 이들의 중요성이 재인식되기 시작하면서 오늘날에는 기본적으로 모두 종업원의 능력개발이라는 동일한 목적하에 수행하고 있다.

이동관리는 크게 수평적 이동과 수직적 이동, 그리고 실정에 따른 이동으로 나누어 볼 수 있다. 수평적 이동에는 전직이 있고, 수직적 이동에는 직위가 올라가는 승진과 직위가 내려가는 강등이 있으며, 실정에 따른 이동에는 휴직, 퇴직, 해고 등이 있다. 여기서는 이들과 함께 징계관리도 포함하여 설명한다.

제1절 전직관리

1. 전직관리의 의의

한 직무에 종업원을 배속하는 것을 배치라고 하며, 일단 배치되었던 종업원을 현재의 직무에서 다른 직무로 바꾸어 다시 배치하는 것을 전직이라고 한다. 즉 전직이란 기능이나 작업조건, 책임 및 권한 등에서 현재까지 담당했던 직무와는 성격상 다른 직무로 이동하는 것을 의미하며, 전환, 전보, 배치전환이라고도 한다.

2. 전직의 목적

전직을 실시하는 목적은 여러 가지가 있으나 대표적인 목적으로 다음과 같은 것들을 들 수 있다.

■ 전직의 목적

구분	개요
적재적소배치	잘못된 배치를 시정하여 적재적소의 인적자원관리를 통해 생산성 향상과 종업원의 동기부여를 위해
동기부여	동일한 직무를 계속적으로 담당하는데서 오는 단조로움과 권태감을 제거시켜 창의적 활동기회를 부여하기 위해
인재육성	장래의 승진이나 승급에 대비하여 종업원을 육성하기 위해
인원조정	기술의 발달, 이직, 조업단축, 구조조정 등으로 부서 간 과부족 인원의 조정이 필요할 때
부정방지	장기보직으로 인한 외부거래선과의 불필요한 유대 및 조직의 허점을 이용한 부정을 예방하기 위해
개인사정	종업원의 연령이나 건강상태, 임신, 동료 간 불화 등 개인적 사정에 있을 경우

이러한 전직은 기본적으로 종업원과 기업에 이익이 되도록 하기 위해 실시하는 것이지만 자칫 구조조정의 차원에서 지방전출, 한직전출 등으로 퇴직을 유도하는 방법으로 악용될 소지도 있다.

3. 전직의 종류

전직에는 여러 가지 종류가 있다. 전직관리를 효과적으로 하기 위해서는 그 종류에 따른 기준을 명확히 설정하여 실시할 필요가 있다. 전직의 종루는 단위부서의 범위, 전직의 시기에 따라 아래와 같이 나눌 수 있다.

첫째, 전직이 이루어지는 단위부서로 집단, 과, 부, 또는 전체기업 등이 될 수 있으며, 이에 따라 직무 간 전직, 부서 간 전직, 계열사 간 전직으로 구분할 수 있다.

둘째, 시기에 따라서 전사적으로 실시하는 정기전직과, 필요할 때 실시하는 수시전직으로 나눌 수 있다.

중요한 것은 이들은 서로 배타적인 것이 아니며 필요할 때 상호 보완적으로 또는 동시에 수행될 수 있다.

제2절 승진관리

1. 승진의 의의

승진(promotion)은 전직과는 달리 보다 중요하고 높은 직위로 수직적으로 상향 이동하는 것을 의미한다. 일반적으로 승진을 하면 직위의 상승은 물론 권한과 책임 및 임금이 증가한다. 이러한 승진과 유사한 개념으로 승급(up-grading)이 있다. 그러나 승급은 동일한 직무 내에서 호봉이나 직급이 상승하는 것을 의미하며 승진에 비해 권한이나 임금의 상승 폭이 적으며 이러한 점에서 소규모의 승진으로 볼 수 있다.

승진은 전통적으로 종업원에게 동기부여를 위한 가장 중요한 유인책이 되어 왔으며, 따라서 조직의 목표 달성을 극대화하기 위해서는 무엇보다도 승진에 대한 공정하고 합리적인 승진이 이루어져야 한다. 특히 그동안 혈연이나 지연 등의 연고관계로 비합리적 승진관행으로 조직 구성원의 사기를 저하시키는 사례가 많은 우리나라의 조직풍토에서는 이러한 승진관리의 합리성 · 공정성 · 객관성의 문제는 더욱 절실히 요구된다고 할 것이다.

2. 승진의 기준

승진관리에서 고려해야 할 기본적 과제는 우선 승진을 결정하는데 있어서의 연공주의(seniority)와 능력주의(competence)의 조화에 관한 문제이다.

연공주의는 직무의 내용과는 관계없이 구성원 개인의 근무연수, 학력, 연령 등의 인적자격요건에 따라 승진시키는 제도이며, 이는 개인의 업무능력과 숙련도는 근무연수에 비례하여 신장된다는 사고에 근거하고 있다.

이 제도는 주로 우리나라와 같이 연공서열을 중시하는 동양사회에서 널리 적용되어 왔으나, 점차 성과지향적 사회로 변화하는 오늘날의 시각에서 보면 비합리적이라는 비판을 받을 수 있다.

반면에 능력주의는 조직의 구성원이 조직의 목표달성에 기여하는 업무 수행능력을 평가하여 승진을 시키는 제도이다. 이는 종업원의 능력은 직무와 구분하여 평가할 수 없다는 사고에 근거하고 있으며, 따라서 합리적이고 명확한 직무분석 및 직무평가에 기초한 직무관리제도를 전제조건으로 한다. 이러한 능력주의는 효율성과 성과를 강조하며 합리적 사고에 익숙한 구미 각국에서 일찍부터 발전하여 왔다.

이상과 같이 능력주의와 연공주의는 역사적으로 다른 사회적 태경 아래 생겨났으며, 모두 장단점을 가지고 있다. 따라서 중요한 것은 이들은 상호 배타적인 것이 아니라 상호 보완적인 특성을 가질 수도 있기 때문에 조직의 실정에 맞는 적절한 절충주의를 택하는 것이 바람직할 것이다. 특히 우리나라와 같이 연공주의가 지배해 온 조직풍토에서는 연공주의의 장점을 최대한 살리면서 점차 능력주의가 갖고 있는 합리성을 가미하는 방법이 적절하다.

■호텔의 승진연한

한글직위	영문직위			
승진연한	Culinary	F&B	Rooms	Administration
부장	Exec. Sous Chef	Director	Director	Director
차장 3 Years	Sr. Sous Chef	Asst. Director	Asst. Director	Asst. Director
과장 2 Years	Sous Chef	Manager	Manager	Manager
대리 1 Years	Asst. Sous Chef	Manager	Manager	Asst. Manager
계장 2 Years	Chef de partie	Asst. Manager Head bartender	Asst. Manager	Manager Asst. Manager Supervisor
주임 3 Years	1st Commis	Supervisor Captain Sr. Bartender	Supervisor	Supervisor
사원 I 3 Years	2nd Commis	Server Bartender	Attendant Clerk	Clerk Coordinator
사원 II 3 Years	3rd Commis	Asst, Server Asst. Bartender	Attendant Clerk	Clerk Coordinator

자료 : 이순구 · 서원석, 호텔인사관리론, 대왕사, 2004. p.139.

■C호텔의 승진연한

	승진연한	복리후생	평균연봉	비고
장기 part-timer	6개월 이후	4대보험	1,200	비정규직
계약직	1년	정규직 복리후생	1,800	정규직
연봉계약직	1년	정규직 복리후생	2,400	정규직
사원 J	3년	정규직 복리후생	3,000	정규직

■C호텔의 직급체계

<table>
<tr><th>직위</th><th>조리부문
Kitchen</th><th>식음료부문
Food and
Beverage</th><th>객실부문
Rooms</th><th>마케팅&판촉/
관리/기타
Marketing&Sales
& Office Ets</th></tr>
<tr><td>부장</td><td>Executive Chef</td><td>Director</td><td>Director</td><td>Director</td></tr>
<tr><td>과장</td><td>Sous Chef</td><td>Outlet Manager</td><td>Manager</td><td>Manager</td></tr>
<tr><td>대리</td><td>Demi DE
Partie</td><td>Assistant Outlet
Manager</td><td>Assistant
Manager</td><td>Assistant
Manager</td></tr>
<tr><td>계장</td><td>DEMI Chef</td><td>Captain</td><td>Supervisor</td><td>Specialist</td></tr>
<tr><td>주임</td><td>1st Cook</td><td>Chief Waiter/
Waitress</td><td>Sr. Agent</td><td>Administrator
/Sr. Agent</td></tr>
<tr><td>사원1</td><td>2nd Cook</td><td>Sr. Waiter
/Waitress</td><td>Agent/
Attendant</td><td rowspan="4">Clerk</td></tr>
<tr><td>사원2</td><td>3rd Cook</td><td>Waiter
/Waitress</td><td>Agent/
Attendant</td></tr>
<tr><td>사원3
연봉계약직</td><td>3rd Cook</td><td>Waiter
/Waitress</td><td>Attendant</td></tr>
<tr><td>계약직</td><td>Cook Helper</td><td>F&B Helper</td><td>Helper</td></tr>
</table>

제3절 징계관리

1. 징계의 의의

현대사회에서 기업의 질서유지는 기업의 존립과 운영에서 필요불가결한 조건이다. 이에 따라 사용자는 기업의 존립과 운영에 필요불가결한 기업질서를 유지할 권리를 가지며, 근로자는 근로계약을 체결함으로써 그 기업질서를 준수할 의무를 부담하며, 이처럼 기업의 규정을 위반한 근로자에게 일정한 불이익을 부과하는 것을 징계라고 한다.

이러한 징계관리는 객관적이고 공정한 방침에 의해 이루어져야 하며, 그렇지 못할 경우에는 근로자에게 불이익을 가져오고, 심지어 근로자의 생존권을 박탈할 우려마저 있다. 따라서 정당한 이유없이 징계를 당한 근로자는 노동위원회에 구제를 신청할 수 있다.

따라서 기업은 모든 종업원들에게 합리적이고 공정하게 적용하기 위해서 일정한 규정을 만들어 적용할 필요가 있다. 이를 위해 기업에서는 일반적으로 징계위원회를 구성하여 징계를 심의하고, 결정한다.

보통 징계위원회의 참여를 두고 노사 간에 대립을 벌이는 경우가 많으나 징계위원회의 위원은 무엇보다 공정하게 일을 처리할 수 있는 사람이어야 할 것이다.

2. 징계의 목적

징계의 목적은 기본적으로 조직의 목표를 효과적으로 달성하는데 장애가 생기지 않도록 하는 것이므로 이를 위해 기업들은 아래의 효과를 목적으로 필요시 언제나 모든 종업원들을 대상으로 징계의 기준을 엄격하게 적용할 필요가 있다.

- 징계기준을 명확히 설정하여 공표하면 이는 모든 종업원들에게 충분한 주의를 촉구하는 기능을 함으로써 징계사유가 발생하지 않도록 사전에 예방할 수 있다.
- 징계를 통해 징계의 당사자에게 반성을 통한 개선의 기회를 제공한다.
- 사전예방이나 개선의 효과가 불가능할 경우 최종적으로 처벌을 통해 징계사유의 중단이나 재발을 방지한다.

3. 징계의 사유

징계사유에 대하여 중요한 사항은 일반적으로 단체협약이나 취업규칙에 나와 있으나 기타의 경우는 개별적인 사건이 발생하면 징계위원회가 징계사유에 해당하는지 여부를 결정한다. 일반적으로 자주 일어날 수 있는 사항은 다음과 같다.

- 직무관련 사유 : 직무태만, 업무성과 부진
- 상사나 동료관련 사유 : 상사의 정당한 지시에 불복종하거나 반항하는 행위, 동료에 대한 과격한 언행이나 폭행
- 규정관련 사유 : 서류나 정보자료의 위조, 반복된 지각이나 결근, 근무 중 음주, 안전규정의 위반, 근무 중의 도박, 범죄행위, 기타 고용계약 위반사항 등
- 재산 및 시설관련 사유 : 회사의 물품, 시설 기타 자산을 파손하거나 절도하는 행위
- 집단활동상의 사유 : 부당한 태업이나 파업, 선동 등 단체협약사항 위반행위

4. 징계의 종류

징계의 종류는 기업마다 조금씩 다르며 일반적으로 취업규칙이나 단체협약에 나타나 있거나 별도로 징계에 관한 규정을 두고 있으며, 일반적인 징계의 종류는 다음과 같다.

- 경고 : 시말서를 받지 않고 훈계를 하는 형식의 징계로 가장 경미한 징계이다.
- 견책 : 근로자로부터 시말서를 받는 방법을 통하여 근로자로 하여금 자성케 하는 징계이다.
- 감봉 : 일시적으로 급여를 감소하는 징계이다. 단 1회의 위반사항에 대하여는 1일 평균임금의 반액까지만 감봉할 수 있으며, 여러 차례의 위반사항이 있어도 그 임금지급은 임금총액의 10분의 1까지만 감급할 수 있다.
- 출근정지 : 일시적으로 출근을 제한하는 징계이며, 이 기간 동안 임금은 지급되지 않는다.
- 해고 : 조직인으로서의 신분을 박탈하여 기업 밖으로 추방하는 처분이며, 이는 근로자에게 막대한 손해를 주기 때문에 다른 종류의 징계처분으로는 근로자의 반성을 구하는 것이 무의미하며, 근로관계를 계속시킬 수 없으며, 기업 밖으로 추방 이외에는 방법이 없을 정도의 위반행위가 있어야 한다.

제4절 이직관리

1. 이직의 의의

이직이란 종업원이 자기가 근무하던 조직으로부터 이탈하면서 동시에 종업원으로서의 자격을 잃는 것을 말한다. 이직에는 기간과 자발성 여부에 따라 다양한 형태가 있으며, 이들 중에서 조직 관리자가 특히 관심을 기울여야 할 대상은 자발적 이직자들 중 유능한 사람들이다.

2. 이직의 형태

이직은 다음과 같이 여러 가지의 형태로 나누어 볼 수 있다.

1) 자발적 이직

이는 종업원이 자발적으로 조직을 이탈하는 것을 말한다. 그 원인에는 조직에 불만이 있거나 보다 나은 기회를 찾기 위해 다른 기업으로 옮기는 경우, 그리고 결혼, 임신, 질병, 가족이주 등 여러 가지의 원인이 있을 수 있다. 이들 중 조직이 필요로 하는 사람이 이직을 할 경우에는 기업에 손실이 되므로 관리자는 특별한 관리를 통하여 이러한 이직을 사전에 예방할 필요가 있다.

2) 비자발적 이직

(1) 정년퇴직

이는 종업원이 회사에서 정한 일정한 연령에 이르렀을 때 조직을 떠나는 것을 말한다. 이때 상시 5인 이상 근로자를 고용하는 기업에서 1년 이상 계속 근무한 종업원은 근로자의 생계보장을 위해 법에서 정한 바에 따라서 퇴직금을 지급받으며 법정퇴직금은 계속근로연수 1년에 대하여 30일분의 평균임금이다.

(2) 조기퇴직

우리나라 기업에서 최근 많이 활용되고 있는 퇴직방법으로 비정상적인 이직의 형태이다. 즉, 정년을 앞둔 사람에게 미리 퇴직금을 지급하거나 적정한 급료를 선급하고 퇴직을 권고하는 제도이다.

(3) 일시해고

이는 조업단축이나 구조조정 등으로 경영상의 어려움을 타개하기 위해 일시적으로 종업원을 해고하는 것을 말하며, 이는 특히 해고가 자유로운 서구에서 많이 이루어진다.

(4) 징계해고

이는 종업원이 회사에 중대한 손실을 끼치거나 범죄를 저질러 조직의 명예를 손상시켰을 경우에 회사의 징계절차에 의해 이루어지는 것으로 징계의 종류 중 가장 무거운 조치이다.

3. 이직의 문제점[9)]

종업원의 이직은 이직의 동기가 자발적, 비자발적 유무에 관계없이 조직에 많은 폐해를 가져온다. 구체적인 문제점은 다음과 같다.

첫째, 기업의 기술과 노하우가 유출된다. 즉, 이직자가 보유하고 있는 기술이나 노하우가 자연스럽게 유출되어 기업력을 약화시키는 요인이 된다.

둘째, 다른 종업원의 사기가 저하된다. 즉, 동료 종업원이 조직을 이탈하면 남아있는 종업원들은 자기도 언젠가는 그들과 같은 신세가 되리라는 생각에 안정적으로 직무를 수행하지 못하고 불안한 마음으로 근로의욕을 상실하게 된다.

셋째, 기업의 이미지가 손상된다. 즉, 조직의 구성원들이 자주 이직하면 조직에 문제가 있는 것으로 비쳐져서 관련 기업이나 기관의 의구심을 자아내고 신뢰를 떨어뜨리게 된다.

넷째, 유능한 종업원이 응모하지 않는다. 즉 조직성원들이 자주 이직하면 유능한 사람들이 입사하지 않는다.

9) 최해진, 전략적 인사관리론, 형설출판사, 1998. pp.300~301.

4. 합리적 이직관리

1) A급 종업원의 선정

전체 종업원들을 대상으로 능력별로 분류하되 최고의 능력을 발휘하는 A급은 20%, 보통수준인 B급은 70%, 열등한 수준인 C급은 10% 정도로 한다.

A급 종업원의 일반적인 특징은 다음과 같다.

- 일관되게 높은 성과를 이루어낸다.
- 업무 완성도가 높아 감독이 거의 필요없다.
- 리더십을 발휘한다.
- 실용성 있고 가치가 있는 새로운 아이디어를 내놓는다.
- 다른 종업원의 업무를 용이하게 도와준다.
- 대체인력을 찾기에는 비용과 시간 소비가 많은 특별한 지식이나 기술을 보유하고 있다.
- 경쟁사로 갈 경우 회사에 큰 손해가 된다.

2) A급 종업원의 관리

최고의 가치를 지닌 종업원들을 선정한 후에는 그들의 일거수일투족을 면밀히 살핀다. 이들 중에서 아래와 같은 이직의 징후를 보이는 사람은 이직을 생각하고 있을 가능성이 많으므로 가능한 빨리 당사자와 접촉하여 설득과 함께 이들에게 과감하게 투자한다.

이들이 이직을 고려할 때는 다음과 같은 징조를 보이는 경우가 많다.

- 늦게 출근하고 일찍 퇴근하는 등 행동의 변화를 보인다.
- 업무수행 실적이 갑자기 저하된다.
- 불평이 없던 사람이 갑자기 불평을 늘어놓는다.
- 다른 회사를 동경하는 발언을 한다.

• 평소에는 회의에 적극 참여하고 솔선수범하던 사람이 갑자기 뒤로 물러서거나 소극적인 태도를 보인다.
• "피곤하다"는 말을 자주 한다.

3) B, C급 종업원의 관리

B급 종업원은 지속적인 교육을 통해 능력이나 태도를 향상시켜야 하며, 반면에 C급 종업원은 조기에 자발적 이직을 유도한다.

■ 잭웰치의 활력곡선

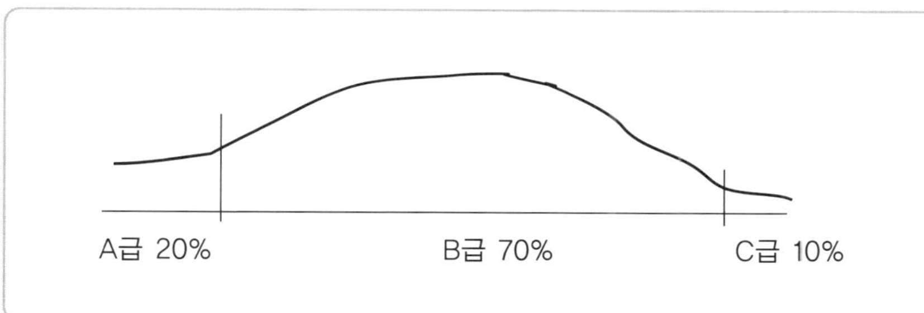

사례연구 중간 관리자가 회사에서 성공하는 법

중간 관리자는 경영자보다 현장에 가까이 있어 개선해야 할 문제점을 제대로 알고 있으며, 회사 네트워크에 영향력을 행사할 수 있다. 그러므로 기업 혁신에 큰 역할을 할 수 있는 중요한 위치다.

"정보통신기술(IT) 업계에서 한국이 일본을 따라잡았듯이 중국이 머지않아 한국을 제치고 IT 시장의 강국으로 등극할 것이다."

양위안칭 레노버(Lenovo) 회장이 2010년 전 세계에 밝힌 야심 찬 포부다. 당시 레노버의 인지도는 세계 시장에서 그다지 높지 않았다. 중국 시장에서 저가 PC제품 등을 무기로 경쟁사인 화웨이와 ZTE를 넘어선 후 겨우 삼성과 애플의 경쟁상대라는 타이틀을 획득한 시기였다. 하지만 양 회장은 레노버가 이미 성숙한 비즈니스는 물론 성숙 단계로 접어드는 비즈니스까지도 운영할 수 있는 역량이 충분하다는 것을 알고 있었다. 그래서 그는 기존 비즈니스와 신규 비즈니스를 결합한 새로운 성장엔진을 구축하기 시작했다.

그리고 5년이 채 지나지 않은 2014년. 레노버는 글로벌 PC 부문 1위 자리를 공고히 했을 뿐 아니라 태블릿 시장에서 판매량을 급속도로 늘리면서 몸집을 키웠다. 또 세계에서 가장 빠르게 성장하는 스마트폰 업체로 성장했다. 레노버의 매출은 2010년 회계연도(2010년 4월~2011년 3월) 기준 216억달러(약 24조 원)에서 2014년 회계연도(2014년 4월~2015년 3월) 기준 463억달러(약 52조 원)로 2배 이상 뛰었다.

글로벌 시장과 로컬 시장을 아우르는 비즈니스 모델의 주요 설계자로 지금의 레노버를 있게 한 사람이 양 회장이다. 37세의 젊은 나이에 회장 겸 최고경영자(CEO) 자리에 오른 그는 매년 대륙의 최고 연봉 사업가 기록을 스스로 경신해 '샐러리맨의 우상' 으로 꼽힌다. 중국을 IT 강국으로 이끈 일등공신으로 평가받는다.

어떻게 이런 성공신화가 가능했을까. 중간 관리자였던 양 회장의 능력을 알아보고 대업을 맡긴 사람이 있었기 때문이다. 그를 발굴하고 이 자리에 있게 한 사람은 레노버의 창업자 류촨즈 전 회장이다. 류 전 회장은 2001년 당시 37세의 양위안칭을 CEO로 전격 발탁했다. 그리고 레노버 회장 겸 CEO 자리를 물려줬다. 지금은 양 회장이 샐러리맨 신화의 대명사가 됐지만 과거 그는 능력 있는 초임 임원에 불과했다. 류 전 회장은 당시 "레노버에는 우수한 인재가 많은데 왜 양위안칭이냐"고 묻는 기자들의 말에 "다른 사람보다 생각이 크고, 눈앞의 이익에 연연하지 않는다"고 했다.

류 전 회장의 믿음을 뒷받침하는 일화가 있다. 2005년 PC 업계에서는 상상하기 힘든 사건이 일어났다. IBM 컴퓨터의 중국 내 판매 대행사에 불과했던 레노버가 IBM PC사업 부문을 통째로 인수한 것이다. 당시 PC사업 부문 사장이었던 양위안칭은 거의 모든 이사들의 반대에도 불구하고 IBM PC사업 부문 인수를 강력히 밀어붙였다. 그리고 류 전 회장은 그런 양위안칭의 '판단력' 과 '추진력' 에 주목했다.

양 회장이 관리자 직급이던 시절의 한 일화도 류 전 회장에게 깊은 인상을 남겼다. 류 전 회장은 양 회장이 판매 담당 관리자였을 때 "하와이에서 열리는 휴렛팩커드(HP) 고객초청 행사에 참가하라"고 권했다. 하지만 양위안칭은 바쁜 업무를 이유로 다른 사람을 추천했다. 당시는 모두가 해외 출장을 가고 싶어 안달하던 때였다. 중간 관리자의 최대 목표인 '업무 달성' 을 최우선 과제로 삼은 양위안칭의 모습이 류 전 회장에게 강하게 인식된 셈이다. 류 전 회장은 양위안칭이라는 '원석' 을 찾아 레노버를 글로벌 IT 업계의 강자로 키워낸 '보석' 으로 만들어냈다.

'양위안칭의 성공 신화' 는 중간 관리자가 어떻게 CEO의 의사결정에 영향을 미치고, 회사의 중요 인물로 성장할 수 있는지를 여실히 보여준다. 평범한 직원은 영원히 평범한 직원에 머물다 회사를 나가게 되지만 판단력 · 추진력 · 전문성 등 남들과 다른 '씨앗'을 가진 사람은 결말을 바꾸고 새로운 역사를 쓸 수 있다.

전문가들은 혁신적인 중간 관리자 몇 명이 회사의 명운을 좌우한다고 강조한다. 꾸이 응우옌 후이(Quy Nguyen Huy) 프랑스 인시아드 경영대학원 교수는 "중간 관리자는 경영자보다 현장에 가까이 있어 개선해야 할 문제점을 제대로 알고 있으며 회사 네트워크에 영향력을 행사할 수 있다"며 "이런 특성을 기반으로 기업의 혁신 과정에서 큰 역할을 할 수 있기 때문에 매우 중요하다"고 설명했다.

경영의 대가로 꼽히는 잭 웰치 제너럴일렉트릭(GE) 전 회장은 "기업의 가치와 문화를 받아들임으로써 팀의 구성원으로 함께 일하고 싶은 사람, 주어진 목표를 제대로 달성하는 사람이 GE가 원하는 중간 관리자 유형"이라며 "이 조건을 충족하기 위해 회사는 끊임없이 직원을 훈련시켜야 한다"고 말했다. 그렇다면 어떻게 회사의 경쟁력과 부서의 성과를 끌어올리는 핵심 중간 관리자가 될 수 있을까. 네 가지 방법을 살펴봤다.

레노버의 창업자 류촨즈(왼쪽) 전 회장은 중간 관리자였던 양위안칭의 판단력과 추진력을 주목했고 그에게 레노버 회장 겸 CEO 자리를 물려줬다.

방법 1 : 기대를 뛰어넘는 '전문성' 보이라

중간 관리자란 한 명 이상의 부하 직원을 두고 있는 사람을 폭넓게 의미한다. 영어로는 '매니저(manager)'에 해당한다. 중간 관리자에게 주어지는 세

가지 책임은 △업적 달성 책임 △부하 육성 책임 △상사 보좌 책임이다. 리더십 이론에 따르면 이 세 가지 책임의 비중은 각각 60%, 30%, 10%다.

비중에서도 알 수 있듯이 회사가 중간 관리자에게 기대하는 가장 큰 역량은 성과를 내는 것이다. 성과는 물론 업무에 관한 전문성을 기반으로 나온다. 중간 관리자는 회사에서 제몫을 하기 위해 전문성을 기르지 않으면 안 된다.

윌리엄 혼 켈로그경영대학원 선임연구원은 최근 발표한 기고문에서 자신이 미 국방부에서 30년간 근무하던 중 경험했던 한 가지 일화를 소개했다. 그가 30~150명의 군인을 이끌다가 자신보다 직급이 높은 고위 간부들만 있는 부서로 이동했던 때다. 혼 연구원은 이들이 프레젠테이션을 할 때 청중을 보고 발표하지 않고 PPT 화면(슬라이드)만 보고 말한다는 문제점을 발견했다. 그는 잘 준비된 프레젠테이션이 이해관계자나 청중을 설득할 수 있다는 사실을 잘 알고 있었다. 그는 간부들에게 자신의 프레젠테이션 연습을 보고 피드백을 달라고 요청함으로써 간접적으로 보다 나은 방식의 프레젠테이션을 접하게 했다. 혼 연구원의 연습을 본 간부들은 그에게 자신들의 발표에 대한 피드백을 요청했고, 그는 자연스럽게 간부들의 문제점을 개선할 수 있었다. 결과적으로 고위 간부들의 전체 프레젠테이션 실력은 크게 올랐고 이는 부대의 성과를 높이는 방향으로 작용했다.

혼 연구원은 "중간 관리자의 역할 중 하나는 '기존 업무에서의 문제점을 찾아 개선하고 높은 기준을 제시해 부하 직원 또는 고위 직원의 역량을 끌어올리는 것'"이라며 "이를 위해서는 그들을 설득할 전문성을 갖춰야 한다"고 강조했다.

중간 관리자의 전문성은 팀워크와 만날 때 빛을 발한다. 팀워크는 전문성을 가진 사람들이 모여 일하는 것을 말한다. 팀원들은 도두 각자 전문적인 역할을 해내야 한다. '어려울 때 도와주기' '실수를 이해하기' 같은 것들은 진정한 팀워크의 개념이 아니다. 팀워크는 팀원 각자가 전문성을 조화롭게 발휘함으로써 '전문성의 시너지를 만들어내는 것'을 목표로 한다.

방법 2 : 전문성 키워줄 네트워크 개발하라

"중요한 결정을 내려야 할 때 실수를 최소화하기 위해 많은 사람에게 의견을 구한다. 워런 버핏과 로이드 브랭크페인 골드만삭스 CEO, 스티브 잡스의 아내 로런 잡스, 심지어 빌 클린턴 전 대통령 등 각계각층의 사람이 나의 조언자들이다. 다른 사람의 견해를 묻고 참조하는 것은 의무다. 그러지 않으면 편협해지기 때문이다."

팀 쿡 애플 CEO의 말이다. 성장은 혼자의 힘만으로는 이루기가 어렵다. 이는 팀 쿡 같은 세계적인 경영인에게만 적용되는 말이 아니다. 중간 관리자 역시 성장에 도움을 줄 수 있는 전문성 높은 조언자들을 주변에 만들어놓아야 한다.

책 '8시간: 성과를 증명하고 격차를 만드는 프로의 시간'의 저자 임병권씨는 "일을 하다 보면 한 번도 경험해보지 못한, 긴급한 문제가 발생할 때가 있는데 이때 급하게 머릿속에 떠오르는 사람이 있어야 한다"고 강조한다. 전화하면 단 5분 내로 해결법 또는 해결의 실마리가 될 힌트를 줄 사람이다. 꼭 저명한 대학교수나 변호사, 유명인일 필요는 없다. 임씨는 "유사한 영역에서 나보다 더 많은 실패와 성공을 경험해본 사람이면 된다"며 "회사 내부에 가치 있는 조언을 해줄 사람이 없을 때, 너무나 독특하고 전문적인 영역에서 발생한 문제라 어디에서도 해법을 구할 수 없는 답답한 상황에 도움이 된다"고 설명했다. 임씨는 현대카드 · DHL코리아 · 오티스엘리베이터코리아 · 힐튼호텔 등에서 인사조직 실무를 경험한 25년 경력의 인사 전문가다.

일정 시간을 들여 전문성 있는 카페나 블로그를 방문하는 것도 좋다. 그런 카페나 블로그에는 재야의 고수들이 많이 모인다. 이런 사람들과 다양한 의견과 정보를 교환해보면 전문성을 쌓는 데 도움이 된다.

링크드인(Linked In) 같은 플랫폼도 요긴하다. 링크드인은 글로벌 영역에서 활동하는 전문가나 직장인들이 많이 가입하는 소셜 네트워크 미디어다. 이곳에 가입할 때는 개인의 학력, 경력, 능력, 관심 사항을 비교적 상세하게 올린다. 때문에 나와 유사한 직무를 하고 있는 사람의 이력과 배경을 비교적 상세히 볼 수 있다. 중간 관리자가 이런 사람들과 자신의 경력 · 배경을 비교하는 것은 매우 유용한 일이다. 현재 무엇이 부족한지, 무엇을 준비해야 하는지를 깨달을 수 있기 때문이다. 이렇게 확장한 네트워크는 중간 관리자의 성장 모멘텀이 된다.

방법 3 : 지엽적 질문이 아닌 본질적 질문을 하라

'왜 사과는 아래로 떨어질까.'

뉴턴이 던진 하나의 질문은 '만유인력의 법칙'이라는 인류 역사상 가장 위대한 과학적 업적을 남겼다. 뉴턴의 질문이 위대한 이유는 그것이 본질적인 질문, 즉 '당연한 것을 당연한 것으로 보지 않는 질문'이었기 때문이다. 그는 질문을 통해 자신의 생각을 뒤집어보기도 하고 고정관념을 뒤집어보기도 했다. 현상을 보이는 대로 보지 않고 보이지 않는 부분을 찾아내는 질문을 한 것이다.

임씨는 "회사에서 문제를 바라보는 시각도 본질적이어야 한다"고 강조한다. 뉴턴처럼 기존의 시각에 대한 의심을 해보고 지금 눈앞에 놓인 문제를 한 단계 뛰어넘는 질문을 던져야 한다는 것이다.

예를 들어 한 회사의 마케팅팀에서 TV 광고를 어느 채널에서 하는 것이 좋을지를 놓고 회의를 하고 있다고 해보자. 한 직원은 A채널에, 다른 직원은 B채널에 하자고 한다. 이때 어떤 직원이 "꼭 TV 광고에 매달릴 필요 있나요? 회사의 광고 전략을 SNS 마케팅으로 전환해보면 어떨까요?"라고 질문했다면 이것이 바로 '본질적인 질문'이다. 'A · B 채널 중 어느 채널이 좋을까?'는 지엽적인 질문이다.

상사에게 하는 중간 관리자의 질문은 '질'이 달라야 한다. 예를 들어 "팀장님, 1안과 2안 중 어느 걸로 할까요?" "언제까지 보고할까요?"라는 질문은 상사의 '지시를 기다리는' 질문이다. 스스로의 일을 축소하는 질문이기도 하다. 이렇게 수동적인 자세로 일하는 사람은 주로 '상사의 의중을 확인'하기 위한 질문을 한다.

반면 주도적으로 일하는 사람은 '상사의 의견을 듣는' 방향으로 질문을 한다. 예를 들면 "지시하신 내용의 배경을 말씀해주시겠습니까? 보고서를 작성하는 데 도움이 될 것 같습니다"라는 식으로 질문한다. 부하 직원에게서 이런 질문을 받은 상사는 지시가 아닌, 자신의 의견을 설명해줄 것이다.

국내 한 대기업의 인사 담당 관계자는 "기업에서의 일은 여러 사람과의 논의를 통해 이뤄진다"며 "질 좋은 질문은 활발한 논의와 토론을 이끌고 이는 곧 상사의 만족과 회사의 성과로 연결된다"고 말했다.

방법 4 : 주도적으로 일해 상사의 간섭에서 벗어나라

일 잘하는 중간 관리자(직원)는 상사의 간섭을 받지 않고 주도적으로 일한다. '간섭'은 중간 관리자 또는 직원이 수동적으로 일할 때 나타나는 상사의 '부정적인 반응'이다. 상사는 직원이 주도적으로 일하지 않거나 엉뚱한 방향으로 가고 있을 때 간섭한다.

임씨는 "간섭을 피하는 전략은 '상사보다 한발 앞서 움직이는 것'"이라고 강조한다. 회의도 상사에게 먼저 요청하고 상사가 임원 회의 등을 다녀오면 먼저 '오늘 회의 안건이 무엇이었는지' 묻는 것이다. '직원이 먼저' 요청한 회의에서 '직원이 먼저' 질문을 하면 상사는 대부분 친절하게 답변을 해준다. 이렇게 '주도적으로' 움직인다는 인식을 심어주면 상사가 직원의 일에 꼬치꼬치 간섭하는 상황이 현저히 줄어든다는 게 전문가들의 설명이다. 간섭은 또 다른 간섭을 부르고 간섭이 늘어날수록 수동적인 행동이 반복되는 악순환이 일어난다.

반면 '피드백'은 직원이 주도적으로 일할 때 나타나는 상사의 '긍정적인 반응'이다. 피드백은 상사가 당신의 질문에 답변해주고 함께 일의 방향성을 논의하고 조언해주는 것을 말한다. 팀의 우선순위를 확인해주고 새롭게 나타난 변수를 알려주기도 한다. 상사의 긍정적인 피드백을 받으면 동기부여가 되고 관심을 받는다는 안도감도 든다.

자신의 상사가 다른 상사에 비해 간섭을 심하게 하는 스타일이라면 더욱 주도적으로 행동해야 한다. 이런 상사들이 오히려 직원을 한 번 신뢰하면 그 직원에게 더 의지하는 경향을 보이기도 한다. 상사가 간섭을 많이 하는 이유는 부하 직원을 신뢰하지 못하기 때문이다. 그래서 수동적으로 일하는 직원에게 더 많은 간섭을 하게 된다. 반면 주도적으로 일하는 직원에게는 더 깊은 신뢰를 주고 아예 일을 위임하기도 한다. 자신이 상사의 간섭을 많이 받고 있다면 일하는 방식을 되돌아볼 필요가 있다. 성공하는 중간 관리자가 되는 방법은 주도적인 방식의 일 진행으로

〈조선일보 2019. 3. 25〉

사례연구 '32세 지점장' SC제일銀 박경진씨 초고속 승진 비결은?

"고객 · 상사 · 부하를 감동시켜 보세요"

지점장실에 들어서자 벽 한 면을 가득 채운 대형지도가 눈을 파고들었다. 부동산 중개업소 같다. 박경진(32) SC제일은행 강남중앙지점장은 "지도엔 서울 강남 주변만 나와있지만, 내 '나와바리'(구역)는 대한민국 전국"이라고 말했다.

"여기서 100m 안에 경쟁사가 몇이나 있을 것 같아요? 열 곳이 넘습니다. 평범하게 해선 살아남을 수 없어요. 수익이 난다면 대전, 부산 아니라 제주도라도 달려가야죠."

최연소 시중은행 지점장. 이달 초 은행원이 된 지 4년 만에 지점장으로 승진, 화제를 뿌렸다. 통상 시중은행 지점장이 되려면 20년쯤 걸린다고 보면 이런 초고속 승진이 없다. 지점 직원 12명 중 그보다 어린 사람은 3명뿐이다.

"샐러리맨 성공 신화라고요? 아내는 오히려 걱정하는 눈치예요. 빨리 승진했으니 그만큼 빨리 떠나야 되는 것 아니냐면서요."

1999년 서강대 경제학과(92학번)를 졸업한 박씨의 첫 직장은 LG카드였다. "카드사 고객 DB를 활용해 보험을 판매하는 틈새시장을 개척했어요. 한 달에 보험을 4만 건 넘게 팔았지요. 다들 놀라더군요."

그의 뛰어난 세일즈 실력을 눈여겨본 씨티은행이 스카우트를 제안했다. 2002년 씨티은행으로 옮긴 그는 여직원 50여 명이 일하는 텔레마케팅(전화로 하는 고객 마케팅) 센터를 맡았다.

"당장 직원 급여부터 올려 주었지요. 업무 강도에 비해 월급이 턱없이 낮더라고요. 은행장을 설득해서 1억 원을 받아내 사무실 인테리어도 싹 바꿨습니다. 기관지염에 시달리는 직원을 위해 공기청정기도 들여 놓고, 더러워진 카펫도 전부 갈았죠."

석 달 만에 텔레마케팅센터 실적이 두 배로 치

솟았다. 1년 반만에 과장에서 차장을 거쳐 내친김에 부장 자리까지 꿰찼다. 무엇이든 잘해야 한다며 온통 일에 매달리던 그에게 '독종' 이란 별칭이 따라붙었다.

이번엔 SC제일은행을 인수한 영국계 스탠다드차타드은행(SCB)에서 제안이 들어왔다. 지난 4월 SCB로 옮겼고, 은행은 세일즈 강화를 목표로 그를 영업기획팀장으로 특별 영입했다.

"대출영업팀에서 일했는데, 어느 날 능력 위주로 지점장을 뽑는다는 공지메일을 받았어요. '이거다!' 란 생각이 들더군요. 평소 은행을 이용하면서 불편했던 경험을 토대로 사업기획안을 짰죠."

그는 100대 1의 경쟁률을 뚫고 지점장으로 뽑혔다. 만 32세 7개월 되던 때였다. 승진 가도를 달릴 수 있었던 비결을 묻자 "주위를 감동시키세요"란 대답이 돌아온다. 고객이건, 상사건, 부하건, 온몸을 던져 감동시키면 모든 일이 술술 풀린다는 것이다. 승진도 초고속, 결혼도 초고속. 박씨는 무엇이든 열심이다. 결혼도 남들보다 10년쯤 빨리 해치웠다. 그는 "대학 2학년 때 결혼해서 벌써 12년차니까 꽤 고참 부부지요"라며 웃었다.

〈조선일보 2005.10.18〉

사례연구 **'고속승진' 어느 40대 부사장, 7일만에 300명 이름 외워**

석 달만에 노사문제 해결

다국적기업에서 관리 담당 임원으로 일해 오던 40대 초반의 김씨는 연초 인사 이동에서 영업 부사장으로 발령을 받았다. 승진 축하를 하자 오히려 우등생의 고민을 털어놓는 것이 아닌가? 2년 전 지금 회사에 스카우트된 뒤 그가 맡은 첫 임무는 강성 노조와의 협상건이었다. 1주일 동안 직원 300명의 이름을 달달 외웠다. 직원들의 이름도 직접 부르고, 결정할 사항이 있으면 100% 공개하여 직원들의 의견을 수렴하였더니 지금까지의 담당자와 다르게 각인되었다. 직원 입장에 서서 회사 측에 현실적인 제안을 한 것은 물론이고, 직원들에게는 논리정연하게 회사 입장을 이해시켜 그동안의 골칫거리였던 노조문제를 원만하게 해결하였다. 공로가 인정되어 입사 3개월 만에 전무로 파격 승진되었고, 업무 영역도 인사 · 관리 · 물류까지 확대되면서 하루 24시간이 짧았다. 업무효율이 높아지고 생산성이 좋아지자 또다시 3개월만어 관리 부사장 직함을 받게 되었다.

주변 사람들이 그의 초고속 승진에 대한 의문과 시기심을 보인 것이 이때부터였다고 한다. '밖에서 들어온 외부인이 고용계약서의 잉크가 마르기도 전에 두 번의 승진으로 잘난 체 한다'는 것이었다. 한편 김씨는 자신의 실력이 검증되기도 전에 승진한 것에 대한 스트레스와 본인이 회사에서 받은 혜택을 돌려주어야 한다는 부담감으로 머리가 군데군데 빠지는 원형탈모증까지 생겼다. 하지만 다가온 기회는 어떻게 해서든 잡아야만 한다고 마음먹고, 주변의 우려를 잠재울 수 있도록 최선을 다하였다.

시간이 흐르면서 한 번 마음먹은 일은 끝까지 해내는 저돌적인 성격에 옳은 것은 절대 포기하지 않고 직원들의 고충까지 이해해주는 따뜻한 성격의 소유자라는 평이 나면서 그를 존경하고 따르는 직원들이 많아졌다.

그래서 새해 들어 자신의 경력과 전혀 다른 분야인 영업 부사장 발령을 받았다. "직장생활 20년 중 지난 2년이 가장 치열했습니다. 이제 그 결실을 본 것 같습니다. 2003년은 제가 다시 태어난 해입니다." 그는 지금까지의 성공은 잊고 처음부터 다시 시작한다는 마음으로 향후 자신의 역량을 어떻게 개발할 것이며 어떤 교육을 받을 것인지 계획을 짜고 더욱 힘찬 성장 엔진을 가동시킬 예정이다. 직장생활은 시험의 연속이고 시기마다 다른 도전이 기다리고 있다. 성공한 과거에 대한 자만과 나태를 버리고 미래를 위해 자신에게 지속적인 투자를 하겠다고 그는 말한다. 이렇듯 직장인의 경력과 성공은 조직이나 다른 사람의 손에 의한 것이 아니라 본인 스스로에 의해 디자인되고 만들어져 간다. 그에게 CEO로 가는 길은 멀지않아 보인다.

〈조선일보 2003. 2. 3〉

12

제12장

노사관계관리

관광 · 호텔
인적자원관리론

12장

12

노사관계관리

제1절 노사관계관리의 의의

1. 노사관계관리의 개념

노사관계라는 용어는 우리 나라에서 1950년대 이후부터 일반화되기 시작한 용어로 근로자와 사용자와의 관계, 즉 노동조합과 기업과의 관계를 말한다. 그 이전에는 자본주의를 자본가와 근로자 간의 갈등관계로 본 마르크스의 영향으로 노자관계라는 용어가 더 많이 사용되었다. 그러나 현대에 와서 자본과 경영이 분리되면서 자본가 대신 사용자라는 용어가 주로 사용되고 노사관계라는 용어가 주로 사용되면서 노자관계라는 용어는 더 이상 사용되지 않고 있다. 일부 기업에서는 자본과 경영의 분리를 더욱 강조하기 위해 노경관계라는 용어를 사용하기도 하나 아직 일반화되고 있지 않다.

한편 노사관계는 근로자와 사용자 간의 관계, 노동조합과 사용자 간의 관계라는 이중적인 관계로 구분하여 인식할 필요가 있다. 즉 전자는 사용자와 근로자 개인 간의 개별적 고용계약에 바탕을 둔 개별적 노사관계인 반면, 후자는 단체협약을 기초로 하는 집단적 노사관계를 말한다. 따라서 좁은 의미의 노사관계는 집단적 노사관계를 말하지만 넓은 의미에서의 노사관계는 개별적 노사관계와 집단적 노사관계 모두를 포함한다.

2. 노사관계의 발전과정[10)]

노사관계는 산업화 과정에서 형성된 고용자와 피고용자 사이에 형성된 관계로 단순히 부리는 자와 부림을 받는 자의 관계에서 차츰 인간적인 관계로 발전했고 산업화의 진전과 더불어 교육 수준, 생활 수준의 향상으로 대등한 관계로 발전하는 변천 과정을 거치게 되었다. 이러한 변천 과정은 세계적으로 같은 흐름으로 변한 것이 아니라 각국의 산업화 과정과 민주화 과정에 따라서 각각 다른 단계로 변화되어 왔다. 그러나 일반적으로 변화의 순서는 다음과 같은 단계로 변화되어 왔다.

1) 전제적 노사관계

전제적 노사관계는 가장 전근대적 관계로 자본시장과 노동시장이 제대로 성립되지 못한 단계에서 자본가의 독점자본 출자에 의한 기업경영이 이루어지고 도시, 농촌 가릴 것 없이 노동력이 과잉상태에 있을 때 사용자와 근로자 사이에 형성된 사용자 위주의 지극히 일방적인 관계였다.

이러한 단계에서는 당연히 근로자는 고용관계의 단절을 두려워하여 사용자의 어떠한 굴욕적인 요구 조건이라도 맹목적으로 수용하는 사용자의 절대 명령과 근로자의 절대복종의 예속적 관계를 가짐으로써 인간적인 어떤 관계도 이루어질 수 없었다. 사용자의 감정에 따라서 해고와 감봉은 별 어려움 없이 이루어졌고 경우에 따라서는 체벌과 구타도 행해지는 등 인간적 요소가 무시된 관계였다.

2) 온정적 노사관계

온정적 노사관계는 자본주의가 발달함에 따라 공장 근로자의 수요가 증가하고 고용주가 근로자를 확보하기 위하여 근로자를 인간적으로 대우하기 시작하

10) 최해진, 전게서, pp.184-186.

면서 등장하기 시작한 유형으로 전제적 노사관계가 진전된 형태이다. 전제적 노사관계가 근로자를 비인간적으로 대우하는 관계라고 한다면 온정적 노사관계는 기업주나 경영자가 비로소 근로자를 인간적으로 대우하는 관계로 진일보한 것이라고 볼 수 있다. 이와 같이 온정적 노사관계로 발전하게 된 것은 자본주의 발달 이외에 서구의 기독교와 동양의 불교적인 시혜사상의 확산도 주요 요인으로 작용하였다. 이러한 온정적 노사관계에서는 기업주나 경영자가 자발적으로 근로자의 작업조건을 개선하고 복지후생시설을 확대하여 근로자가 그 은혜에 감사하여 경영에 호의를 가지고 충성을 다하도록 유도하였다. 이런 점에서 부모가 자식을 대하는 관계에 비유하여 친권적 노사관계라고도 한다.

3) 민주적 노사관계

자본주의 제도의 지속적인 발달에 따라 기업이 대규모화되고 자본가가 아닌 전문적 경영자가 기업을 경영하는 실질적 경영자가 됨에 따라 근로자 조합의 구성원들의 발언권도 증대되었다. 이렇게 되자 근로자와 경영자의 관계는 자본가와 근로자의 종속적 관계가 아닌 대등한 관계로 발전되었고 근로자의 노동조건의 개선을 민주적 교섭에 의한 방법으로 획득하는 산업민주주의가 정착되기에 이르렀다.

제2절 노동조합

1. 노동조합의 의의

노동조합은 근로자들에 의해 구성되어 법적으로 인정을 받는 단체이다. 우리 나라의 노동조합 및 노동관계조정법은 "노동조합이라 함은 근로자가 주체가 되어 자주적으로 단결하여 근로조건의 유지, 개선, 기타 근로자의 경제적,

사회적 지위의 향상을 도모함을 목적으로 조직하는 단체 또는 그 연합단체를 말한다" 라고 규정하고 있다.

이러한 노동조합은 산업화 과정에서 임금근로자들이 나타나게 되었고, 그들이 당면한 문제점을 조직적 활동에 의하여 해결하기 위해 결성하였다. 우리나라의 헌법 32조는 근로의 권리 및 의무에 대하여 규정하고 있으며, 33조는 근로자의 단결권, 단체교섭권 및 단체행동권을 근로자의 기본권으로 보장하고 있다.

2. 노동조합의 기능

노동조합의 활동은 경제사회의 변동에 따라 점차 다양화되어 가고 있는데, 그것은 대체로 경제적 기능, 공제적 기능, 정치적 기능의 세 가지로 대별할 수 있다. 역사적으로는 공제적 기능을 중심으로 노동조합이 태동하였으므로 초기에는 공제적 기능이 가장 중요하였다.

그러나 광의로 볼 때 공제적 기능은 경제적 기능의 일부로 간주할 수 있기 때문에 노조의 기능은 경제적 기능과 정치적 기능이라고 할 수 있다.

이러한 기능 중에서 노동조합 고유의 가장 기본적인 기능은 경제적 기능이다. 공제적 기능이나 정치적 기능은 노동조합의 경제적 기능을 보완하는 것이다.

1) 경제적 기능

이 기능은 노동조합의 여러 가지 기능 중에서도 가장 기본적 기능으로 근로자의 생활 향상을 달성하기 위한 기능이다. 이러한 경제적 기능을 실현하는 수단은 두 가지로 나누어 볼 수 있는데 하나는 영미식의 단체교섭제도이며, 다른 하나는 독일식의 경영참가제도이다.

2) 공제적 기능

이 기능은 노동조합의 역사와 함께 시작된 가장 오래된 기능으로 조합원이 질병 · 재해 · 노령 · 사망 · 실업 등의 어려운 일을 당할 때 노동조합이 조합에서 마련한 기금으로 근로자에게 도움을 제공하는 중요한 기능이다.

최초에는 조합원의 경조사 때 부조를 하는 것이었으나 오늘날은 조합원을 위하여 병원이나 진료소를 건립, 운영하는 것을 비롯하여 주택공급사업, 휴양소, 오락시설, 소비조합, 숙박 또는 급식시설, 장학제도, 퇴직위로금 등의 여러 가지 복지후생적 활동을 광범위하게 전개하고 있다.

3) 정치적 기능

이 기능은 노동관계법을 비롯한 관계법령의 제정이나 개정, 사회보험제도 및 사회복지정책 등에 대한 노동조합의 정치적 발언과 주장 등을 통해 근로자의 생활향상을 추구하는 활동을 말한다.

경제적 기능이 사용자와의 교섭을 통해 발휘되는데 비해, 정치적 기능은 그 상대가 주로 국가나 사회단체이며, 교섭이라는 형식을 취하지도 않는다.

3. 노동조합의 조직형태

1) 직업별 노동조합

이는 직종별 조합이라고도 하며, 가장 역사가 오래된 노동조합의 초기적 형태로 초기산업화단계에서 일반화되었던 노동조합의 형태이다. 즉 수공업단계에서 동일직업에 종사하던 숙련근로자들이 소속회사를 초월하여 자기들의 직업안정과 지위향상을 꾀하기 위해 조직하였던 노동조합의 형태이다. 1886년 미국에서 설립된 AFL은 숙련근로자를 중심으로 한 노동조합의 연합체이다.

2) 일반노동조합

이는 직종이나 산업에 구애됨이 없이 모든 근로자에 의하여 조직되는 단일 노동조합을 말한다. 역사적으로 이 조합은 공업화의 진전에 따라 직업별 조합에서 배제된 미숙련근로자와 잡노동 종사자들이 자신들의 입장을 옹호할 목적으로 19세기 말경부터 영국에서 발달하였다.

그러나 이 조합은 미숙련자들이 중심인 조직이므로 지켜야 할 기득권도 없으므로 조직의 결집력이 약하고, 그로 말미암아 사용자에 대한 단체교섭력이나 그 밖에 사회적 영향력이 미약하였다. 우리나라의 경우 한국노총과 민주노총이 이와 유사한 형태이다.

3) 산업별 노동조합

이는 직종과는 관계없이 동일한 산업 내의 근로자들로 구성되는 노동조합 형태이다. 산업별 노동조합은 사회적 분업과 기계화의 진전에 따라서 방대한 미숙련공이 배출됨으로써, 배타적인 직업별 조직의 형태로서는 근로자의 단결 및 이익을 충분히 뒷받침할 수 없게 되고 또 상대적으로 조합의 교섭력은 집중화된 자본의 힘에 미치지 못하게 됨에 따라 생겨났다.

이 형태는 현대 노동조합의 대표적 형태로 가입범위가 광범위하여 노동조합의 힘이 강력하기 때문에 사용자에 대한 강력한 교섭력을 발휘할 수 있으나 여러 직종을 포함하므로 근로자 간의 이해관계를 골고루 조정하기는 곤란하고 노사분쟁이 발생할 경우 산업전체에 미치는 영향이 크다.

4) 기업별 노동조합

이는 동일기업에서 종사하는 근로자에 의하여 조직되는 노동조합으로써 노동시장에 대한 지배력은 전혀 없고, 조직으로서의 역량도 극히 약하다고 할 수 있다.

일본은 단위노조의 대부분이 기업별 조합형태를 취하고 있으며, 우리나라는 1981년 노동법의 개정으로 산업별 조합형태에서 기업별 조합으로 바뀌었으나, 1987년 노동법의 개정으로 기업별 조합의 설립만을 허용하던 규정을 삭제하여 노동조합의 조직유형과 설립형태를 자율화하였다. 그러나 아직까지 기업별 조합형태가 주류를 이루고 있다.

4. 노동조합의 설립

1) 설립요건

노동조합을 설립하는 데 필요한 요건은 실질적인 요건, 소극적인 요건 및 형식적인 요건으로 나누어 볼 수 있다.

(1) 실질적 요건

❶ 근로자가 주체가 되어야 한다.

❷ 근로자가 대내적으로는 스스로의 의사에 의하여 조직하고, 대외적으로는 그 운영에 있어서 사용자는 물론 행정관청, 정당 또는 종교 등으로부터 독립해야 한다.

❸ 근로조건의 유지, 개선 등을 목적으로 하여야 한다.

(2) 소극적 요건

소극적인 요건이란 결격요건을 말하며 다음의 경우에는 勞動組合으로 보지 아니한다.

❶ 사용자 또는 항상 그의 이익을 대표하여 행동하는 자의 참가를 허용하는 경우

❷ 경비의 주된 부분을 사용자로부터 원조받는 경우

❸ 공제 · 수양 기타 복리사업만을 목적으로 하는 경우

❹ 근로자가 아닌 자의 가입을 허용하는 경우. 다만, 해고된 자가 노동위원회에 부당노동행위의 구제신청을 한 경우에는 중앙노동위원회의 재심판정이 있을 때까지는 근로자가 아닌 자로 해석하여서는 아니 된다.

❺ 주로 정치운동을 목적으로 하는 경우

(3) 형식적 요건

노동조합이 노동법의 보호를 받기 위해서는 형식적 요건을 갖춰야 한다. 즉 설립신고서와 규약을 첨부하여 행정관청에 설립신고를 하고 신고증을 3일 이내에 교부받아야 한다.

2) 노동조합의 가입방법

노동조합의 가입방법으로서 일반적으로 3가지의 제도가 있으며 이들을 통칭하여 Shop 제도라고 한다.

(1) Open Shop

사용자는 조합원이든 비조합원이든 차별을 두지 않고 채용할 수 있으며, 근로자의 노동조합 가입여부는 전적으로 근로자의 의지에 달려 있다. 따라서 이는 노조의 안정도에서 볼 때 가장 취약한 제도이며, 우리나라의 대부분의 노동조합이 이 제도를 채택하고 있다.

(2) Union Shop

사용자는 비조합원을 일단 채용할 수는 있지만 채용 후 일정 기간 안에 조합에 가입해야 한다. 만약 일정 기간 안에 조합에 가입하지 않을 경우 그 종업원은 자동적으로 해고된다. 미국의 경우 대부분의 단체협약에서 노조안정을 위한 방법으로 이것을 채택하고 있다. 현행 법률은 원칙적으로 클로즈드숍과 유니언숍을 금지하고 있다. 다만 노동조합이 당해사업장에 종사하는 근로자의 3

분의 2 이상을 대표하고 있는 경우에는 근로자가 그 노동조합의 조합원이 될 것을 고용조건으로 하는 단체협약의 체결을 예외로 인정하고 있다.

다만 이 경우에도 사용자는 근로자가 당해 노동조합에서 제명된 것을 이유로 하여 해고 등 신분상의 불이익을 줄 수 없도록 규정함으로써 제한적으로만 유니언숍 제도를 인정하고 있다.

(3) Closed Shop

노동조합의 조합원만이 사용자에게 고용될 수 있는 제도로 조합원자격이 고용의 전제조건이 된다. 이 경우 노동조합이 노동공급의 중요한 원천이 되기 때문에 노동공급을 가장 강력하게 통제할 수 있다. 미국의 경우 이 제도는 1947년의 태프트-하틀리법에 의해 불법화되었으나 건설업, 해운업, 인쇄업 등에서는 현실적으로 인정되고 있다. 우리나라의 경우도 노조가입자유주의를 채택하고 있어 허용되지 않는 제도이지만 현실적으로는 항만노동조합에서 적용되고 있다.

■ 연도별 노동조합 현황

구분	전체 노조수	산별 노련 (조)수	단위노조		조합원수		단위노조 평균 조합원수	노조 조직률 (%)
			개수	증가율(%)	명수	증가율(%)		
1963	2,150	16	1,820	-	224,420	-	-	-
1965	2,634	16	2,255	-	301,522	-	-	-
1970	3,500	17	3,482	-	473,259	-	135.9	-
1975	4,091	17	4,073	16.9	750,235	58.5	184.2	-
1980	2,635	16	2,618	-35.7	948,134	26.3	362.2	21.0
1985	2,551	16	2,534	-3.2	1,004,398	5.9	396.4	16.9
1987.6	2,742	16	2,725	-	1,050,201	-	-	15.7
1987.12	4,103	16	4,086	61.2	1,267,457	26.1	310.2	18.5
1988	6,164	21	6,142	50.3	1,707,456	34.7	278.0	19.5
1989	7,783	21	7,861	27.9	1,932,415	13.1	245.8	19.8
1990	7,698	21	7,676	-2.3	1,886,884	-2.3	245.8	18.4

구분	전체 노조수	산별 노련(조)수	단위노조		조합원수		단위노조 평균 조합원수	노조 조직률(%)
			개수	증가율(%)	명수	증가율(%)		
1991	7,656	21	7,634	−0.5	1,803,408	−4.4	236.2	17.2
1992	7,527	21	7,505	−1.6	1,734,598	−3.8	231.1	16.4
1993	7,147	26	7,120	−5.1	1,667,373	−3.8	234.2	15.6
1994	7,025	26	6,998	−1.7	1,659,011	−0.5	237.1	14.5
1995	6,606	26	6,579	−5.9	1,614,800	−2.6	245.4	13.8
1996	6,424	26	6,397	−2.7	1,598,558	−1.0	249.9	13.3
1997	5,733	41	5,733	−10.4	1,484,194	−7.2	258.9	12.2
1998	5,560	42	5,560	−3.0	1,401,940	−5.5	252.7	12.6
1999	5,637	43	5,637	1.4	1,480,666	5.6	262.7	11.9
2000	5,698	44	5,652	0.3	1,526,995	3.1	270.2	12.0

제3절 단체교섭과 단체협약

1. 단체교섭

단체교섭은 근로자들이 노동조합이라는 교섭력을 바탕으로 임금을 비롯한 근로자의 근로조건 유지, 개선과 복지증진 및 경제적, 사회적 지위향상을 위하여 사용자와 교섭하는 것을 의미한다. 단체교섭의 주체는 노사 쌍방이며 구체적으로는 한쪽은 사용자이고, 나머지 한쪽은 개별 근로자가 아닌 노동조합이다. 교섭은 노사 당사자의 개별적 교섭이 아닌 다수의 대표자들에 의한 공개교섭이라는 점에서 단체교섭이라고 불린다.

단체교섭은 노사가 대등한 위치에서 서로 상반되는 주장에 대하여 다양한 수단과 방법을 동원하여 타결점을 찾으려는 일련의 정치적 과정이다.

2. 단체협약

단체협약이란 노동조합과 사용자 간에 체결되는 근로관계에 관한 계약을 의미한다. 단체협약은 일단 성립되고 그것이 법률에 저촉되지 않는 한 취업규칙이나 근로계약에 우선하므로 단체협약의 작성에는 일정한 방식이 요구된다.

첫째, 단체협약은 서면으로 작성되어야 하고, 둘째, 반드시 노사 쌍방이 서명 · 날인하여 합의한 사실을 증거로 남겨야 하며, 셋째, 협약체결 후 15일 이내에 관할행정관청에 신고하여야 한다. 또한 단체협약의 유효기간은 2년을 초과할 수 없다.

제4절 노동쟁의와 조정

1. 노동쟁의와 쟁의행위의 개념

노동쟁의란 근로자와 사용자 간에 임금 · 근로시간 · 복지 · 해고 · 기타 대우 등 근로조건의 결정에 관한 노사 간의 주장의 불일치로 인하여 발생한 분쟁상태를 말한다.

한편, 쟁의행위란 단체행동권의 행사 표출방법으로 파업, 태업, 직장폐쇄, 기타 노동관계 당사자가 그 주장을 관철하기 위하여 하는 행위와 이에 대항하는 행위로써 업무의 정상적인 운영을 저해하는 행위를 의미한다.

따라서 노동쟁의가 교섭이나 절충과정에서의 의견이 상충되어 노사 당사자 간에 정상적인 대화나 교류가 이루어지지 못하는 긴장상태인 반면, 쟁의행위는 구체적인 실력행사로 파업 등의 행위라는 점에서 이 양자는 서로 구별되는 개념이다.

2. 쟁의행위의 조건 및 방법

노사 간의 단체교섭이 결렬되고 노동위원회의 조정도 성립되지 않고 조정기간이 끝났을 경우에 노동조합은 쟁의행위에 돌입할 수 있다. 노동조합의 쟁의행위는 재적조합원의 직접, 비밀, 무기명 투표를 통해 조합원 과반수의 찬성이 있어야 개시할 수 있다.

노동조합이 쟁의행위를 하고자 하는 경우 노동부장관과 관할노동위원회에 쟁의행위의 일시, 장소, 참가인원 및 그 방법을 미리 서면으로 신고하여야 한다.

제3자의 지원을 받고자 할 경우에도 지원받고자 하는 날 3일 전까지 지원받고자 하는 사람의 인적사항, 지원받고자 하는 사항, 지원방법을 노동부장관에게 신고해야 한다.

노동조합의 쟁의유형으로는 파업, 태업, 보이콧, 피케팅 등이 있으며, 사용자의 쟁의유형으로는 직장폐쇄, 대체고용 등이 있다.

한편 쟁의행위가 공익사업에 관한 것이나, 그 규모가 크거나, 성격이 특별한 것으로 현저히 국민경제를 해치거나 국민의 일상생활을 위태롭게 할 위험이 현존할 때에는 노동부장관이 긴급조정을 결정할 수 있다.

3. 조정제도의 종류

노사 간에 단체교섭을 계속해도 당사자 간에 합의의 여지가 없는 경우에 한해 당사자 중의 어느 일방이 나머지 당사자에게 서면으로 노동쟁의 발생사실을 통보하고 노동위원회에 조정신청을 해야 한다. 이러한 조정신청일로부터 15일간은 쟁의행위를 할 수 없다. 우리나라의 조정제도로는 조정, 중재, 긴급조정이 있다.

■노동쟁의와 조정과정

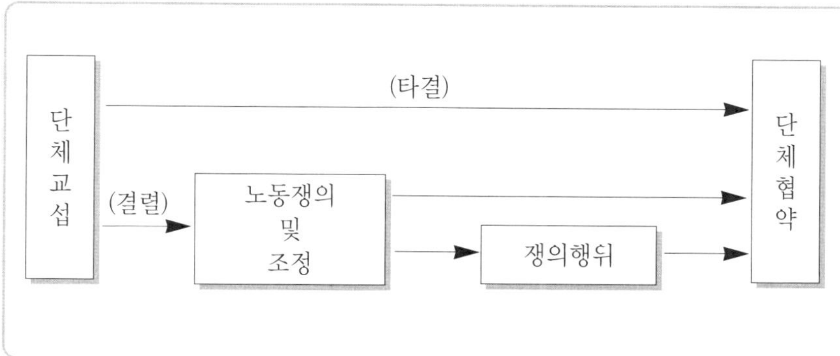

사례연구 **스스로 문닫은 노조, 법 · 원칙 앞에 '장사' 없더라.**

민주노총 전국공공서비스노동조합 소속 해양환경관리공단 노조에서 조합원이 모두 탈퇴하면서 노조가 사라졌다. 강경투쟁을 주도했던 노조위원장은 사과문까지 내고 회사를 나갔다. 노동계 관계자들은 "공공부문에서, 그것도 민주노총 소속 노조가 형체도 없이 사라진 경우는 처음 본다"고 말한다. 도대체 어떤 일이 벌어진 것일까.

해상 오염 방제사업을 담당하는 해양환경관리공단(옛 해양오염방제조합)에 노조가 결성된 것은 2007년 11월이었다. 조합원 수 172명으로, 전체 직원(480여 명)의 3분의 1 정도를 확보한 노조는 출범하자마자 노조 전임자와 사무실 배정을 요구했다. 그러나 이용우(56) 공단 이사장의 생각은 달랐다. 옛 해양수산부 기획관리실장 출신의 이 이사장은 "단체협약이 체결되기도 전에 법규에 없는 사무실이나 전임자를 인정할 수 없었다"고 말했다.

2007년 12월, 노사가 단체교섭에 들어가려 할 무렵, 태안 기름유출사고가 터졌다. 공단은 비상체제에 돌입했고 직원 전원이 태안에 투입됐다. 태안 앞바다의 오염은 걷혀갔지만, 그와 비례해 노사 관계는 꼬여만 갔다. 발단은 근무지 이탈이었다.

2008년 5월, K노조위원장과 L사무국장이 주말 당직 근무를 서야 할 예인선을 이탈해 1박 2일간 육지에서 지냈다. 공단은 인사위원회를 열어 두 사람을 해고했다. 이 이사장은 "노조 간부라고 인사조치에 예외는 없다"고 말했다. 노사 갈등은 일촉즉발의 위기로 치달았다. 공단 노조가 소속된 민주노총은 복직을 요구하며 이사장 면담을 9차례 공식 요청했다. 이 이사장이 면담을 거부하자 서울 강남 공단 본부 앞에서 시위도 벌였다.

민주노총은 "공단이 단체협약 교섭에 응하지 않는다"며 부당노동행위 혐의로 서울지방노동위에 제소했다. 이 이사장은 "민주노총의 해고자 복직 요구는 인사 등 경영권에 관한 것으로 법에 어긋난 것이었다"고 말했다.

공단 본부엔 태안 사고에 이은 '제2의 비상'이 걸렸다. 민주노총 측이 공단 본부를 점거하려 한다는 소문에 비(非)노조원 직원들은 10여 명씩 조를 짜서 건물 앞에 텐트를 치고 24시간 경비를 섰다. 조직 내부가 양편으로 나뉘어 싸우는 최악의 상황이었다. 무언가 해결책이 필요했다.

이 이사장은 이때부터 '폭탄주 순례'를 시작했다. 전국 12개 지사를 돌며 30~50명 정도의 지사 직원들과 폭탄주를 돌리며 공단 경영상황을 설명하고 현장의 애로 사항을 들었다. 직원들 반응은 엇갈렸다. "이사장과 술 먹어본 건 입사 후 처음"이라며 반기는 사람이 많았지만, "폭탄주나 돌리는 무식한 이사장"이란 비난도 노조 홈페이지에 올라왔다.

폭탄주 순례를 통해 이 이사장은 조직의 의사소통이 꽉 막혀 있음을 알았다. 이후 공단은 노사협의회를 확대해 직원들 요구 사항 수용에 나섰다. 규정상 노사 동수(同數)로 구성하게 돼 있는 노사협의회지만, 사측 대표는 6명으로 묶어두고 노측 대표는 21명으로 늘렸다. 지사 12곳 대표는 최소한 한명씩 빠짐없이 참여할 수 있게 했다.

그런 한편으로 경영합리화는 계획대로 추진했다. 85척의 공단 소유 선박 중 노후화 등으로 수익성이 낮은 3척을 매각하기로 결정했다. 매각 대상엔 노조위원장이 선장인 배도 포함됐고, 매각 선박 근무자들은 전원 다른 곳으로 전환 배치됐다.

확대 노사협의회를 통해 직원들 요구가 대폭 수용되면서 노조원 수는 급감했다. 11월 말 노조를 탈퇴한 C기관장(43)은 "노조가 몇몇 목소리 큰 사람들 뜻에 따라 강경으로 치달으면서 대부분 조합원들 생각과 달리 돌아갔다"며 "이사장이 폭탄주를 돌리며 우리 얘기를 들어주는 것을 보니 노조가 없어도 되겠다는 생각이 들더라"고 말했다.

한번 무너진 둑은 걷잡을 수 없었다. 작년 12월엔 노조원이 50여 명으로 급감했고, 조합원 투표를 통해 민주노총도 탈퇴했다. 이후 한달 만에 모든 조합원이 노조를 탈퇴해 조합원 제로(0)가 됐다

K노조위원장은 12월 9일 노조 홈페이지에 '조합원에게 올리는 글'을 올렸다. "이사장님 이하 노조 때문에 스트레스를 받고 지내신 담당 임원께도 공식적으로 죄송하다는 말씀을 드립니다." 노조는 사과문을 올린 며칠 뒤 홈페이지를 폐쇄했다. 민주노총 탈퇴 이후 공단 노조는 법적으로 존재하지 않는 상황이 됐다. 기업별 노조로 전환할 수도 있지만, 전환을 신청할 조합원이 한명도 없기 때문이다. 중앙노동위는 지난 10일 부당노동행위 결정에서 "현재 별도의 노동조합이 존재하고 있다고 보기 어렵다"고 판정 내렸다.

'법과 원칙'을 끝까지 관철시킨 이 이사장은 25일 기자와 만난 자리에서 역설적으로 노조의 필요성을 강조했다. "노조가 있었기 때문에 공단이 돌아가는 상황을 더 잘 파악할 수 있었죠. 합리적인 요구를 하는 노조라면 공단 발전을 위해서라도 환영입니다."

〈조선일보 2009. 2. 28〉

사례연구 **"비대한 몸으론 못 달려…노조 3개월 설득"**

홍문표 한국농촌공사 사장(62)은 요즘 시쳇말로 '떴다'. 이명박 대통령이 지난 2일 국무회의에서 "농촌공사가 공기업 구조조정의 모범사례"라고 언급하면서 세간의 관심을 한 몸에 받고 있다. 17대 국회의원 출신으로 농촌공사 사장에 취임한 게 지난 9월 17일. 석 달도 채 안 되는 시간에 공기업 구조조정의 전도사로 떠오른 홍 사장을 4일 만났다.

그의 첫마디는 "사람 자르는 게 기분 좋은 일은 아니지 않느냐"였다. 공기업 개혁을 위해서는 구조조정이 필요하지만 막상 제 식구를 퇴출시키는 결정을 내리기까지 겪었던 마음고생이 그만큼 심했다는 얘기다. "공기업은 적당히 하면 되는 곳이란 고정관념이 뿌리 깊게 박힌 곳이잖아요. 그런 생각을 갖고 있는 사람들에게 구조조정하자는 말을 꺼내는 것 자체가 쉽지 않았죠. 더군다나 전체 직원의 15% 이상을 자르는 일이라면요."

사실 그는 농촌공사 사장에 임명된 직후 "조용히 지내도 될 자리"라는 생각도 잠시나마 했다고 한다. 하지만 취임 직후 내린 판단은 '구조조정 없이는 미래가 없는 조직'이란 것이었다. 그래서 그는 취임하자마자 임직원들에게 "현실을 직시하자"고 말했다. 공기업이라고 마냥 영원할 수 없고 경쟁력이 뒤처지는 곳은 언젠가는 다른 기관에 통폐합되거나 아예 없어질 수밖에 없다고 생각했기 때문이다.

밤을 새워가며 노동조합과 임직원들을 만나 설득 작업을 벌인 것도 이때부터였다. 지방 각지에 있는 공사 직원들도 틈나는 대로 찾아갔다. 그러기를 3개월여. 마침내 설득작업은 지난달 25일 빛을 발했다. 2011년까지 현 정원(5912명)의 15%인 844명을 줄이자는 홍 사장의 제안에 노조가 동의한 것. 아울러 노조는 올해 임금인상분을 자진 반납하고 2급 이상 간부들은 추가로 급여의 10%를 반납, 총 51억 원의 위로금을 조성해 퇴출 직원들에게 주는 '고통분담'하자는 데도 뜻을 같이했다.

"전 임직원이 월급의 일브를 반납해 구조조정되는 직원들에게 위로금으로 준다는 게 쉬운 일은 아니잖습니까. 대통령도 국무회의 전날(1일) 직접 전화해서 대뜸 '진짜냐'라고 묻더라고요."

홍 사장은 구조조정에 이어 요즘에는 일자리 창출에 전력을 기울이고 있다. 경제위기 상황에서 주어진 예산을 조금이라도 아껴 일자리를 만드는 게 공기업이 해야 할 역할이라는 생각에서다. 이를 위해 그는 총 600억 원의 예산이 지원된 전국 304개 저수지 준설공사를 통해 21만 개의 일자리를 만드는 사업을 추진 중이다.

"국민에게 봉사하지 않는 공기업은 존재할 이유가 없죠." 바람직한 공기업상을 묻는 질문에 대한 홍 사장의 답이다.

〈한국경제 2008. 12. 5〉

사례연구 **"싸우면 노사 모두에 득될 것 없다"**

우린 임금협상 · 분규 없어요

임금 협상의 계절이다. 해마다 5월이면 노사는 임금을 놓고 거리를 맞댄다. 그런데 최근 몇 년 동안 임금협상 후유증에 따른 분구는커녕 교섭도 하지 않고 임금을 결정하는 기업들이 있다. 신라명과와 한국 후지제록스가 그렇다. 회사경영이 어렵다든지 해서 노조가 임금 인상 결정을 회사에 일임한 것도 아니다.

신라명과는 2003년부터 매년 노사가 번갈아 임금 상승률을 정한다. 노사 양측은 이를 '백지수표를 상대방에 위임한다' 고 표현한다.

신뢰가 바탕이 됐다. 2003년에는 노조가, 2004년에는 회사가, 올해는 노조가 임금 인상률을 결정했다. 노조가 결정하면 사측이 따르고, 사측이 결정한 해에는 노조가 그대로 수용한다. 2003년에는 기본급 7% 인상, 2004년에는 기본급 7.5% 인상 + 상여금 50% 인상을 결정했다. 올해는 기본급이 5% 인상됐다. 지금까지 회사가 노조보다 인심을 더 썼다.

신라명과 노사가 '협상 아닌 협상' 으로 임금을 결정키로 합의한 것은 과거의 임금협상 방식이 비효율적이라는 데 인식을 같이 했기 때문이다.

홍평우 신라명과 대표는 “전에는 노사가 인상률 0.5%를 놓고 씨름을 하느라 한 두 달간 회사 분위기가 엉망이 되고 생산성이 떨어졌다”고 말했다.

김양수 노조위원장은 “협상을 하지 않고도 적절히 임금이 올라 노조원들의 반응도 좋다”고 말했다. 그는 “싸우지 않는 노조가 더 강하다. 싸운다는 것은 뭔가 안 풀린다는 것이고 이를 실력 행사로 해결하려면 서로 득될 것이 없다”고 덧붙였다.

홍 대표는 “일반적으로는 노조가 선명노선을 내세워 강경대응을 선택하는 게 오히려 쉬울 수 있다”며 ‘노조의 결단’에 만족감을 표시했다.

한국 후지제록스는 2001년부터 노조가 임금 인상률을 정한다. 그러면 회사는 두말하지 않고 이를 받아들인다.

이 같은 변화는 다카스기 노부야(高杉暢也) 전 회장이 부임하면서 시작됐다. 외환위기 직후 취임한 다카스기 회장은 “올해는 상여금을 못 준다. 그러나 정상화되면 이익을 나누겠다”고 말했다. 이에 대한 노조원의 반응은 “못 믿겠다”는 것이 대세였다.

그러자 다카스기 회장은 “경영 현황을 낱낱이 공개하고, 앞으로 임금 인상률 결정도 노조에 위임하겠다”고 배수진을 쳤다. 실제로 다카스기 회장은 회사의 경영 현황을 매달 사내 전자게시판에 공개했다. 직원들이 궁금해 하는 점을 전자게시판에 올리면 임원들이 나서 직접 설명하도록 했다.

회장 자신도 직원들과 삼겹살에 소주잔을 기울이며 회사의 장래에 대해 이야기를 나눴다. 이처럼 노조는 경영층과의 대화를 통해 회사 현황을 파악한다.

노조는 이를 바탕으로 2001년엔 9%, 2002년 7%, 2003년 8%, 지난해는 6%의 임금인상안을 회사에 내놨고 회사는 이를 그대로 반영했다.

회사 측 관계자는 “노조가 경영실적을 살펴가며 나름대로 합리적인 인상률을 정했다”고 설명했다. 이 회사 이호성 노조위원장은 “회사가 직원들을 ‘경영의 동반자’로 여기고 있어 회사에 믿음이 간다”고 말했다.

노사 간 신뢰가 쌓이면서 경영실적도 한층 나아졌다. 2003년 2460억 원이던 한국 후지제록스의 매출은 지난해 3460억 원으로 40% 성장했다.

〈중앙일보 2005. 4. 28〉

사례연구 **가장 일하고 싶은 글로벌 기업**

지난해 11월에 열린 한세베트남 체육대회 모습

한세실업은 10년 내 매출 30억 달러 달성을 목표로 하고 있다. 현재 한세실업의 실적 추세를 비춰보면 불가능한 수치는 아니다. 한세실업은 과거 미주지역에 집중되어 있던 매출 다변화를 위해 유럽과 일본의 주문량 확대를 위해 역량을 집중하고 있다.유럽시장의 무관세 혜택을 받을 수 있는 미얀마에 대규모 생산시설 증설 프로젝트 완성이 눈앞에 다가왔으며, 2년 전부터 진행한 아이티 제1공장이 준공돼 지난달부터 본격 가동에 들어갔다.

미국 뉴욕과 LA에 이어 벤턴빌에 영업오피스를 개소하며 영업력 강화에 나서고 있다. 미국 소비자 경기 회복도 한세실업 실적 상승에 긍정적인 영향을 주고 있다.한세실업은 현재 전체 매출의 7% 수준인 유럽과 미국 수주 물량을 2020년까지 10% 이상으로 끌어올리고 ZARA, H&M, PRIMARK 등의 주요 고객과의 매출을 늘리겠다는 계획을 가지고 있다.

한편 한세실업은 자회사인 컬러앤터치를 통해 원단 영업력을 강화했다. 패션업에서는 무엇보다 짧은 기간에 주문량을 납품하는 단납기 오더가 가장 큰 경쟁력인데, 한세실업은 김익환 대표가 추진 중인 'HAMS'를 통해 경쟁사 대비 최고 수준으로 끌어올렸다는 것이 업계 평가다.

한세실업이 글로벌 시장에서 승승장구하는 비결로 철저한 직원 친화적 경영과 철저한 현지화 전략을 꼽고 있다. 한세실업은 다양한 사회공헌 활동과 직원 친화 프로그램을 통해 베트남 및 해외 현지 법인에서는 '가장 일하고 싶은 가족 친화 기업(Great Work Place)'으로 불리고 있다. 직원과 함께 성장한다는 기업의 비전을 서울 본사 직원들은 물론 전 세계에서 근무하는 직원들과 공유하고 법인과 공장이 위치한 현지 주민들과 상생하는 것을 무엇보다 중요시하는 기업 문화를 만들어 가고 있다. 최대 매출액을 차지하는 한세베트남 법인의 경우도 마찬가지다.

베트남 내 한국 직원들은 생산직으로 근무하는 현지 직원 가족의 각종 경조사에 참석한다. 국적을 불문하고 '한세'라는 이름 아래 기쁜 일과 슬픈 일을 함께 나누는 것이다. 1992년부터는 해외법인에서 근무하는 직원들 중 근무 평가가 우수한 직원들에게는 한국 방문의 기회를 주고 있다. 서울 본사와 서울 주요 관광지를 둘러보는 일정으로 '글로벌 한세인'이란 이름으로 진행하고 있다. 그간 열심히 일한 직원들의 노고에 보답하는 회사의 취지도 있지만 한세라는 한 지붕 아래 근무하고 있다는 자긍심을 고취시키고, 동시에 한국문화를 이해할 수 있는 기회를 부여해 한국 직원들과의 거리감을 줄여보자는 취지다. 이 프로그램을 통해 매년 10여 명이 선발돼 현재까지 300여 명이 한국 방문의 기회를 얻었다.

매년 11월에는 베트남 호찌민에서 한세실업의 임직원들과 가족을 포함 3만여 명이 모이는 대규모 체육대회를 개최하고 있다. 단합과 노사화합을 위해 벌이는 한세베트남 체육대회는 오전 6시부터 시작해 축구대회부터 줄다리기, 이어달리기 등 체육행사를 비롯해 베트남 최고 인기가수의 공연 등이 함께 펼쳐진다. 이날의 하이라이트는 미국의 유명 오디션 프로그램에서 착안해 한세베트남법인에서 근무하고 있는 직원들의 장기를 선보이는 '한세 GOT Talent'라는 프로그램이다.

매년 1000명 이상의 직원들이 이 프로그램에 참여해 예선을 치르고 체육대회 당일 결선을 치르는데 참석한 직원들뿐 아니라 함께 온 가족들에게도 반응이 뜨거운 것은 물론 베트남 현지에서도 큰 관심을 가지고 있는 연례행사다. 한세베트남법인에서 근무하는 레 우옌 호앙 안 씨는 "한세베트남 법인 직원들은 한국 연수뿐 아니라 체육대회 등 직원들이 즐겁게 근무하고 자긍심을 높이는 프로그램을 하고 있어 다른 회사 직원들의 부러움을 사고 있다"며 "직원들뿐 아니라 가족들도 체육대회 날을 손꼽아 기다릴 정도다"고 말했다.

더불어 한세실업의 니카라과 법인은 2015년 공장 내 모유 수유실을 설치하고 모유 수유 교육을 실시하는 등 아이들을 가진 여성 근로자를 의한 근로 환경 개선에 힘쓰고 있다. 이런 한세실업의 근로환경 개선은 니카라과에서도 모범 사례로 인정받고 있으며 안정적 고용 창출, 원활한 노사 관계 발전에 이바지한 기업에 수여하는 니카라과 노동부 장관상을 수상한 바 있다.

이 밖에도 신입사원 베트남 연수, 우리사주제도(ESOP)와 우수 미국 연수, 장기 근속자 여행 지원, 분기별 유명 인사 초청 강연, MBA와 외국어 교육 등 사내 교육 프로그램, 전자도서관, 어린이집 등 다양한 복리후생 프로그램을 운영한다. 2015년 여의도 본사 안원빌딩에 개원한 한세 어린이집은 한세실업 외에도 한세예스24홀딩스의 계열사 임직원이라면 누구나 이용이 가능해 직원들의 호응이 높다.

50여 명 규모의 한세 어린이집은 자작나무 원목 인테리어와 황토줄, 옥수수벽지, 천연이끼 등 친환경 자재를 사용했고, 창의력이 돋보이는 수족관 버스 등 각종 놀이기구는 아이들이 안전하고 즐겁게 뛰어 놀 수 있는 환경으로 조성돼 있다. 인테리어 전반에 '토리아드' 요정 캐릭터를 적용해 아이들이 정서적으로 밝고 친숙하게 적응할 수 있도록 했다.

김유미 과장은 "교육 프로그램을 엄마와 아빠가 선정할 수 있어 좋고, 비싼 어린이집과 비교해도 손색없는 시설을 갖추고 있어 부모들 사이에 만족도가 높다"며 "무엇보다 아이와 한 건물에 있다 보니 안심이 되고 아이에 대한 걱정이 줄다 보니 업무에 더 집중할 수 있다"고 말했다. ?임직원 학부모들이 직접 선택한 위탁업체 한솔교육희망재단은 직장어린이집 보육을 전문으로 하며 한세예스24어린이집만을 위해 글로벌 챌린지 프로그람, 에코그린 생태학습 프로그램 등 다양하고 알찬 교육 프로그램을 개발하였고 실력 있고 검증된 보육교사를 전반에 배치되어 있어 안심하고 자녀들을 맡길 수 있다는 게 한세실업 관계자의 설명이다.

한세실업은 이 외에도 다양한 복지 프로그램을 통해 직원 친화경영을 실천하고 있다. 신입사원들이 입사하면 한세실업 최대 생산기지인 한세베트남 법인을 방문해 실제 의류 제작이 이뤄지고 있는 현장과 호찌민시 중심에 위치한 영업오피스를 방문해 선배들이 하고 있는 업무를 직접 눈으로 보고 익힐 수 있는 기회를 주고 있다. 입사 이후에는 예스24와 협력해 구축한 전자도서관을 통해 원하는 도서를 마음껏 볼 수 있다. 영어, 중국어, 스페인어, 베트남어 등 자신이 원하면 얼마든 언어 등 자기계발의 기회도 가질 수 있다.

팀장 등 중간관리자들에게는 사내 MBA 교육과 영어 교육을 실시해 경쟁력을 높일 수 있도록 하고 있으며, 10년 이상 한세실업에 근무한 장기 근속자 20여 명에게는 가족과 함께 해외여행을 갈 수 있는 특전이 주어진다. 근무평가 우수 직원들에게 미국 뉴욕과 LA, 벤턴빌에 위치한 영업 오피스를 견학하는 미주연수 기회와 우리사주제도(ESOP) 등 다양한 복리후생 프로그램을 꾸준히 시행하고 있다.

〈동아일보 2018. 10. 17〉

노동조합 및 노동관계조정법

제1장 총칙

제1조(목적) 이 법은 헌법에 의한 근로자의 단결권 · 단체교섭권 및 단체행동권을 보장하여 근로조건의 유지 · 개선과 근로자의 경제적 · 사회적 지위의 향상을 도모하고, 노동관계를 공정하게 조정하여 노동쟁의를 예방 · 해결함으로써 산업평화의 유지와 국민경제의 발전에 이바지함을 목적으로 한다.

제2조(정의) 이 법에서 사용하는 용어의 정의는 다음과 같다.

1. "근로자"라 함은 직업의 종류를 불문하고 임금 · 급료 기타 이에 준하는 수입에 의하여 생활하는 자를 말한다.
2. "사용자"라 함은 사업주, 사업의 경영담당자 또는 그 사업의 근로자에 관한 사항에 대하여 사업주를 위하여 행동하는 자를 말한다.
3. "사용자단체"라 함은 노동관계에 관하여 그 구성원인 사용자에 대하여 조정 또는 규제할 수 있는 권한을 가진 사용자의 단체를 말한다.
4. "노동조합"이라 함은 근로자가 주체가 되어 자주적으로 단결하여 근로조건의 유지 · 개선 기타 근로자의 경제적 · 사회적 지위의 향상을 도모함을 목적으로 조직하는 단체 또는 그 연합단체를 말한다. 다만, 다음 각 목의 1에 해당하는 경우에는 노동조합으로 보지 아니한다.
   가. 사용자 또는 항상 그의 이익을 대표하여 행동하는 자의 참가를 허용하는 경우
   나. 경비의 주된 부분을 사용자로부터 원조받는 경우
   다. 공제 · 수양 기타 복리사업만을 목적으로 하는 경우
   라. 근로자가 아닌 자의 가입을 허용하는 경우. 다만, 해고된 자가 노동위원회에 부당노동행위의 구제신청을 한 경우에는 중앙노동위원회의 재심판정이 있을 때까지는 근로자가 아닌 자로 해석하여서는 아니된다.
   마. 주로 정치운동을 목적으로 하는 경우
5. "노동쟁의"라 함은 노동조합과 사용자 또는 사용자단체(이하 "노동관계 당사자"라 한다)간에 임금 · 근로시간 · 복지 · 해고 기타 대우등 근로조건의 결정에 관한 주장의 불일치로 인하여 발생한 분쟁상태를 말한다. 이 경우 주장의 불일치라 함은 당사자간에 합의를 위한 노력을 계속하여도 더이상 자주적 교섭에 의한 합의의 여지가 없는 경우를 말한다.
6. "쟁의행위"라 함은 파업 · 태업 · 직장폐쇄 기타 노동관계 당사자가 그

주장을 관철할 목적으로 행하는 행위와 이에 대항하는 행위로서 업무의 정상적인 운영을 저해하는 행위를 말한다.

제3조(손해배상 청구의 제한) 사용자는 이 법에 의한 단체교섭 또는 쟁의행위로 인하여 손해를 입은 경우에 노동조합 또는 근로자에 대하여 그 배상을 청구할 수 없다.

제4조(정당행위) 형법 제20조의 규정은 노동조합이 단체교섭 · 쟁의행위 기타의 행위로서 제1조의 목적을 달성하기 위하여 한 정당한 행위에 대하여 적용된다. 다만, 어떠한 경우에도 폭력이나 파괴행위는 정당한 행위로 해석되어서는 아니된다.

제2장 노동조합

제1절 통칙

제5조(노동조합의 조직 · 가입) 근로자는 자유로이 노동조합을 조직하거나 이에 가입할 수 있다. 다만, 공무원과 교원에 대하여는 따로 법률로 정한다.

제6조(법인격의 취득) ① 노동조합은 그 규약이 정하는 바에 의하여 법인으로 할 수 있다.

② 노동조합은 당해 노동조합을 법인으로 하고자 할 경우에는 대통령령이 정하는 바에 의하여 등기를 하여야 한다.

③ 법인인 노동조합에 대하여는 이 법에 규정된 것을 제외하고는 민법 중 사단법인에 관한 규정을 적용한다.

제7조(노동조합의 보호요건) ① 이 법에 의하여 설립된 노동조합이 아니면 노동위원회에 노동쟁의의 조정 및 부당노동행위의 구제를 신청할 수 없다.

② 제1항의 규정은 제81조제1호 · 제2호 및 제5호의 규정에 의한 근로자의 보호를 부인하는 취지로 해석되어서는 아니된다.

③ 이 법에 의하여 설립된 노동조합이 아니면 노동조합이라는 명칭을 사용할 수 없다.

제8조(조세의 면제) 노동조합에 대하여는 그 사업체를 제외하고는 세법이 정하는 바에 따라 조세를 부과하지 아니한다.

제9조(차별대우의 금지) 노동조합의 조합원은 어떠한 경우에도 인종, 종교, 성별, 연령, 신체적 조건, 고용형태, 정당 또는 신분에 의하여 차별대우를 받지 아니한다.

제2절 노동조합의 설립

제10조(설립의 신고) ① 노동조합을 설립하고자 하는 자는 다음 각호의 사항을 기재한 신고서에 제11조의 규정에 의한 규약을 첨부하여 연합단체인 노동조합과 2 이상의 특별시 · 광역시 · 특별자치시 · 도 · 특별자치도에 걸치는 단위노동조합은 고용노동부장관에게, 2 이상의 시 · 군 · 구(자치구를 말한다)에 걸치는 단위노동조합은 특별시장 · 광역시장 · 도지사에게, 그 외의 노동조합은 특별자치시장 · 특별자치도지사 · 시장 · 군수 · 구청장(자치구의 구청장을 말한다. 이하 제12조제1항에서 같다)에게 제출하여야 한다.

1. 명칭
2. 주된 사무소의 소재지
3. 조합원수
4. 임원의 성명과 주소
5. 소속된 연합단체가 있는 경우에는 그 명칭
6. 연합단체인 노동조합에 있어서는 그 구성노동단체의 명칭, 조합원수, 주된 사무소의 소재지 및 임원의 성명 · 주소

② 제1항의 규정에 의한 연합단체인 노동조합은 동종산업의 단위노동조합을 구성원으로 하는 산업별 연합단체와 산업별 연합단체 또는 전국규모의 산업별 단위노동조합을 구성원으로 하는 총연합단체를 말한다.

제11조(규약) 노동조합은 그 조직의 자주적 · 민주적 운영을 보장하기 위하여 당해 노동조합의 규약에 다음 각 호의 사항을 기재하여야 한다.

1. 명칭
2. 목적과 사업
3. 주된 사무소의 소재지
4. 조합원에 관한 사항(연합단체인 노동조합에 있어서는 그 구성단체에 관한 사항)
5. 소속된 연합단체가 있는 경우에는 그 명칭
6. 대의원회를 두는 경우에는 대의원회에 관한 사항
7. 회의에 관한 사항
8. 대표자와 임원에 관한 사항
9. 조합비 기타 회계에 관한 사항
10. 규약변경에 관한 사항
11. 해산에 관한 사항
12. 쟁의행위와 관련된 찬반투표 결과의 공개, 투표자 명부 및 투표용지 등의 보존 · 열람에 관한 사항

13. 대표자와 임원의 규약위반에 대한 탄핵에 관한 사항
14. 임원 및 대의원의 선거절차에 관한 사항
15. 규율과 통제에 관한 사항

제12조(신고증의 교부) ① 고용노동부장관, 특별시장 · 광역시장 · 특별자치시장 · 도지사 · 특별자치도지사 또는 시장 · 군수 · 구청장(이하 "행정관청"이라 한다)은 제10조제1항의 규정에 의한 설립신고서를 접수한 때에는 제2항 전단 및 제3항의 경우를 제외하고는 3일 이내에 신고증을 교부하여야 한다.

② 행정관청은 설립신고서 또는 규약이 기재사항의 누락등으로 보완이 필요한 경우에는 대통령령이 정하는 바에 따라 20일 이내의 기간을 정하여 보완을 요구하여야 한다. 이 경우 보완된 설립신고서 또는 규약을 접수한 때에는 3일 이내에 신고증을 교부하여야 한다.

③ 행정관청은 설립하고자 하는 노동조합이 다음 각호의 1에 해당하는 경우에는 설립신고서를 반려하여야 한다.

1. 제2조제4호 각목의 1에 해당하는 경우
2. 제2항의 규정에 의하여 보완을 요구하였음에도 불구하고 그 기간내에 보완을 하지 아니하는 경우

④ 노동조합이 신고증을 교부받은 경우에는 설립신고서가 접수된 때에 설립된 것으로 본다.

제13조(변경사항의 신고등) ① 노동조합은 제10조제1항의 규정에 의하여 설립신고된 사항 중 다음 각호의 1에 해당하는 사항에 변경이 있는 때에는 그 날부터 30일 이내에 행정관청에게 변경신고를 하여야 한다.

1. 명칭
2. 주된 사무소의 소재지
3. 대표자의 성명
4. 소속된 연합단체의 명칭

② 노동조합은 매년 1월 31일까지 다음 각호의 사항을 행정관청에게 통보하여야 한다. 다만, 제1항의 규정에 의하여 전년도에 변경신고된 사항은 그러하지 아니하다.

1. 전년도에 규약의 변경이 있는 경우에는 변경된 규약내용
2. 전년도에 임원의 변경이 있는 경우에는 변경된 임원의 성명
3. 전년도 12월 31일 현재의 조합원수(연합단체인 노동조합에 있어서는 구성단체별 조합원수)

제3절 노동조합의 관리

제14조(서류비치등) ① 노동조합은 조합설립일부터 30일 이내에 다음 각호의 서류를 작성하여 그 주된 사무소에 비치하여야 한다.

1. 조합원 명부(연합단체인 노동조합에 있어서는 그 구성단체의 명칭)
2. 규약
3. 임원의 성명 · 주소록
4. 회의록
5. 재정에 관한 장부와 서류

② 제1항제4호 및 제5호의 서류는 3연간 보존하여야 한다.

제15조(총회의 개최) ① 노동조합은 매년 1회 이상 총회를 개최하여야 한다.

② 노동조합의 대표자는 총회의 의장이 된다.

제16조(총회의 의결사항) ① 다음 각호의 사항은 총회의 의결을 거쳐야 한다.

1. 규약의 제정과 변경에 관한 사항
2. 임원의 선거와 해임에 관한 사항
3. 단체협약에 관한 사항
4. 예산 · 결산에 관한 사항
5. 기금의 설치 · 관리 또는 처분에 관한 사항
6. 연합단체의 설립 · 가입 또는 탈퇴에 관한 사항
7. 합병 · 분할 또는 해산에 관한 사항
8. 조직형태의 변경에 관한 사항
9. 기타 중요한 사항

② 총회는 재적조합원 과반수의 출석과 출석조합원 과반수의 찬성으로 의결한다. 다만, 규약의 제정 · 변경, 임원의 해임, 합병 · 분할 · 해산 및 조직형태의 변경에 관한 사항은 재적조합원 과반수의 출석과 출석조합원 3분의 2 이상의 찬성이 있어야 한다.

③ 임원의 선거에 있어서 출석조합원 과반수의 찬성을 얻은 자가 없는 경우에는 제2항 본문의 규정에 불구하고 규약이 정하는 바에 따라 결선투표를 실시하여 다수의 찬성을 얻은 자를 임원으로 선출할 수 있다.

④ 규약의 제정 · 변경과 임원의 선거 · 해임에 관한 사항은 조합원의 직접 · 비밀 · 무기명투표에 의하여야 한다.

제17조(대의원회) ① 노동조합은 규약으로 총회에 갈음할 대의원회를 둘 수 있다.

② 대의원은 조합원의 직접 · 비밀 · 무기명투표에 의하여 선출되어야 한다.

③ 대의원의 임기는 규약으로 정하되 3년을 초과할 수 없다.
④ 대의원회를 둔 때에는 총회에 관한 규정은 대의원회에 이를 준용한다.

제18조(임시총회등의 소집) ① 노동조합의 대표자는 필요하다고 인정할 때에는 임시총회 또는 임시대의원회를 소집할 수 있다.
② 노동조합의 대표자는 조합원 또는 대의원의 3분의 1 이상(연합단체인 노동조합에 있어서는 그 구성단체의 3분의 1 이상)이 회의에 부의할 사항을 제시하고 회의의 소집을 요구한 때에는 지체없이 임시총회 또는 임시대의원회를 소집하여야 한다.
③ 행정관청은 노동조합의 대표자가 제2항의 규정에 의한 회의의 소집을 고의로 기피하거나 이를 해태하여 조합원 또는 대의원의 3분의 1 이상이 소집권자의 지명을 요구한 때에는 15일 이내에 노동위원회의 의결을 요청하고 노동위원회의 의결이 있는 때에는 지체없이 회의의 소집권자를 지명하여야 한다.
④ 행정관청은 노동조합에 총회 또는 대의원회의 소집권자가 없는 경우에 조합원 또는 대의원의 3분의 1 이상이 회의에 부의할 사항을 제시하고 소집권자의 지명을 요구한 때에는 15일 이내에 회의의 소집권자를 지명하여야 한다.

제19조(소집의 절차) 총회 또는 대의원회는 회의개최일 7일 전까지 그 회의에 부의할 사항을 공고하고 규약에 정한 방법에 의하여 소집하여야 한다. 다만, 노동조합이 동일한 사업장 내의 근로자로 구성된 경우에는 그 규약으로 공고기간을 단축할 수 있다.

제20조(표결권의 특례) 노동조합이 특정 조합원에 관한 사항을 의결할 경우에는 그 조합원은 표결권이 없다.

제21조(규약 및 결의처분의 시정) ① 행정관청은 노동조합의 규약이 노동관계법령에 위반한 경우에는 노동위원회의 의결을 얻어 그 시정을 명할 수 있다.
② 행정관청은 노동조합의 결의 또는 처분이 노동관계법령 또는 규약에 위반된다고 인정할 경우에는 노동위원회의 의결을 얻어 그 시정을 명할 수 있다. 다만, 규약위반시의 시정명령은 이해관계인의 신청이 있는 경우에 한한다.
③ 제1항 또는 제2항의 규정에 의하여 시정명령을 받은 노동조합은 30일 이내에 이를 이행하여야 한다. 다만, 정당한 사유가 있는 경우에는 그 기간을 연장할 수 있다.

제22조(조합원의 권리와 의무) 노동조합의 조합원은 균등하게 그 노동조합의 모든 문제에 참여할 권리와 의무를 가진다. 다만, 노동조합은 그 규약으로 조합비를 납부하지 아니하는 조합원의 권리를 제한할 수 있다.

제23조(임원의 선거등) ① 노동조합의 임원은 그 조합원중에서 선출되어야 한다.

② 임원의 임기는 규약으로 정하되 3년을 초과할 수 없다.

제24조(노동조합의 전임자) ① 근로자는 단체협약으로 정하거나 사용자의 동의가 있는 경우에는 근로계약 소정의 근로를 제공하지 아니하고 노동조합의 업무에만 종사할 수 있다.

② 제1항의 규정에 의하여 노동조합의 업무에만 종사하는 자(이하 "전임자"라 한다)는 그 전임기간동안 사용자로부터 어떠한 급여도 지급받아서는 아니된다.

③ 사용자는 전임자의 정당한 노동조합 활동을 제한하여서는 아니 된다.

④ 제2항에도 불구하고 단체협약으로 정하거나 사용자가 동의하는 경우에는 사업 또는 사업장별로 조합원 수 등을 고려하여 제24조의2에 따라 결정된 근로시간 면제 한도(이하 "근로시간 면제 한도"라 한다)를 초과하지 아니하는 범위에서 근로자는 임금의 손실 없이 사용자와의 협의ㆍ교섭, 고충처리, 산업안전 활동 등 이 법 또는 다른 법률에서 정하는 업무와 건전한 노사관계 발전을 위한 노동조합의 유지ㆍ관리업무를 할 수 있다.

⑤ 노동조합은 제2항과 제4항을 위반하는 급여 지급을 요구하고 이를 관철할 목적으로 쟁의행위를 하여서는 아니 된다.

제24조의2(근로시간면제심의위원회) ① 근로시간 면제 한도를 정하기 위하여 근로시간면제심의위원회(이하 이 조에서 "위원회"라 한다)를 고용노동부에 둔다.

② 근로시간 면제 한도는 위원회가 심의ㆍ의결한 바에 따라 고용노동부장관이 고시하되, 3년마다 그 적정성 여부를 재심의하여 결정할 수 있다.

③ 위원회는 노동계와 경영계가 추천하는 위원 각 5명, 정부가 추천하는 공익위원 5명으로 구성된다.

④ 위원장은 공익위원 중에서 위원회가 선출한다.

⑤ 위원회는 재적위원 과반수의 출석과 출석위원 과반수의 찬성으로 의결한다.

⑥ 위원의 자격, 위촉과 위원회의 운영 등에 필요한 사항은 대통령령으로 정한다.

제25조(회계감사) ① 노동조합의 대표자는 그 회계감사원으로 하여금 6월에 1회 이상 당해 노동조합의 모든 재원 및 용도, 주요한 기부자의 성명, 현재의 경리 상황등에 대한 회계감사를 실시하게 하고 그 내용과 감사결과를 전체 조합원에게 공개하여야 한다.

② 노동조합의 회계감사원은 필요하다고 인정할 경우에는 당해 노동조합의 회계감사를 실시하고 그 결과를 공개할 수 있다.

제26조(운영상황의 공개) 노동조합의 대표자는 회계연도마다 결산결과와 운영상황을 공표하여야 하며 조합원의 요구가 있을 때에는 이를 열람하게 하여야 한다.

제27조(자료의 제출) 노동조합은 행정관청이 요구하는 경우에는 결산결과와 운영상황을 보고하여야 한다.

제4절 노동조합의 해산

제28조(해산사유) ① 노동조합은 다음 각호의 1에 해당하는 경우에는 해산한다.

1. 규약에서 정한 해산사유가 발생한 경우
2. 합병 또는 분할로 소멸한 경우
3. 총회 또는 대의원회의 해산결의가 있는 경우
4. 노동조합의 임원이 없고 노동조합으로서의 활동을 1년 이상 하지 아니한 것으로 인정되는 경우로서 행정관청이 노동위원회의 의결을 얻은 경우

② 제1항제1호 내지 제3호의 사유로 노동조합이 해산한 때에는 그 대표자는 해산한 날부터 15일 이내에 행정관청에게 이를 신고하여야 한다.

제3장 단체교섭 및 단체협약

제29조(교섭 및 체결권한) ① 노동조합의 대표자는 그 노동조합 또는 조합원을 위하여 사용자나 사용자단체와 교섭하고 단체협약을 체결할 권한을 가진다.

② 제29조의2에 따라 결정된 교섭대표노동조합(이하 "교섭대표노동조합"이라 한다)의 대표자는 교섭을 요구한 모든 노동조합 또는 조합원을 위하여 사용자와 교섭하고 단체협약을 체결할 권한을 가진다.

③ 노동조합과 사용자 또는 사용자단체로부터 교섭 또는 단체협약의 체결에 관한 권한을 위임받은 자는 그 노동조합과 사용자 또는 사용자단체를 위하여 위임받은 범위안에서 그 권한을 행사할 수 있다.

④ 노동조합과 사용자 또는 사용자단체는 제3항에 따라 교섭 또는 단체협약

의 체결에 관한 권한을 위임한 때에는 그 사실을 상대방에게 통보하여야 한다.

제29조의2(교섭창구 단일화 절차) ① 하나의 사업 또는 사업장에서 조직형태에 관계없이 근로자가 설립하거나 가입한 노동조합이 2개 이상인 경우 노동조합은 교섭대표노동조합(2개 이상의 노동조합 조합원을 구성원으로 하는 교섭대표기구를 포함한다. 이하 같다)을 정하여 교섭을 요구하여야 한다. 다만, 제2항에 따라 교섭대표노동조합을 자율적으로 결정하는 기한 내에 사용자가 이 조에서 정하는 교섭창구 단일화 절차를 거치지 아니하기로 동의한 경우에는 그러하지 아니하다.

② 교섭대표노동조합 결정 절차(이하 "교섭창구 단일화 절차"라 한다)에 참여한 모든 노동조합은 대통령령으로 정하는 기한 내에 자율적으로 교섭대표노동조합을 정한다.

③ 제2항에 따른 기한내에 교섭대표노동조합을 정하지 못하고 제1항 단서에 따른 사용자의 동의를 얻지 못한 경우에는 교섭창구 단일화 절차에 참여한 노동조합의 전체 조합원 과반수로 조직된 노동조합(2개 이상의 노동조합이 위임 또는 연합 등의 방법으로 교섭창구 단일화 절차에 참여한 노동조합 전체 조합원의 과반수가 되는 경우를 포함한다)이 교섭대표노동조합이 된다.

④ 제2항과 제3항에 따라 교섭대표노동조합을 결정하지 못한 경우에는 교섭창구 단일화 절차에 참여한 모든 노동조합은 공동으로 교섭대표단(이하 이 조에서 "공동교섭대표단"이라 한다)을 구성하여 사용자와 교섭하여야 한다. 이 때 공동교섭대표단에 참여할 수 있는 노동조합은 그 조합원 수가 교섭창구 단일화 절차에 참여한 노동조합의 전체 조합원 100분의 10 이상인 노동조합으로 한다.

⑤ 제4항에 따른 공동교섭대표단의 구성에 합의하지 못할 경우에 노동위원회는 해당 노동조합의 신청에 따라 조합원 비율을 고려하여 이를 결정할 수 있다.

⑥ 제1항부터 제4항까지의 규정에 따른 교섭대표노동조합을 결정함에 있어 교섭요구 사실, 조합원 수 등에 대한 이의가 있는 때에는 노동위원회는 대통령령으로 정하는 바에 따라 노동조합의 신청을 받아 그 이의에 대한 결정을 할 수 있다.

⑦ 제5항 및 제6항에 따른 노동위원회의 결정에 대한 불복절차 및 효력은 제69조와 제70조제2항을 준용한다.

⑧ 노동조합의 교섭요구 · 참여 방법, 교섭대표노동조합 결정을 위한 조합원

수 산정 기준 등 교섭창구 단일화 절차와 교섭비용 증가 방지 등에 관하여 필요한 사항은 대통령령으로 정한다.

제29조의3(교섭단위 결정) ① 제29조의2에 따라 교섭대표노동조합을 결정하여야 하는 단위(이하 "교섭단위"라 한다)는 하나의 사업 또는 사업장으로 한다.

② 제1항에도 불구하고 하나의 사업 또는 사업장에서 현격한 근로조건의 차이, 고용형태, 교섭 관행 등을 고려하여 교섭단위를 분리할 필요가 있다고 인정되는 경우에 노동위원회는 노동관계 당사자의 양쪽 또는 어느 한 쪽의 신청을 받아 교섭단위를 분리하는 결정을 할 수 있다.

③ 제2항에 따른 노동위원회의 결정에 대한 불복절차 및 효력은 제69조와 제70조제2항을 준용한다.

④ 교섭단위 분리 신청 및 노동위원회의 결정 기준 · 절차 등에 관하여 필요한 사항은 대통령령으로 정한다.

제29조의4(공정대표의무 등) ① 교섭대표노동조합과 사용자는 교섭창구 단일화 절차에 참여한 노동조합 또는 그 조합원 간에 합리적 이유 없이 차별을 하여서는 아니 된다.

② 노동조합은 교섭대표느동조합과 사용자가 제1항을 위반하여 차별한 경우에는 그 행위가 있은 날(단체협약의 내용의 일부 또는 전부가 제1항에 위반되는 경우에는 단체협약 체결일을 말한다)부터 3개월 이내에 대통령령으로 정하는 방법과 절차에 따라 노동위원회에 그 시정을 요청할 수 있다.

③ 노동위원회는 제2항에 따른 신청에 대하여 합리적 이유 없이 차별하였다고 인정한 때에는 그 시정에 필요한 명령을 하여야 한다.

④ 제3항에 따른 노동위원회의 명령 또는 결정에 대한 불복절차 등에 관하여는 제85조 및 제86조를 준용한다.

제29조의5(그 밖의 교섭창구 단일화 관련 사항) 교섭대표노동조합이 있는 경우에 제2조제5호, 제29조제3항 · 제4항, 제30조, 제37조제2항, 제38조제3항, 제42조의6제1항, 제44조제2항, 제46조제1항, 제55조제3항, 제72조제3항 및 제81조제3호 중 "노동조합"은 "교섭대표노동조합"으로 본다.

제30조(교섭등의 원칙) ① 노동조합과 사용자 또는 사용자단체는 신의에 따라 성실히 교섭하고 단체협약을 체결하여야 하며 그 권한을 남용하여서는 아니된다.

② 노동조합과 사용자 또는 사용자단체는 정당한 이유없이 교섭 또는 단체협약의 체결을 거부하거나 해태하여서는 아니된다.

제31조(단체협약의 작성) ① 단체협약은 서면으로 작성하여 당사자 쌍방이 서명 또는 날인하여야 한다.

② 단체협약의 당사자는 단체협약의 체결일부터 15일 이내에 이를 행정관청에게 신고하여야 한다.

③ 행정관청은 단체협약 중 위법한 내용이 있는 경우에는 노동위원회의 의결을 얻어 그 시정을 명할 수 있다.

제32조(단체협약의 유효기간) ① 단체협약에는 2년을 초과하는 유효기간을 정할 수 없다.

② 단체협약에 그 유효기간을 정하지 아니한 경우 또는 제1항의 기간을 초과하는 유효기간을 정한 경우에 그 유효기간은 2년으로 한다.

③ 단체협약의 유효기간이 만료되는 때를 전후하여 당사자 쌍방이 새로운 단체협약을 체결하고자 단체교섭을 계속하였음에도 불구하고 새로운 단체협약이 체결되지 아니한 경우에는 별도의 약정이 있는 경우를 제외하고는 종전의 단체협약은 그 효력만료일부터 3월까지 계속 효력을 갖는다. 다만, 단체협약에 그 유효기간이 경과한 후에도 새로운 단체협약이 체결되지 아니한 때에는 새로운 단체협약이 체결될 때까지 종전 단체협약의 효력을 존속시킨다는 취지의 별도의 약정이 있는 경우에는 그에 따르되, 당사자 일방은 해지하고자 하는 날의 6월전까지 상대방에게 통고함으로써 종전의 단체협약을 해지할 수 있다.

제33조(기준의 효력) ① 단체협약에 정한 근로조건 기타 근로자의 대우에 관한 기준에 위반하는 취업규칙 또는 근로계약의 부분은 무효로 한다.

② 근로계약에 규정되지 아니한 사항 또는 제1항의 규정에 의하여 무효로 된 부분은 단체협약에 정한 기준에 의한다.

제34조(단체협약의 해석) ① 단체협약의 해석 또는 이행방법에 관하여 관계 당사자간에 의견의 불일치가 있는 때에는 당사자 쌍방 또는 단체협약에 정하는 바에 의하여 어느 일방이 노동위원회에 그 해석 또는 이행방법에 관한 견해의 제시를 요청할 수 있다.

② 노동위원회는 제1항의 규정에 의한 요청을 받은 때에는 그 날부터 30일 이내에 명확한 견해를 제시하여야 한다.

③ 제2항의 규정에 의하여 노동위원회가 제시한 해석 또는 이행방법에 관한 견해는 중재재정과 동일한 효력을 가진다.

제35조(일반적 구속력) 하나의 사업 또는 사업장에 상시 사용되는 동종의 근로

자 반수 이상이 하나의 단체협약의 적용을 받게 된 때에는 당해 사업 또는 사업장에 사용되는 다른 동종의 근로자에 대하여도 당해 단체협약이 적용된다.

제36조(지역적 구속력) ① 하나의 지역에 있어서 종업하는 동종의 근로자 3분의 2 이상이 하나의 단체협약의 적용을 받게 된 때에는 행정관청은 당해 단체협약의 당사자의 쌍방 또는 일방의 신청에 의하거나 그 직권으로 노동위원회의 의결을 얻어 당해 지역에서 종업하는 다른 동종의 근로자와 그 사용자에 대하여도 당해 단체협약을 적용한다는 결정을 할 수 있다.
② 행정관청이 제1항의 규정에 의한 결정을 한 때에는 지체없이 이를 공고하여야 한다.

제4장 쟁의행위

제37조(쟁의행위의 기본원칙) ① 쟁의행위는 그 목적 · 방법 및 절차에 있어서 법령 기타 사회질서에 위반되어서는 아니된다.
② 조합원은 노동조합에 의하여 주도되지 아니한 쟁의행위를 하여서는 아니된다.

제38조(노동조합의 지도와 책임) ① 쟁의행위는 그 쟁의행위와 관계없는 자 또는 근로를 제공하고자 하는 자의 출입 · 조업 기타 정상적인 업무를 방해하는 방법으로 행하여져서는 아니되며 쟁의행위의 참가를 호소하거나 설득하는 행위로서 폭행 · 협박을 사용하여서는 아니된다.
② 작업시설의 손상이나 원료 · 제품의 변질 또는 부패를 방지하기 위한 작업은 쟁의행위 기간중에도 정상적으로 수행되어야 한다.
③ 노동조합은 쟁의행위가 적법하게 수행될 수 있도록 지도 · 관리 · 통제할 책임이 있다.

제39조(근로자의 구속제한) 근로자는 쟁의행위 기간중에는 현행범외에는 이 법 위반을 이유로 구속되지 아니한다.

제40조 삭제

제41조(쟁의행위의 제한과 금지) ① 노동조합의 쟁의행위는 그 조합원의 직접 · 비밀 · 무기명투표에 의한 조합원 과반수의 찬성으로 결정하지 아니하면 이를 행할 수 없다. 제29조의2에 따라 교섭대표노동조합이 결정된 경우에는 그 절차에 참여한 노동조합의 전체 조합원(해당 사업 또는 사업장 소속 조합원으로 한정한다)의 직접 · 비밀 · 무기명투표에 의한 과반수의 찬성으로 결정하지 아니하면 쟁의행위를 할 수 없다.

② 「방위사업법」에 의하여 지정된 주요방위산업체에 종사하는 근로자중 전력, 용수 및 주로 방산물자를 생산하는 업무에 종사하는 자는 쟁의행위를 할 수 없으며 주로 방산물자를 생산하는 업무에 종사하는 자의 범위는 대통령령으로 정한다.

제42조(폭력행위등의 금지) ① 쟁의행위는 폭력이나 파괴행위 또는 생산 기타 주요업무에 관련되는 시설과 이에 준하는 시설로서 대통령령이 정하는 시설을 점거하는 형태로 이를 행할 수 없다.

② 사업장의 안전보호시설에 대하여 정상적인 유지 · 운영을 정지 · 폐지 또는 방해하는 행위는 쟁의행위로서 이를 행할 수 없다.

③ 행정관청은 쟁의행위가 제2항의 행위에 해당한다고 인정하는 경우에는 노동위원회의 의결을 얻어 그 행위를 중지할 것을 통보하여야 한다. 다만, 사태가 급박하여 노동위원회의 의결을 얻을 시간적 여유가 없을 때에는 그 의결을 얻지 아니하고 즉시 그 행위를 중지할 것을 통보할 수 있다.

④ 제3항 단서의 경우에 행정관청은 지체없이 노동위원회의 사후승인을 얻어야 하며 그 승인을 얻지 못한 때에는 그 통보는 그때부터 효력을 상실한다.

제42조의2(필수유지업무에 대한 쟁의행위의 제한) ① 이 법에서 "필수유지업무"라 함은 제71조제2항의 규정에 따른 필수공익사업의 업무 중 그 업무가 정지되거나 폐지되는 경우 공중의 생명 · 건강 또는 신체의 안전이나 공중의 일상생활을 현저히 위태롭게 하는 업무로서 대통령령이 정하는 업무를 말한다.

② 필수유지업무의 정당한 유지 · 운영을 정지 · 폐지 또는 방해하는 행위는 쟁의행위로서 이를 행할 수 없다.

제42조의3(필수유지업무협정) 노동관계 당사자는 쟁의행위기간 동안 필수유지업무의 정당한 유지 · 운영을 위하여 필수유지업무의 필요 최소한의 유지 · 운영 수준, 대상직무 및 필요인원 등을 정한 협정(이하"필수유지업무협정"이라 한다)을 서면으로 체결하여야 한다. 이 경우 필수유지업무협정에는 노동관계 당사자 쌍방이 서명 또는 날인하여야 한다.

제42조의4(필수유지업무 유지 · 운영 수준 등의 결정) ① 노동관계 당사자 쌍방 또는 일방은 필수유지업무협정이 체결되지 아니하는 때에는 노동위원회에 필수유지업무의 필요 최소한의 유지 · 운영 수준, 대상직무 및 필요인원 등의 결정을 신청하여야 한다.

② 제1항의 규정에 따른 신청을 받은 노동위원회는 사업 또는 사업장별 필수

유지업무의 특성 및 내용 등을 고려하여 필수유지업무의 필요 최소한의 유지 · 운영 수준, 대상직무 및 필요인원 등을 결정할 수 있다.

③ 제2항의 규정에 따른 노동위원회의 결정은 제72조의 규정에 따른 특별조정위원회가 담당한다.

④ 제2항의 규정에 따른 노동위원회의 결정에 대한 해석 또는 이행방법에 관하여 관계당사자 간에 의견이 일치하지 아니하는 경우에는 특별조정위원회의 해석에 따른다. 이 경우 특별조정위원회의 해석은 제2항의 규정에 따른 노동위원회의 결정과 동일한 효력이 있다.

⑤ 제2항의 규정에 따른 노동위원회의 결정에 대한 불복절차 및 효력에 관하여는 제69조와 제70조제2항의 규정을 준용한다.

제42조의5(노동위원회의 결정에 따른 쟁의행위) 제42조의4제2항의 규정에 따라 노동위원회의 결정이 있는 경우 그 결정에 따라 쟁의행위를 한 때에는 필수유지업무를 정당하게 유지 · 운영하면서 쟁의행위를 한 것으로 본다.

제42조의6(필수유지업무 근무 근로자의 지명) ① 노동조합은 필수유지업무 협정이 체결되거나 제42조의4제2항의 규정에 따른 노동위원회의 결정이 있는 경우 사용자에게 필수유지업무에 근무하는 조합원 중 쟁의행위기간 동안 근무하여야 할 조합원을 통보하여야 하며, 사용자는 이에 따라 근로자를 지명하고 이를 노동조합과 그 근로자에게 통보하여야 한다. 다만, 노동조합이 쟁의행위 개시 전까지 이를 통보하지 아니한 경우에는 사용자가 필수유지업무에 근무하여야 할 근로자를 지명하고 이를 노동조합과 그 근로자에게 통보하여야 한다.

② 제1항에 따른 통보 · 지명시 노동조합과 사용자는 필수유지업무에 종사하는 근로자가 소속된 노동조합이 2개 이상인 경우에는 각 노동조합의 해당 필수유지업무에 종사하는 조합원 비율을 고려하여야 한다.

제43조(사용자의 채용제한) ① 사용자는 쟁의행위 기간중 그 쟁의행위로 중단된 업무의 수행을 위하여 당해 사업과 관계없는 자를 채용 또는 대체할 수 없다.

② 사용자는 쟁의행위기간 중 그 쟁의행위로 중단된 업무를 도급 또는 하도급 줄 수 없다.

③ 제1항 및 제2항의 규정은 필수공익사업의 사용자가 쟁의행위 기간 중에 한하여 당해 사업과 관계없는 자를 채용 또는 대체하거나 그 업무를 도급 또는 하도급 주는 경우에는 적용하지 아니한다.

④ 제3항의 경우 사용자는 당해 사업 또는 사업장 파업참가자의 100분의 50

을 초과하지 않는 범위 안에서 채용 또는 대체하거나 도급 또는 하도급 줄 수 있다. 이 경우 파업참가자 수의 산정 방법 등은 대통령령으로 정한다.

제44조(쟁의행위 기간중의 임금지급 요구의 금지) ① 사용자는 쟁의행위에 참가하여 근로를 제공하지 아니한 근로자에 대하여는 그 기간중의 임금을 지급할 의무가 없다.

② 노동조합은 쟁의행위 기간에 대한 임금의 지급을 요구하여 이를 관철할 목적으로 쟁의행위를 하여서는 아니된다.

제45조(조정의 전치) ① 노동관계 당사자는 노동쟁의가 발생한 때에는 어느 일방이 이를 상대방에게 서면으로 통보하여야 한다.

② 쟁의행위는 제5장제2절 내지 제4절의 규정에 의한 조정절차(제61조의2의 규정에 따른 조정종료 결정 후의 조정절차를 제외한다)를 거치지 아니하면 이를 행할 수 없다. 다만, 제54조의 규정에 의한 기간내에 조정이 종료되지 아니하거나 제63조의 규정에 의한 기간내에 중재재정이 이루어지지 아니한 경우에는 그러하지 아니하다.

제46조(직장폐쇄의 요건) ① 사용자는 노동조합이 쟁의행위를 개시한 이후에만 직장폐쇄를 할 수 있다.

② 사용자는 제1항의 규정에 의한 직장폐쇄를 할 경우에는 미리 행정관청 및 노동위원회에 각각 신고하여야 한다.

제5장 노동쟁의의 조정

제1절 통칙

제47조(자주적 조정의 노력) 이 장의 규정은 노동관계 당사자가 직접 노사협의 또는 단체교섭에 의하여 근로조건 기타 노동관계에 관한 사항을 정하거나 노동관계에 관한 주장의 불일치를 조정하고 이에 필요한 노력을 하는 것을 방해하지 아니한다.

제48조(당사자의 책무) 노동관계 당사자는 단체협약에 노동관계의 적정화를 위한 노사협의 기타 단체교섭의 절차와 방식을 규정하고 노동쟁의가 발생한 때에는 이를 자주적으로 해결하도록 노력하여야 한다.

제49조(국가등의 책무) 국가 및 지방자치단체는 노동관계 당사자간에 노동관계에 관한 주장이 일치하지 아니할 경우에 노동관계 당사자가 이를 자주적으로 조정할 수 있도록 조력함으로써 쟁의행위를 가능한 한 예방하고 노동쟁의의 신속·공정한 해결에 노력하여야 한다.

제50조(신속한 처리) 이 법에 의하여 노동관계의 조정을 할 경우에는 노동관계 당사자와 노동위원회 기타 관계기관은 사건을 신속히 처리하도록 노력하여야 한다.

제51조(공익사업등의 우선적 취급) 국가 · 지방자치단체 · 국공영기업체 · 방위산업체 및 공익사업에 있어서의 노동쟁의의 조정은 우선적으로 취급하고 신속히 처리하여야 한다.

제52조(사적 조정 · 중재) ① 제2절 및 제3절의 규정은 노동관계 당사자가 쌍방의 합의 또는 단체협약이 정하는 바에 따라 각각 다른 조정 또는 중재방법(이하 이 조에서 "사적조정등"이라 한다)에 의하여 노동쟁의를 해결하는 것을 방해하지 아니한다.

② 노동관계 당사자는 제1항의 규정에 의하여 노동쟁의를 해결하기로 한 때에는 이를 노동위원회에 신고하여야 한다.

③ 제1항의 규정에 의하여 노동쟁의를 해결하기로 한 때에는 다음 각호의 규정이 적용된다.

1. 조정에 의하여 해결하기로 한 때에는 제45조제2항 및 제54조의 규정. 이 경우 조정기간은 조정을 개시한 날부터 기산한다.
2. 중재에 의하여 해결하기로 한 때에는 제63조의 규정. 이 경우 쟁의행위의 금지기간은 중재를 개시한 날부터 기산한다.

④ 제1항의 규정에 의하여 조정 또는 중재가 이루어진 경우에 그 내용은 단체협약과 동일한 효력을 가진다.

⑤ 사적조정등을 수행하는 자는 「노동위원회법」 제8조제2항제2호 각 목의 자격을 가진 자로 한다. 이 경우 사적조정 등을 수행하는 자는 노동관계 당사자로부터 수수료, 수당 및 여비 등을 받을 수 있다.

제2절 조정

제53조(조정의 개시) ① 노동위원회는 관계 당사자의 일방이 노동쟁의의 조정을 신청한 때에는 지체없이 조정을 개시하여야 하며 관계 당사자 쌍방은 이에 성실히 임하여야 한다.

② 노동위원회는 제1항의 규정에 따른 조정신청 전이라도 원활한 조정을 위하여 교섭을 주선하는 등 관계 당사자의 자주적인 분쟁 해결을 지원할 수 있다.

제54조(조정기간) ① 조정은 제53조의 규정에 의한 조정의 신청이 있은 날부터 일반사업에 있어서는 10일, 공익사업에 있어서는 15일 이내에 종료하여야 한다.

② 제1항의 규정에 의한 조정기간은 관계 당사자간의 합의로 일반사업에 있어서는 10일, 공익사업에 있어서는 15일 이내에서 연장할 수 있다.

제55조(조정위원회의 구성) ① 노동쟁의의 조정을 위하여 노동위원회에 조정위원회를 둔다.

② 제1항의 규정에 의한 조정위원회는 조정위원 3인으로 구성한다.

③ 제2항의 규정에 의한 조정위원은 당해 노동위원회의 위원 중에서 사용자를 대표하는 자, 근로자를 대표하는 자 및 공익을 대표하는 자 각 1인을 그 노동위원회의 위원장이 지명하되, 근로자를 대표하는 조정위원은 사용자가, 사용자를 대표하는 조정위원은 노동조합이 각각 추천하는 노동위원회의 위원중에서 지명하여야 한다. 다만, 조정위원회의 회의 3일전까지 관계 당사자가 추천하는 위원의 명단제출이 없을 때에는 당해 위원을 위원장이 따로 지명할 수 있다.

④ 노동위원회의 위원장은 근로자를 대표하는 위원 또는 사용자를 대표하는 위원의 불참 등으로 인하여 제3항의 규정에 따른 조정위원회의 구성이 어려운 경우 노동위원회의 공익을 대표하는 위원 중에서 3인을 조정위원으로 지명할 수 있다. 다만, 관계 당사자 쌍방의 합의로 선정한 노동위원회의 위원이 있는 경우에는 그 위원을 조정위원으로 지명한다.

제56조(조정위원회의 위원장) ① 조정위원회에 위원장을 둔다.

② 위원장은 공익을 대표하는 조정위원이 된다. 다만, 제55조제4항의 규정에 따른 조정위원회의 위원장은 조정위원 중에서 호선한다.

제57조(단독조정) ① 노동위원회는 관계 당사자 쌍방의 신청이 있거나 관계 당사자 쌍방의 동의를 얻은 경우에는 조정위원회에 갈음하여 단독조정인에게 조정을 행하게 할 수 있다.

② 제1항의 규정에 의한 단독조정인은 당해 노동위원회의 위원중에서 관계 당사자의 쌍방의 합의로 선정된 자를 그 노동위원회의 위원장이 지명한다.

제58조(주장의 확인등) 조정위원회 또는 단독조정인은 기일을 정하여 관계 당사자 쌍방을 출석하게 하여 주장의 요점을 확인하여야 한다.

제59조(출석금지) 조정위원회의 위원장 또는 단독조정인은 관계 당사자와 참고인외의 자의 출석을 금할 수 있다.

제60조(조정안의 작성) ① 조정위원회 또는 단독조정인은 조정안을 작성하여 이를 관계 당사자에게 제시하고 그 수락을 권고하는 동시에 그 조정안에 이유를 붙여 공표할 수 있으며, 필요한 때에는 신문 또는 방송에 보도등 협조를 요청할 수 있다.

② 조정위원회 또는 단독조정인은 관계 당사자가 수락을 거부하여 더 이상 조정이 이루어질 여지가 없다고 판단되는 경우에는 조정의 종료를 결정하고 이를 관계 당사자 쌍방에 통보하여야 한다.
③ 제1항의 규정에 의한 조정안이 관계 당사자의 쌍방에 의하여 수락된 후 그 해석 또는 이행방법에 관하여 관계 당사자간에 의견의 불일치가 있는 때에는 관계 당사자는 당해 조정위원회 또는 단독조정인에게 그 해석 또는 이행방법에 관한 명확한 견해의 제시를 요청하여야 한다.
④ 조정위원회 또는 단독조정인은 제3항의 규정에 의한 요청을 받은 때에는 그 요청을 받은 날부터 7일 이내에 명확한 견해를 제시하여야 한다.
⑤ 제3항 및 제4항의 해석 또는 이행방법에 관한 견해가 제시될 때까지는 관계 당사자는 당해 조정안의 해석 또는 이행에 관하여 쟁의행위를 할 수 없다.

제61조(조정의 효력) ① 제60조제1항의 규정에 의한 조정안이 관계 당사자에 의하여 수락된 때에는 조정위원 전원 또는 단독조정인은 조정서를 작성하고 관계 당사자와 함께 서명 또는 날인하여야 한다.
② 조정서의 내용은 단체협약과 동일한 효력을 가진다.
③ 제60조제4항의 규정에 의하여 조정위원회 또는 단독조정인이 제시한 해석 또는 이행방법에 관한 견해는 중재재정과 동일한 효력을 가진다.

제61조의2(조정종료 결정 후의 조정) ① 노동위원회는 제60조제2항의 규정에 따른 조정의 종료가 결정된 후에도 노동쟁의의 해결을 위하여 조정을 할 수 있다.
② 제1항의 규정에 따른 조정에 관하여는 제55조 내지 제61조의 규정을 준용한다.

제3절 중재

제62조(중재의 개시) 노동위원회는 다음 각 호의 어느 하나에 해당하는 때에는 중재를 행한다.

1. 관계 당사자의 쌍방이 함께 중재를 신청한 때
2. 관계 당사자의 일방이 단체협약에 의하여 중재를 신청한 때
3. 삭제

제63조(중재시의 쟁의행위의 금지) 노동쟁의가 중재에 회부된 때에는 그 날부터 15일간은 쟁의행위를 할 수 없다.

제64조(중재위원회의 구성) ① 노동쟁의의 중재 또는 재심을 위하여 노동위원회에 중재위원회를 둔다.

② 제1항의 규정에 의한 중재위원회는 중재위원 3인으로 구성한다.
③ 제2항의 중재위원은 당해 노동위원회의 공익을 대표하는 위원중에서 관계 당사자의 합의로 선정한 자에 대하여 그 노동위원회의 위원장이 지명한다. 다만, 관계 당사자간에 합의가 성립되지 아니한 경우에는 노동위원회의 공익을 대표하는 위원중에서 지명한다.

제65조(중재위원회의 위원장) ① 중재위원회에 위원장을 둔다.
② 위원장은 중재위원중에서 호선한다.

제66조(주장의 확인등) ① 중재위원회는 기일을 정하여 관계 당사자 쌍방 또는 일방을 중재위원회에 출석하게 하여 주장의 요점을 확인하여야 한다.
② 관계 당사자가 지명한 노동위원회의 사용자를 대표하는 위원 또는 근로자를 대표하는 위원은 중재위원회의 동의를 얻어 그 회의에 출석하여 의견을 진술할 수 있다.

제67조(출석금지) 중재위원회의 위원장은 관계 당사자와 참고인외의 자의 회의출석을 금할 수 있다.

제68조(중재재정) ① 중재재정은 서면으로 작성하여 이를 행하며 그 서면에는 효력발생 기일을 명시하여야 한다.
② 제1항의 규정에 의한 중재재정의 해석 또는 이행방법에 관하여 관계 당사자간에 의견의 불일치가 있는 때에는 당해 중재위원회의 해석에 따르며 그 해석은 중재재정과 동일한 효력을 가진다.

제69조(중재재정등의 확정) ① 관계 당사자는 지방노동위원회 또는 특별노동위원회의 중재재정이 위법이거나 월권에 의한 것이라고 인정하는 경우에는 그 중재재정서의 송달을 받은 날부터 10일 이내에 중앙노동위원회에 그 재심을 신청할 수 있다.
② 관계 당사자는 중앙노동위원회의 중재재정이나 제1항의 규정에 의한 재심결정이 위법이거나 월권에 의한 것이라고 인정하는 경우에는 행정소송법 제20조의 규정에 불구하고 그 중재재정서 또는 재심결정서의 송달을 받은 날부터 15일 이내에 행정소송을 제기할 수 있다.
③ 제1항 및 제2항에 규정된 기간내에 재심을 신청하지 아니하거나 행정소송을 제기하지 아니한 때에는 그 중재재정 또는 재심결정은 확정된다.
④ 제3항의 규정에 의하여 중재재정이나 재심결정이 확정된 때에는 관계 당사자는 이에 따라야 한다.

제70조(중재재정 등의 효력) ① 제68조제1항의 규정에 따른 중재재정의 내용은 단체협약과 동일한 효력을 가진다.

② 노동위원회의 중재재정 또는 재심결정은 제69조제1항 및 제2항의 규정에 따른 중앙노동위원회에의 재심신청 또는 행정소송의 제기에 의하여 그 효력이 정지되지 아니한다.

제4절 공익사업등의 조정에 관한 특칙

제71조(공익사업의 범위등) ① 이 법에서 "공익사업"이라 함은 공중의 일상생활과 밀접한 관련이 있거나 국민경제에 미치는 영향이 큰 사업으로서 다음 각호의 사업을 말한다.

1. 정기노선 여객운수사업 및 항공운수사업
2. 수도사업, 전기사업, 가스사업, 석유정제사업 및 석유공급사업
3. 공중위생사업, 의료사업 및 혈액공급사업
4. 은행 및 조폐사업
5. 방송 및 통신사업

② 이 법에서 "필수공익사업"이라 함은 제1항의 공익사업으로서 그 업무의 정지 또는 폐지가 공중의 일상생활을 현저히 위태롭게 하거나 국민경제를 현저히 저해하고 그 업무의 대체가 용이하지 아니한 다음 각호의 사업을 말한다.

1. 철도사업, 도시철도사업 및 항공운수사업
2. 수도사업, 전기사업, 가스사업, 석유정제사업 및 석유공급사업
3. 병원사업 및 혈액공급사업
4. 한국은행사업
5. 통신사업

제72조(특별조정위원회의 구성) ① 공익사업의 노동쟁의의 조정을 위하여 노동위원회에 특별조정위원회를 둔다.

② 제1항의 규정에 의한 특별조정위원회는 특별조정위원 3인으로 구성한다.

③ 제2항의 규정에 의한 특별조정위원은 그 노동위원회의 공익을 대표하는 위원중에서 노동조합과 사용자가 순차적으로 배제하고 남은 4인 내지 6인중에서 노동위원회의 위원장이 지명한다. 다만, 관계 당사자가 합의로 당해 노동위원회의 위원이 아닌 자를 추천하는 경우에는 그 추천된 자를 지명한다.

제73조(특별조정위원회의 위원장) ① 특별조정위원회에 위원장을 둔다.

② 위원장은 공익을 대표하는 노동위원회의 위원인 특별조정위원중에서 호선하고, 당해 노동위원회의 위원이 아닌 자만으로 구성된 경우에는 그중

에서 호선한다. 다만, 공익을 대표하는 위원인 특별조정위원이 1인인 경우에는 당해 위원이 위원장이 된다.

제74조 삭제

제75조 삭제

제5절 긴급조정

제76조(긴급조정의 결정) ① 고용노동부장관은 쟁의행위가 공익사업에 관한 것이거나 그 규모가 크거나 그 성질이 특별한 것으로서 현저히 국민경제를 해하거나 국민의 일상생활을 위태롭게 할 위험이 현존하는 때에는 긴급조정의 결정을 할 수 있다.

② 고용노동부장관은 긴급조정의 결정을 하고자 할 때에는 미리 중앙노동위원회 위원장의 의견을 들어야 한다.

③ 고용노동부장관은 제1항 및 제2항의 규정에 의하여 긴급조정을 결정한 때에는 지체없이 그 이유를 붙여 이를 공표함과 동시에 중앙노동위원회와 관계 당사자에게 각각 통고하여야 한다.

제77조(긴급조정시의 쟁의행위 중지) 관계 당사자는 제76조제3항의 규정에 의한 긴급조정의 결정이 공표된 때에는 즉시 쟁의행위를 중지하여야 하며, 공표일부터 30일이 경과하지 아니하면 쟁의행위를 재개할 수 없다.

제78조(중앙노동위원회의 조정) 중앙노동위원회는 제76조제3항의 규정에 의한 통고를 받은 때에는 지체없이 조정을 개시하여야 한다.

제79조(중앙노동위원회의 중재회부 결정권) ① 중앙노동위원회의 위원장은 제78조의 규정에 의한 조정이 성립될 가망이 없다고 인정한 경우에는 공익위원의 의견을 들어 그 사건을 중재에 회부할 것인가의 여부를 결정하여야 한다.

② 제1항의 규정에 의한 결정은 제76조제3항의 규정에 의한 통고를 받은 날부터 15일 이내에 하여야 한다.

제80조(중앙노동위원회의 중재) 중앙노동위원회는 당해 관계 당사자의 일방 또는 쌍방으로부터 중재신청이 있거나 제79조의 규정에 의한 중재회부의 결정을 한 때에는 지체없이 중재를 행하여야 한다.

제6장 부당노동행위

제81조(부당노동행위) 사용자는 다음 각 호의 어느 하나에 해당하는 행위(이하 "부당노동행위"라 한다)를 할 수 없다.

1. 근로자가 노동조합에 가입 또는 가입하려고 하였거나 노동조합을 조직하려고 하였거나 기타 노동조합의 업무를 위한 정당한 행위를 한 것을 이유로 그 근로자를 해고하거나 그 근로자에게 불이익을 주는 행위
2. 근로자가 어느 노동조합에 가입하지 아니할 것 또는 탈퇴할 것을 고용조건으로 하거나 특정한 노동조합의 조합원이 될 것을 고용조건으로 하는 행위. 다만, 노동조합이 당해 사업장에 종사하는 근로자의 3분의 2 이상을 대표하고 있을 때에는 근로자가 그 노동조합의 조합원이 될 것을 고용조건으로 하는 단체협약의 체결은 예외로 하며, 이 경우 사용자는 근로자가 그 노동조합에서 제명된 것 또는 그 노동조합을 탈퇴하여 새로 노동조합을 조직하거나 다른 노동조합에 가입한 것을 이유로 근로자에게 신분상 불이익한 행위를 할 수 없다.
3. 노동조합의 대표자 또는 노동조합으로부터 위임을 받은 자와의 단체협약체결 기타의 단체교섭을 정당한 이유없이 거부하거나 해태하는 행위
4. 근로자가 노동조합을 조직 또는 운영하는 것을 지배하거나 이에 개입하는 행위와 노동조합의 전임자에게 급여를 지원하거나 노동조합의 운영비를 원조하는 행위. 다만, 근로자가 근로시간중에 제24조제4항에 따른 활동을 하는 것을 사용자가 허용함은 무방하며, 또한 근로자의 후생자금 또는 경제상의 불행 기타 재액의 방지와 구제등을 위한 기금의 기부와 최소한의 규모의 노동조합사무소의 제공은 예외로 한다.
5. 근로자가 정당한 단체행위에 참가한 것을 이유로 하거나 또는 노동위원회에 대하여 사용자가 이 조의 규정에 위반한 것을 신고하거나 그에 관한 증언을 하거나 기타 행정관청에 증거를 제출한 것을 이유로 그 근로자를 해고하거나 그 근로자에게 불이익을 주는 행위

第82조(구제신청) ① 사용자의 부당노동행위로 인하여 그 권리를 침해당한 근로자 또는 노동조합은 노동위원회에 그 구제를 신청할 수 있다.

② 제1항의 규정에 의한 구제의 신청은 부당노동행위가 있은 날(계속하는 행위는 그 종료일)부터 3월 이내에 이를 행하여야 한다.

第83조(조사등) ① 노동위원회는 제82조의 규정에 의한 구제신청을 받은 때에는 지체없이 필요한 조사와 관계 당사자의 심문을 하여야 한다.

② 노동위원회는 제1항의 규정에 의한 심문을 할 때에는 관계 당사자의 신청에 의하거나 그 직권으로 증인을 출석하게 하여 필요한 사항을 질문할 수 있다.

③ 노동위원회는 제1항의 규정에 의한 심문을 함에 있어서는 관계 당사자에

대하여 증거의 제출과 증인에 대한 반대심문을 할 수 있는 충분한 기회를 주어야 한다.

④ 제1항의 규정에 의한 노동위원회의 조사와 심문에 관한 절차는 중앙노동위원회가 따로 정하는 바에 의한다.

第84조(구제명령) ① 노동위원회는 제83조의 규정에 의한 심문을 종료하고 부당노동행위가 성립한다고 판정한 때에는 사용자에게 구제명령을 발하여야 하며, 부당노동행위가 성립되지 아니한다고 판정한 때에는 그 구제신청을 기각하는 결정을 하여야 한다.

② 제1항의 규정에 의한 판정 · 명령 및 결정은 서면으로 하되, 이를 당해 사용자와 신청인에게 각각 교부하여야 한다.

③ 관계 당사자는 제1항의 규정에 의한 명령이 있을 때에는 이에 따라야 한다.

第85조(구제명령의 확정) ① 지방노동위원회 또는 특별노동위원회의 구제명령 또는 기각결정에 불복이 있는 관계 당사자는 그 명령서 또는 결정서의 송달을 받은 날부터 10일 이내에 중앙노동위원회에 그 재심을 신청할 수 있다.

② 제1항의 규정에 의한 중앙노동위원회의 재심판정에 대하여 관계 당사자는 그 재심판정서의 송달을 받은 날부터 15일 이내에 행정소송법이 정하는 바에 의하여 소를 제기할 수 있다.

③ 제1항 및 제2항에 규정된 기간내에 재심을 신청하지 아니하거나 행정소송을 제기하지 아니한 때에는 그 구제명령 · 기각결정 또는 재심판정은 확정된다.

④ 제3항의 규정에 의하여 기각결정 또는 재심판정이 확정된 때에는 관계 당사자는 이에 따라야 한다.

⑤ 사용자가 제2항의 규정에 의하여 행정소송을 제기한 경우에 관할법원은 중앙노동위원회의 신청에 의하여 결정으로써, 판결이 확정될 때까지 중앙노동위원회의 구제명령의 전부 또는 일부를 이행하도록 명할 수 있으며, 당사자의 신청에 의하여 또는 직권으로 그 결정을 취소할 수 있다.

第86조(구제명령등의 효력) 노동위원회의 구제명령 · 기각결정 또는 재심판정은 제85조의 규정에 의한 중앙노동위원회에의 재심신청이나 행정소송의 제기에 의하여 그 효력이 정지되지 아니한다.

團體協約

전문

㈜ ○○호텔(이하 회사라 한다)와 전국민간서비스산업 노동조합연맹 (주) ○○호텔 노동조합(이하 조합이라 한다)은 헌법과 노동법의 기본정신에 따라 신의성실의 원칙하에 근로자의 근로3권과 사용자의 경영권을 상호 존중하여 노사평화를 유지하고 조합원의 사회적, 경제적 지위향상 및 복리증진을 기하여 기업과 국민경제의 건전한 발전을 도모하고자 이 협약을 체결하며, 또한 성실하게 준수할 것을 확약한다.

제1장 총칙

제1조(교섭단체)
회사는 조합이 전 조합원을 대표하여 단체협약 및 기타사항에 대하여 교섭하는 유일한 교섭단체임을 인정한다. 단, 교섭권을 위임할 때는 그러하지 아니한다.

제2조(협약의 우선)
본 협약에 정한 기준은 근로기준법, 회사의 취업규칙 및 제규정, 여타의 개별적 근로계약에 우선하며, 그 중 협약기준에 미달하거나 상반되는 사항은 이를 무효로 하고 그 부분은 협약기준에 따른다.

제3조(근로조건 저하 금지)
회사는 본 협약에 누락됨을 이유로 또는 근로기준법보다 상회함을 이유로 여하한 명목으로도 기 실시하고 있는 근로조건을 저하시킬 수 없다.

제4조(협약기준)
본 협약기준 중 근로기준법에 미달되는 부분은 무효로 하고 그 기준법에 따르며 협약 효력기간이 경과된 후에도 갱신협약이 체결될 때까지 근로 기준의 규범적 효력은 지속된다.

제5조(열람편의 및 자료제공)
1. 회사는 조합의 요청이 있을 시 종업원의 임금대장 및 조합 업무와 관련된 자료의 열람 및 제공에 협조하여야 한다.
2. 회사는 다음 각 항의 경우 문서로써 노동조합에 통지하여야 한다.
   1) 회사가 정한 제규칙, 규정의 개폐
   2) 사원의 인사 발령

3) 임원의 임명
4) 신규 종업원의 채용
5) 결산 재무제표, 감사보고서
6) 상호 변경
7) 부서 조직의 변경

3. 조합은 다음 각 항의 경우 문서로써 회사에 통지하여야 한다.
1) 규약의 변경
2) 조합의 타 단체 가입 또는 탈퇴
3) 조합원이 조합과 관계있는 단체의 임원이 된 사항
4) 조합원 제명 등 징계에 관한 사항
5) 조합임원, 상집간부 및 전임자의 보직 임면에 관한 사항

제6조(샵제도)

1. 회사 종업원은 제8조에 규정한 자를 제외하고 고용계약일로부터 수습기간이 경과한 후 정식 채용된 경우 모두 조합원이 된다.
2. 해고의 효력을 다투고 있는 자의 조합원 자격은 노동조합법 제 2조 4호 라목조항 취지를 존중하여 해석한다.

제2장 조합활동

제7조(조합활동의 보장)

회사는 조합원의 자유로운 조합활동을 보장하고 어떠한 이유로도 조합운영에 개입해서는 아니 되며 정당한 상급 노동단체 활동 및 여타 조합활동을 이유로 불이익한 처우를 하지 못한다.

제8조(조합원의 자격)

본 협약에서 조합원이라 함은 회사의 종업원에 한하여야 하며 전 종업원은 조합원이 되어야 한다. 다만, 다음 각호에 해당하는 자는 조합원이 될 수 없다.

1. 3급 이상 및 이에 상당한 직에 있는 자.
2. 인사, 복지, 총무(일반 차량기사, 임대관리 제외), 경리, 회계, 감사, 안전, 예비군 담당자.
3. 비서, 간호사, 촉탁, 계약직, 수습직원, 일용직, 외국국적을 가진 자.
4. 노사가 합의하여 정한 자. 다만, 조직 및 직제개편 등의 사유로 직종의 변화 없이 부서만 변경된 경우에는 조합원의 지위에 변화가 없다.

제9조(전임자 처우)

조합원의 전임자 처우는 다음과 같다.

1. 전임자는 조합 업무를 전담하며 회사 업무를 면제한다.
2. 전임 기간의 출근은 조합 출근부에 의하여 처리한다.
3. 전임자가 그 직에서 해제된 때는 즉시 원직 또는 그와 유사한 직에 복귀시키며 조합 전임자였다는 이유로 불이익한 처우를 하지 않는다.
4. 전임자의 급여는 전임직전 평균임금 해당액을 회사 부담으로 지급한다.
5. 회사는 조합 전임자가 조합활동 과정에서 재해를 당했을 때 업무상 재해로 인정받을 수 있도록 적극 협조한다.
6. 기타 사항은 노사 간 합의에 의하여 결정한다.

제10조 (근무시간 중 조합활동)

1. 조합의 조합활동은 원칙적으로 근무시간 외에 행하여야 한다. 단, 다음에 해당하는 경우에는 근무시간 중에도 할 수 있다
   1) 회사와 조합 쌍방이 협의하여 개최하는 각종의 회합
   2) 정규절차를 거쳐 행하는 단체교섭
   3) 고충처리 절차에 의한 고충처리
   4) 조합 간부 수련회 3일(1회/연)
   5) 조합 규약에 의한 각종 회의(대의원대회, 상집회의, 운영위원회, 회계감사)
   6) 기타 노사협의를 통해 업무에 지장이 없다고 인정되는 경우
2. 조합이 전항에 따라 회사와 사전 협의하고자 할 때에는 그 목적, 종류, 참가대상, 일시, 장소 등을 기재한 문서를 48시간 전에 회사에 제출하여야 한다. (단, 1항3호 제외)
3. 조합소개-회사는 신규 채용자에 대하여 단체협약, 취업규칙, 안전보건수칙의 주지와 기타 업무상 필요한 교육을 실시한다. 이때 회사는 노조의 요청이 있는 경우 적정시간을 배정 노동조합의 조합소개를 할 수 있도록 한다.
4. 회사는 업무에 지장이 없는 범위 내에서 분기별 각1시간의 부서별 조합원 간담회 시간을 부여한다.
5. 회사는 조합의 요청에 따라 월150시간의 외부 유급활동 시간을 부여하며 노사협의에 의해 연장할 수 있다. 월 잔여시간은 이월하여 사용할 수 있으며, 12월까지 미 사용시 자동 소멸하는 것으로 한다.

제11조 (상급단체 전임취임)

1. 회사는 조합원이 상급단체 또는 조합과 관련된 노동단체의 임직원으로 취임함을 인정한다. (단, 1인에 한한다)
2. 전임기간 중의 처우는 제9조에 준한다.

제12조(조합비 공제. 인도)

1. 회사는 임금 지급 시 매월 조합비를 일괄 공제하여 공제 명세서와 함께 즉시 조합에 인도한다.
2. 회사는 조합결의에 의거 공제의뢰한 부과금을 조합에 인도한다.

제13조(시설편의 제공)

1. 회사는 조합이 필요로 하는 건물에 사무실 제공과 조합활동에 필요한 시설, 집기, 비품, 전화, 팩스, 컴퓨터 등을 제공하고 사용을 인정한다.
2. 회사는 조합의 각종 회의, 교육, 행사에 필요한 장소와 시설을 제공한다.
3. 회사는 조합업무용 차량의 유류비 제공과 업무용 차량 및 조합 방문객 차량의 주차를 인정한다.

제14조(홍보활동 보장)

회사는 조합의 전용게시판 설치와 사용을 인정하며 조합활동과 관련된 각종 유인물 및 인쇄물의 게시와 배포를 인정한다. 단, 이에 대하여 조합은 회사에 사전 서면 통보한다.

제3장 인사

제15조(인적자원관리)

종업원의 인사에 관한 사항은 회사의 인적자원관리규정 및 동세칙에 의거 시행한다. 다만 인적자원관리규정 및 동세칙 중 조합원과 관련되는 사항의 변경은 조합과의 협의를 거쳐 결정한다.

제16조(채용)

종업원의 채용은 회사가 행하되 공개모집을 원칙으로 한다. 다만, 순직자 자녀는 특수 채용할 수 있고 공상으로 인하여 회사 업무를 계속할 수 없는 신체 불구자는 본인의 희망에 따라 퇴직과 동시에 그 직계자녀 또는 배우자 중 1명에 대하여 대체 고용한다.

제17조(여성 조합원 차별대우금지)

1. 회사는 여성 조합원의 제반 인사 및 근로조건에 있어서 평등하게 적용하여야 하며 특정 성을 이유로 직, 간접적인 불이익한 처우를 하지 아니한다.
2. 남녀 평등과 모성 보호와 관련한 사건이 법적으로 최종 확정된 경우 즉시 원상회복 또는 시정한다.

제18조(동일가치 노동에 대한 동일임금)

1. 회사는 동일가치 노동에 대하여 동일한 임금을 지급하며 특정성을 이유로 차별을 하지 아니한다.
2. 회사는 생활보호적, 복리후생적 금품 지급 시에 특정 성을 이유로 차별을 하지 아니한다.

제19조(조합 임원 인사)

회사는 조합 임원 및 대의원의 인사에 관하여는 회사의 제규정에 의하되 조합의 동의를 얻는 것을 원칙으로 한다.

제20조(휴직)

회사는 조합원이 다음 각 항에 해당될 때에는 휴직을 명하거나 허가할 수 있다.

1. 본인이 원할 때
2. 병역법, 전시근로동원법 기타 법에 의하여 징소집될 때
3. 형사사건으로 구속기소 되었을 때
4. 업무 외 부상 또는 질병으로 결근 30일에 달할 때
5. 전염병, 정신병 기타 타인이 혐오하는 질병에 걸렸을 때
6. 기타 정당한 이유가 있다고 노사 쌍방이 인정할 때

제21조(휴직기간 및 급여)

1. 제20조의 휴직기간은 다음 각 호와 같다.
   1) 제20조의 1.3.4.5.항의 경우 : 9개월 이내
   2) 제20조의 2.6.항의 경우 : 당해 기간
2. 휴직기간 동안의 급여는 무급을 원칙으로 한다. 단, 제20조 4항의 사유에 의한 휴직기간 동안은 최초 3개월까지는 통상임금의 2/3, 4~6개월까지는 통상임금의 1/2을 지급한다.

제22조(휴직자 취급)

조합원이 휴직되었을 경우 다음에 의하여 보수를 지급한다.

1. 공상으로 인한 휴직자에 대하여는 관계법에 의한 처리 외에 평균임금의 30%를 추가 지급한다.
2. 휴직기간은 근속연수에 산입한다.
3. 휴직 중 퇴사하는 경우 평균임금 계산 기간을 휴직 전 3개월로 한다.
4. 전호 이외의 휴직자에 대하여는 취업규칙, 인적자원관리규정 및 급여규정이 정한 바에 의한다.

제23조(정년)

조합원의 정년은 만57세에 달하는 날의 해당 연말로 한다.

제 24조(복직)
조합원의 휴직기간이 만료되어 복직하고자 할 때에는 7일 이내에 복직시켜야 한다.

제25조(징계)

1. 회사는 취업규칙 및 인적자원관리규정에 정한 기준에 해당되는 경우 외에는 조합원을 징계 또는 해고하지 아니한다.
2. 조합원을 징계하고자 할 때는 조합에 사전 통보한다.

제26조(징계 절차)
회사가 조합원을 징계하고자 할 때에는 다음의 절차를 거쳐야 한다.

1. 조합원을 징계하고자 할 때에는 반드시 징계위원회를 개최하여야 하며, 대상자의 인적사항, 징계사유, 징계위원회의 개최일시 및 장소를 명시하여 징계위원회 개최 7일 전까지 징계위원 및 해당자에게 서면으로 통보하여야 한다.
2. 징계위원회는 징계권자가 징계 요구를 한 날로부터 15일 이내에 개최하여야 하고, 해당 조합원에게 필히 소명기회를 주어야 하며 증인을 신청할 시 이를 승인하여야 한다.
3. 징계위원회는 조합위원장이 추천하는 1인이 참고인으로 동석하여 사실확인 후 변론할 기회를 부여한다.
4. 징계를 받은 자는 징계 결정통보를 받은 날로부터 7일 이내에 재심을 청구할 수 있고, 재심청구가 있을 시 징계위원회는 접수 일로부터 7일 이내에 재심하여 통보하여야 한다.

제27조(인원 정리)
회사는 경영상 종업원을 감원하고자 할 때 해고 회피 노력, 해고대상자 선정 등에 대하여 사전에 조합과 협의를 하여야 하며 이때 감원선정 대상은 실습생, 수습사원, 단기근속자 순으로 한다.

제28조(부당징계 및 해고)
징계에 의해 해고 등 불이익을 당한 조합원이 노동부, 노동위원회, 법원의 판결에 의해 부당해고 및 불이익이 판명되었을 시 회사는 다음과 같이 조치하여야 한다.

1. 부당징계의 최종 확정 또는 결정난 날로부터 징계를 무효로 한다.
2. 징계로 인해 출근하지 못한 기간의 임금에 대하여는 징계직전의 평균임금을 즉시 지급하며 감봉된 조합원에게는 공제한 감봉금액을 즉시 지급한다.

제29조(선임권)
회사는 조합원의 승진, 승급 및 경합되는 인사결정에 있어서는 근속연수가 많은 종업원에게 우선권을 부여한다.

제30조(표창 및 포상)
회사는 인사위원회에서 다음 각 호에 해당하는 종업원을 공평하게 심의 결정하여 표창 및 포상한다.

1. 기술상, 업무상 유익한 발명 또는 연구 고안한 자
2. 품행이 단정하고 업무성적이 타의 모범이 되는 자
3. 재해의 미연방지와 사후 수습에 특별한 공로가 있는 자
4. 조합에서 추천한 자
5. 10년, 15년, 20년, 25년 장기 근속자(표창 기준일은 회사 창립기념일로 한다.)

제31조(제정 및 개정)
회사는 취업규칙 및 조합원에 관련된 제규정, 규칙을 제정 또는 개정하고자 할 경우에는 사전에 조합과 협의하여야 한다.

제32조(취업규칙 작성 및 변경)

1. 회사는 취업규칙 작성 및 변경 시 조합의 의견을 들어야 한다.
2. 조합원에게 불리하게 변경하는 경우 조합의 동의를 받아야 한다

제4장 근로시간, 휴일, 휴가

제33조(근로시간)

1. 근로시간은 1일 8시간, 1주 40시간, 주5일을 기본조건으로 하되 직종 간, 부서 간, 업무 특성에 따라 2주 단위 80시간의 탄력적 근로시간을 시행한다. 단, 4주 단위 52시간의 탄력적 근로시간제는 조합과의 합의를 통해 시행할 수 있다. 또한, 회사 사정에 의해 연장근로를 명할 수 있으며 조합원은 특별한 사유가 없는 한 거절하지 못한다.
2. 근로시간이라 함은 실제 작업시간, 큐씨(QC)활동, 청소, 교육, 각종 회의 및 행사 작업평가를 위한 모임 등을 통틀어 말한다.

제34조(휴식시간)
휴식시간은 1시간으로 하며 회사 내에서 자유로이 이용한다.

제35조(출퇴근 시간)

1. 노사는 호텔이 일 24시간, 연 365일 영업하는 것을 인정하며 회사는 이에 따라 조합원에게 교대 근무를 명한다.

2. 일반 사무실 근무시간은 휴식시간을 포함하여 오전 8시30분(9시)부터 오후 5시30분(6시)으로 한다. 그러나 운영상 필요에 따라 각 부서별로 월간 근무시간표를 작성하며 조합원은 규정에 따라 출 퇴근 기록 또는 출근부에 서명한다.
3. 근무계획표는 특정 조합원에게 유리 또는 불리하게 작성하지 아니한다.
4. 모든 조합원은 근무계획표에 따른 근로 개시 시간 전까지 지정된 근무 장소에 도착하여야 한다.

제36조(특수직 근무시간)
회사 영업상 특수한 직종의 조합원은 근로기준법이 정하는 범위 내에서 연장 근로를 할 수 있다.

제37조(유급휴일)
1. 회사의 유급휴일은 다음과 같다.
   1) 주휴일 :조합원이 1주일 만근했을 때 1일의 무급휴일과 1일의 유급휴일로 2일 연속하여 지급한다. 단, 연속 휴일은 조정할 수 있다. 교대 근무자 외의 행정사무요원의 무급휴일은 토요일로 하고, 유급휴일은 일요일로 하며 교대 근무자는 근무 계획표에 의한다.
   2) 근로자의 날, 노동조합 설립일(1.19)
   3) 신정(1.1), 설(음력12.31-음력1.2), 추석(음력8.14-음력8.16)
   4) 삼일절, 제헌절, 광복절, 개천절
   5) 어린이날, 현충일, 석가탄신일(음력4.8), 성탄절(12.25)
   6) 선거권 기타 공민권 행사 또는 공의 직무를 집행하기 위하여 필요한 시간(단, 공의 직무 집행을 위한 시간은 별도의 협의를 통하여 필요한 시간을 정할 수 있다. 또한 회사는 그 권리 행사 및 공의 직무 집행에 지장이 없는 한 청구한 시각을 변경할 수 있다.)
   7) 기타 정부에서 정한 공휴일 또는 회사에서 지정한 날
2. 정부에서 국경일 등 휴일에 관한 규정 또는 지침이 변경된 경우 변경된 규정 또는 지침에 따라 휴일을 변경 시행한다.

제38조(연차유급휴가)
1. 회사는 근로기준법에 의거 연차유급휴가를 부여한다. 단, 근속연수별로 아래와 같이 별도 보전한다.
   - 6년 ~ 10년 : 2일
   - 11년 ~ 15년 : 5일
   - 16년 ~ 20년 : 6일

- 21년 ~ 25년 : 7일
- 26년 이상　: 8일

2. 연차유급휴가는 적치한 후 당해 연도에 본인의 청구에 의거 필요한 기간에 분할하여 전량 사용한다. 단, 부득이한 사정으로 사용하지 못한 일수에 대해서는 익년 1월 임금 정기 지급일에 통상임금 100%를 지급한다.
3. 회사 귀책사유에 의한 휴업기간, 업무상 재해나 질병으로 인한 요양 기간, 산전 후 휴가 등은 출근한 것으로 간주하며 연차유급휴가에 불이익을 받지 않는다.
4. 계열 회사에 전출 시 근속연수는 계속 인정되며 연차유급휴가 산정에도 전 근무기간을 인정하여야 한다.
5. 회사는 이에 규정한 휴가를 시행함이 회사 운영상 지장이 있을 경우에는 그 시기를 조합원과 협의하여 변경할 수 있다.
6. 퇴직자가 사용하지 않은 연차유급휴가일수에 대해서는 퇴직 시 통상임금의 100%를 지급한다.

第39조(생리휴가)

1. 생리휴가는 근로기준법이 정한 바에 따른다.
2. 회사는 여성조합원의 건강증진 및 모성보호를 위하여 월 2만 원의 보건수당(통상임금 산정에서 제외)을 지급하되 생리휴가를 사용할 경우에는 보건수당을 지급하지 아니하며 임금의 저하를 가져오지 아니한다.

第40조(산전, 산후휴가 및 수유시간)

1. 회사는 임신 중의 여성 조합원에 대하여는 90일의 보호휴가를 주어야 하며 산후에 45일 이상이 보장되도록 한다. 단, 최 초 60일을 유급으로 한다. 산후 무급보호휴가 30일을 사용 후 출근한 월의 근무일수가 15일 이상일 경우 상여금 지급 기간을 1월로 간주한다. 다만, 출근 월이 2월 또는 3월 인 경우 근무일수가 13일 이상이면 동일하게 취급한다.
2. 임신 중의 여성 조합원의 청구가 있는 경우에는 보다 경미한 작업으로 배치 전환시켜야 하며 시간외 근로를 시키지 못한다.
3. 본인의 희망에 따라 산전, 후에 10개월의 무급 휴가를 준다.
4. 임신한 여성조합원이 유산, 사산, 조산을 하는 경우 다음과 같이 유급휴가를 부여한다.
   - 12주 미만 : 5일
   - 12주 이상 ~ 28주 미만의 경우 : 45일
   - 28주 이상의 경우 : 출산 휴가와 동일 (단, 의사의 처방이 있을 시 이를 연장할 수 있다.)

5. 회사는 생후 1년 미만의 영아를 가진 여성 조합원의 청구가 있을 때에는 월 1일간의 유급 휴가를 준다.
6. 회사는 생후 1년 미만의 영아를 가진 여성 조합원 및 전업주부를 둔 남성 조합원이 양육을 위하여 육아휴직을 신청할 시 이를 인정한다.

제41조(특별 휴가)
회사는 조합원이 다음 각 항에 해당할 시 특별 유급휴가를 부여한다.

1. 본인결혼 : 6일
2. 자녀결혼 : 3일
3. 형제결혼 : 1일
4. 부모, 배우자부모 회갑 : 2일
5. 조부모 고희 : 1일
6. 부모, 배우자 부모 고희 : 1일
7. 부모상, 배우자부모상, 배우자상, 승중상, 자녀상 : 6일
8. 백숙부모상, 형제상, 조부모상 : 3일
9. 자녀출산 (남성) : 1일(단, 휴가사용은 출산일 기준 3일 이내에 청구 사용하여야 한다.)
10. 본인 졸업 : 1일
11. 하기휴가 : 4일 (전년도 12월 31일 이전 입사 정직원에 한함)
12. 화재, 수재나 다른 중대한 재해 발생 시 회사는 해당자에게 특별휴가를 부여할 수 있다.

제42조(기타 휴가)
회사는 종업원의 선거 기타 공인으로서 권리의무를 수행하기 위하여 필요한 시간을 청구하였을 때 당해 시간의 휴가를 허가한다. 단, 그 권리 행사 또는 공의무를 집행함에 지장이 없는 한 청구한 시간을 변경할 수 있다.

제5장 임금 및 퇴직금

제43조(임금의 정의 및 구성)
임금은 노동력의 대가로 조합원에게 지급되는 일체의 금품을 말하며 그 구성은 다음과 같다.

1. 본봉(기본급)
2. 제수당
3. 상여금
4. 임시로 지급하는 임금
5. 봉사료 잉여금

제44조(임금 인상)

조합원의 임금 인상을 매년 3월에 단체교섭을 통하여 3월1일부 인상을 결정한다. 단, 인상 내역은 별도 임금 협정서에 의한다.

제45조(정기 승급)

회사는 매년 4월1일 또는 10월1일 1인 1회에 한하여 전체조합원에게 2호봉씩 정기승급을 시킨다.

제46조(연장, 야간, 휴일 근로수당)

1. 연장근로수당은 통상임금의 100분의 50을 가산 지급한다.
2. 야간근로(22:00~06:00)수당은 통상임금의 100분의 50을 가산 지급한다.
3. 휴일근로수당은 통상임금의 100분의 50을 가산 지급 한다.
4. 설과 추석 명절 연휴기간 동안 회사규정에 따라 근무하는 경우 휴일수당을 통상임금 기준 100분의 100을 가산 지급한다.

제47조(임금 지불)

회사는 조합원에게 다음과 같이 임금을 지급한다.

1. 급여는 매월 25일 지정된 은행에서 수령하며 하루 전 내역서를 전달한다.
2. 지불일이 휴일일 때는 그 전날 지급한다.

제48조(공제금)

다음 각 호에 해당하는 것은 임금에서 공제한다.

1. 법정 제세공과금
2. 조합비, 조합 결의에 의한 의무금
3. 의료보험료, 재형저축부금, 조합이 동의한 보험료, 본인이 승인한 각종 금액
4. 기타 노사가 합의한 것

제49조(급여의 즉시불)

회사는 다음 각 호에 해당할 때에는 본인의 희망에 따라 금품 지급 사유의 발생일로부터 14일 이내에 일시불로 지급한다.

1. 배우자 또는 본인 출산 시
2. 직계가족(본인포함)이 사망하였거나 질병, 재해사고를 당하였을 때
3. 자녀 입학 시
4. 본인 및 자녀 결혼 시
5. 퇴직 및 해고 시
6. 천재지변 기타 돌발적인 사고로 객관적인 타당성을 노사 쌍방이 인정할 경우

제50조(산출기준)

회사는 조합원이 채용된 때 또는 퇴직한 때에는 아래 기준에 의거 당월 분의 통상임금을 산출한다.

1. 신규채용자는 채용 확정 일로부터 일할 계산 지급한다.
2. 퇴직자는 1년 이상 계속 근로한 조합원에 한하여 퇴직 해당월의 15일 이상 근무하였을 때에는 당월분 임금 전액을 지급한다.
3. 조합원의 월 통상임금 산정기준시간은 월209시간을 기준으로 하며 근로수당 산출도 이에 따른다.

제51조(기본급 저하 불가)

회사는 조합원의 배치전환, 월급제를 일급제로, 일급제를 월급제로 전환을 이유로 또한 경영부실 등의 이유로 한 어떠한 명목으로도 기본급을 저하시킬 수 없다.

제52조(상여금)

1. 96년 1월 1일부터 본봉 기준으로 상여금을 연 800% 지급하며 지급시기와 지급율은 노사가 협의하여 정한다.
2. 상여금 지급은 지급일 현재 재직하는 자에 한하여 지급한다.
3. 기타 사항은 회사의 급여 규정에 정한 바에 따른다.

제53조(퇴직금)

1. 회사는 1년 이상 근속한 조합원이 퇴직, 해고, 사망하였을 때 근속연수 1년에 대하여 1개월 분의 평균임금을 퇴직금으로 지급하며 이 경우 평균임금이라 함은 근로기준법이 정한 바에 따른다.
2. 근속연수 6년부터 제1항의 지급기준에 0.5개월분의 평균임금을 가산 지급한다.
3. 기타사항은 회사의 퇴직금 지급 규정에 정한 바에 따른다.

제6장 복지후생 및 교육훈련

제54조(복지후생)

1. 회사는 조합원의 보건 및 복지 향상을 위하여 사업장 내외에 다음과 같은 시설을 마련하여 조합원이 동등하고 용이하게 이용할 수 있도록 노력한다.

   1) 휴게실 2) 갱의실 3) 욕실 4) 침실 5) 이용실 6) 미용실 7) 도서실 8) 연수원시설 9) 각종운동시설 10) 영유아 보육시설
2. 조합원의 복리후생 증진의 목적으로 회사의 주관하에 동계 또는 하계휴

양소의 설치 운영과 회사 영업에 지장이 없는 범위 내에서 노사협의를 통하여 사내 체육대회를 연 1회 실시한다.

제55조(급식)

1. 회사는 조합원의 급식을 위하여 최선의 노력을 한다.
2. 메뉴 및 질을 개선하고 식당분위기 개선을 위해 노력한다.
3. 기타 조합원 급식에 관한 세부사항은 노사협의회에서 논의한다.

제56조(유니폼 지급)

회사는 직종에 알맞은 유니폼 및 근무화를 전 조합원에게 지급한다.

제57조(심야 교통비)

조합원이 오전 6시 이전 출근하거나 오후 11시 30분 이후 퇴근하는 경우 교통편의를 위하여 다음과 같이 심야교통비를 지급한다.

- 10km 이내 : 5,000원
- 10km ~ 15km : 8,000원
- 15km 이상 및 시외 : 10,000원

제58조(자녀 학자금)

1. 회사는 지급일 현재 2년 이상 근무한 종업원의 자녀 2명에 대하여 자녀 학자금을 지급하되 중학교, 고등학교 등록금의 100%를 지급한다. 단, 2002년 이후 중학교에 입학하는 자녀2인에 대하여는 학비 보조비로 월 5만 원을 별도 지급한다. 대학교는 등록금의 100%를 총12학기 지급하되 수혜자녀는 교체할 수 있다. 시행시기는 2004년 9월부터 적용한다.
2. 회사는 조합원의 자녀가 만 4세가 되는 날로부터 입학까지 최고 2년간 자녀 1인에 대하여 월 5만 원의 유치원 보조비를 지급한다.
3. 기타 사항은 자녀학자금 지급 규정에 의하여 지급한다.

제59조(장기근속 예우)

1. 회사는 다음과 같이 장기근속자를 예우한다.
   - 입사 10년이 되는 종업원에게 금 10돈의 반지
   - 입사 15년이 되는 종업원에게 금 15돈의 반지
   - 입사 20년이 되는 종업원에게 금 20돈의 반지, 부부동반 2박 3일(유급휴가) 제주호텔 숙식권, 왕복항공권
   - 입사 25년이 되는 종업원에게 금 25돈의 반지, 부부동반 4박 5일(유급휴가) 동남아 여행권, 숙식권, 왕복항공권
2. 기준일은 입사일로 한다.
3. 배우자가 없을 시 직계가족 1인으로 대체가 가능하다.

제60조(경조금)

1. 경조금을 아래 지급 기준에 따라 지급한다.
   - 결혼 : 본인-30만 원
     자녀-20만 원
     형제-10만 원
   - 회갑 : 부모-20만 원
     배우자부모-20만 원
   - 고희 : 조부모-10만 원
   - 상 : 본인-200만 원
     부모-50만 원
     배우자부모-50만 원
     배우자-100만 원
     증중상-15만 원
     조부모-10만 원
     자녀-50만 원
     형제-10만 원
   - 기타 : 자녀출산-5만 원
     본인입원-10만 원(6박 7일 이상 입원)
2. 현재 재직하는 자로서 본인 결혼, 자녀 결혼의 경우와 배우자 부모상, 조부모상, 자녀상의 경우에는 각각 대표이사 명의 축하 전보 또는 조의 전보를 발송한다.

제61조(양성 교육 및 사외 교육훈련)

회사는 조합원이 직무를 효율적으로 수행하고 각자의 자질을 향상시킴으로써 개인의 능력과 회사의 발전에 공헌할 수 있도록 다음과 같이 교육훈련을 계획, 시행하고 그 성과를 분석한다.

1) 입사교육 : 회사 근무환경 적응에 필요한 경우
2) 직무교육 : 높은 품질 및 생산성을 달성할 수 있도록 필요한 직무 지식 습득에 관한 교육
3) 보수교육 : 필요에 따라 직무에 대한 재교육, 감독자 교육, 견학 및 파견 교육
4) 교양교육 : 건전한 사회 및 조직 구성원으로서의 인격 함양을 위한 교육

제7장 직장 내 성희롱 예방

제62조(성희롱 금지와 예방)

1. 회사는 직장 내 성희롱을 금지하여 조합원이 이로 인한 고용상의 불이익

과 성적 굴욕감을 느끼지 않고 안전한 환경에서 일할 수 있도록 해야 한다. 여기서 직장 내 성희롱이라 함은 사용자, 상급자, 다른 근로자 그리고 업무와 관련한 제3자에 의한 원하지 않는 육체적, 언어적, 시각적 표현, 표현물 등으로 이를 조건으로 고용상의 불이익을 주거나 성적인 굴욕감을 유발하게 하여 고용환경을 악화시키는 것을 말한다.

2. 회사와 조합은 성희롱 고발창구를 개설하고 신고가 접수될 경우 회사는 접수 일로부터 피해자를 성희롱 고충처리위원회 조사가 완료될 시까지 유급휴가를 부여하고 조사시 피해자의 발언에 대한 모든 비밀을 지킬 의무를 진다. 또한 가해자는 피해자에 대해 일체의 접촉 및 협박행위를 하여서는 아니 된다.
3. 회사는 성희롱 고충처리위원회에서 조사결과 직장 내 성희롱이 행사된 사실이 입증된 자는 직위, 직급에 관계없이 징계위원회에 회부 및 배치 전환한다.
4. 회사와 노조는 직장 내 성희롱을 예방하고 안전한 근무환경을 조성하기 위한 예방 지침서를 제작 배포하고 예방교육을 매년 1회 이상 실시하여야 한다.
5. 회사는 직장 내 성희롱에 관하여 피해 당사자에게 고용 등 일체의 불이익한 조치를 하여서는 아니 되며 피해자가 입은 피해에 대해 가해자가 적절한 보상책임을 지도록 노력한다.

第63조(성희롱 고충처리 위원회)
노사는 직장 내 성희롱 금지와 예방 등을 실현하기 위하여 다음과 같이 성희롱 고충처리위원회(이하 위원회라 한다)를 설치, 운영한다.

1. 위원회는 노사동수(각각 7명)로 구성하되 조합 측에서는 여성조합원 대표가 포함되며 노, 사 공동대표 및 각 1명씩 간사를 선임한다.
2. 위원회는 분기별로 정기회의를 개최하며 성희롱 신고 접수 시 위원회를 5일 이내에 구성하여 10일 이내 조사 완료한다(단, 부득이한 사정으로 연기할 수 있다).
3. 위원회는 남녀고용평등법상의 성희롱 관련 위법사항의 시정, 적절한 분쟁의 해결, 성희롱 방지 및 예방기획의 수립과 시행 등 직장 내 성희롱 전반에 관련된 사항을 심의 의결한다.
4. 노사는 남녀고용평등법상의 직장 내 성희롱 금지와 예방을 위하여 노력한다.
5. 남녀고용평등법상의 직장 내 성희롱과 관련한 분쟁해결에서 입증책임은 회사 측에 있다.

제8장 산업안전 보건, 재해보상

제64조(안전 관리)

회사는 작업상 위험한 시설에 대하여는 법이 정하는 안전조치를 취하여 안전사고 방지에 노력하며 조합원은 이에 대한 안전수칙을 준수하며 사고 미연방지에 최선을 다하며 안전수칙과 보안유지 및 검열 업무에 협조한다.

제65조(보건 관리)

회사는 조합원의 보건위생 관리에 철저를 기하기 위하여 다음 각 호의 조치를 강구한다.

1. 회사에 의무실을 설치 운영한다.
2. 회사는 종업원전용식당에 유자격 영양사를 채용한다.
3. 회사는 조합원이 근무에 지장을 초래하지 않는 한 자유로이 의무실을 이용할 수 있게 한다.

제66조(안전 보호 장구)

회사는 안전 보호 장구를 필요로 하는 부서의 조합원에게 검정합격품의 장구를 지급한다.

제67조(작업환경 측정)

회사는 1년에 2회 이상 작업환경에 대하여 측정하고 유해요인이 발견되었을 시 즉시 제거하여야 한다. 또한 측정에 대한 계획과 측정 결과에 대하여도 조합에 통보하여야 한다.

제68조(건강진단)

1. 회사는 조합원에게 근로기준법에 의하여 정기적으로 건강진단을 실시한다.
2. 조합원은 이유없이 전항의 건강진단을 거부하지 못한다. 다만, 특별한 사유로 이에 불응할 때에는 의사가 발행하는 건강진단서의 제출로 갈음할 수 있다.
3. 회사는 조합원의 사전적 질병예방과 건강증진을 위하여 종업원 정기건강검진 시 검사항목을 추가하여 질적 개선을 도모한다. 추가 검사항곡은 B형 간염검사, 부인과검사, 각종 암검사(간, 소화기, 췌장, 전립선, 난소)로 한다. 검진장소는 외부 의료기관에서 실시하며, 의료기관 선정에 관해서는 노사가 협의하여 회사가 결정한다.

제69조(여성 및 미경험자 보호)

회사는 여성, 연소자 그리고 미경험자에게는 위험 혹은 안전 보건상 유해한 직종에 종사시키지 아니한다.

제70조(취업금지)
회사는 전염병, 정신병 또는 노동을 계속함으로써 병세가 악화되거나 이로 인하여 타인에게 피해가 끼칠 것으로 우려되는 조합원에 대하여는 취업을 금지시킨다.

제71조(업무상 부상 및 질병)
회사는 조합원이 업무상 부상 당하거나 질병에 걸렸을 때에는 이의 치료비 또는 요양에 필요한 제반 경비를 관계 법령에 의거 처리하며 회사는 이 경우 생계 유지비로 평균임금 30%를 임금 지급일에 추가 지급한다.

제72조(장해보상)
회사는 조합원이 업무상 부상당하였거나 또는 질병에 걸려 신체에 장해가 있을 때에는 관계 법령에 의거 보상 처리한다.

제73조(유족보상 및 장례비)
회사는 조합원이 업무상 사망하였을 때에는 유가족에 대하여 관계 법령이 정한 바에 따라 보상처리 한다.

제74조(재해자 보호)
회사는 업무상 부상으로 인하여 정상적인 업무 수행이 곤란한 조합원에 대해서는 타 직종으로 전환시킨다. 단, 임금 및 처우는 정상 근무와 동일하게 취급한다.

제9장 단체교섭

제75조(교섭 대상)
단체교섭의 대상은 다음과 같다.

1. 조합 활동에 관한 사항
2. 임금 및 근로 조건에 관한 사항
3. 안전 보건, 재해에 관한 사항
4. 경영 성과에 대한 공정 분배에 관한 사항
5. 기타 단체교섭에 해당되는 일체사항

제76조(교섭 요구)
어느 일방이 단체교섭을 요구할 시 교섭 일시, 장소, 안건, 위원 명단, 기타 필요한 사항을 명시하여 문서로 요구한다.

제77조(교섭 의무)
어느 일방이 단체교섭의 요구가 있을 시 상대방은 이에 응할 의무가 있으며 특별한 사정으로 일시 연기를 할 시에는 연기사유와 연기 일시를 통보하여야 한다. 단, 5일 이상 연기할 수 없다.

제78조(교섭 방식)

1. 단체교섭은 교섭위원이 행하며 회사와 조합이 10명 이내 동수로 한다.
2. 단체교섭위원으로 회사 측 위원은 회사 임원 또는 비조합원 중 회사가 임명한 자와 조합 측의 위원은 조합원 중 조합이 임명한 자로 한다.

제79조(대표위원 참석)

1. 교섭위원 중 노사 쌍방 대표자는 대표위원이 된다.
2. 쌍방의 대표위원은 단체교섭에 필히 참석하여야 하며 특별한 사정으로 불참 시 대리 대표위원에게 결정권을 부여하여야 한다.

제80조(간사 선임)

노사 쌍방은 간사 1명을 두어 교섭에 필요한 사전준비, 교섭진행사항 기록, 교섭 후 사후 조치 등을 취하게 한다.

제81조(자료 제출)

어느 일방이 근거 자료를 요구할 시 상대방은 이를 제시하여야 하며 기밀에 속하는 사항은 누설하지 않는다.

제82조(합의서 작성)

단체교섭에 합의된 모든 사항은 문서로 작성하여 쌍방 교섭위원 전원이 서명 날인하여야 한다.

제83조(회사와 조합의 권리)

조합은 회사가 사업을 경영하는 권리를 존중하고 그 행위를 방해하지 못하며 회사는 조합원의 단결권 및 단체교섭권, 단체행동권을 존중하고 그 정당한 행사를 방해하지 못한다.

제84조(비밀 유지)

전장에 걸쳐 교섭 중 합의내용, 발언내용 등에 대하여 일방의 비밀 요청이 있을 때에는 이를 철저히 지켜야 한다.

제10장 노사협의회

제85조(노사협의회)

회사와 조합원은 상호 협조 정신에 입각하여 사업의 발전, 근로조건의 유지 향상을 위하여 노사협의회를 구성 운영한다.

제86조(대표위원 참석)
노사 쌍방의 대표위원은 회의에 필히 참석하여야 하며 특별한 사정으로 불참 시에는 대리 대표위원에게 결정권을 부여하여야 한다.

제87조(간사 선임)
노사 쌍방은 간사 1명을 각각 두어 회의에 필요한 사전준비, 회의록 작성, 회의 후 사후조치 등을 취한다.

제88조(협의회 운영)

1. 정기 노사협의회는 매년 3월, 6월, 9월, 12월 중에 개최한다.
2. 어느 일방에서 임시 노사협의회 개최를 요청할 시 상대방은 즉시 이에 응하여야 한다.

제89조(협의회 안건)
노사협의회는 다음 각 호의 사항을 협의, 결정한다.

1. 단체협약에 의해 위임된 사항
2. 취업규칙 및 각종 회사 규정의 개폐 및 개정에 관한 사항
3. 생산성 향상에 관한 사항
4. 복리후생 및 작업환경 개선에 관한 사항
5. 교육훈련계획 및 실시에 관한 사항
6. 고충처리에 관한 사항
7. 노사분규 예방에 관한 사항
8. 기타 사항

제90조(보고 사항)
회사는 다음 각 호에 해당하는 사항에 대하여 사실대로 보고하여야 한다.

1. 경영계획 및 실적에 관한 사항
2. 분기별 생산계획 및 실적에 관한 사항
3. 인력 계획에 관한 사항
4. 회사의 경제적, 재정적 사항
5. 전차 회의에서 보고하기로 결정한 사항

제91조(효력)
노사협의회에서 결정한 사항은 법령 및 본 협약의 기준에 미달하지 않는 한 단체협약과 동일한 효력을 가진다.

제92조(비밀 유지)
노사협의회에서 취득한 사항 중 기밀에 속하는 부분은 누설하지 않는다.

제11장 노동쟁의

제93조(일반 원칙)
노동쟁의에 관한 일반원칙은 노동조합 및 노동관계조정법에 따른다.

제94조(노동쟁의 조정신청)
단체교섭을 3회 이상 전개하였는데도 교섭사항이 불일치하였거나 단체교섭을 3회 이상 요청하였는데도 해태 또는 거부하였을 경우 조합은 조정신청을 할 수 있다.

제95조(사전 통고)
어느 일방이 행정관청에 노동쟁의 발생신고를 하고자 할 때는 사전에 상대방에게 통보하여야 한다.

제96조(시설 이용)
회사는 쟁의 중이라도 조합원 및 상급단체 간부의 조합사무실 출입을 인정한다.

제97조 (비상시 조치)

조합은 쟁의행위 중이라도 천재지변이나 중대한 재해 등이 발생하였을 시 쟁의행위를 임시 중단하고 재해 진압에 협조하여야 한다.

제98조(쟁의 중 신분보장)
회사는 정당한 노동쟁의나 쟁의행위에 대한 간섭, 방해 및 조합원과 조합 집행부를 이간시키는 행위를 할 수 없으며 쟁의기간 중에는 여하한 징계나 전출 등의 인사 조치를 취할 수 없다. 또한 쟁의에 참가한 것을 이유로 사후에 불이익을 줄 수 없다.

제99조(신규채용 및 대체근무 금지)
회사는 쟁의기간 중 신규채용 및 타인을 취업시키지 못하며 비조합원을 대체하여 근무시키지 못한다.

제100조(쟁의 중 취업요원)
쟁의 중 다음의 종업원은 쟁의행위에 가담할 수 없다.

1. 제 8조 해당자
2. 텔렉스, 통신요원 및 전화교환원
3. 사업장의 안전보호 시설에 필요한 자
4. 급여담당자
5. 기타 노사가 합의하여 결정한 자

부칙

제1조(유효기간)
본 단체협약의 유효기간은 2004년 7월 19일부터 2006년 5월 31일까지로 한다.

제2조(효력의 유지)
본 협약의 기간이 만료된 후 노사 간에 갱신(안)이 결정되지 않았을 때에는 협약 기간 만료일로부터 90일간 계속 본 협약이 효력을 지닌다.

제3조(준용)
이 협약에 규정되어 있지 않은 사항에 관하여는 회사의 취업규칙 및 제규정 기타 노동관계법령을 적용한다.

제4조(재교섭)
1. 본 협약의 기간 만료 전에 노사 간 어느 일방에서 갱신하고자 할 때에는 기간 만료 1개월 전까지 갱신(안)을 작성하여 상대방에게 제출하여야 한다.
2. 본 협약이 유효한 기간이라도 회사와 조합이 서로 동의한 경우에 한하여 일부를 개정할 수 있다.

제5조(책임 한계)
본 협약의 불이행으로 인하여 야기되는 일체의 책임은 이행하지 아니한 측이 모든 법적책임을 진다.

제6조(협약의 승계)
본 협약을 체결한 후 회사나 조합의 명칭 또는 대표자(본 협약 서명 날인자 포함)의 명의가 변경된 때에도 본 협약은 계속유효하다.

제7조(협약서 보관)
본 협약서는 협약을 확인하기 위하여 3부를 작성한 후 회사와 조합이 각 1부씩 보관하며 1부는 행정 관청에 제출한다.

제8조(상급단체명 변경)
상급단체가 조합의 합법적인 절차를 거쳐 변경될 시에는 즉시 단체명을 변경한다.

이와 같이 협약하고 서명 날인한다.

2006년 ○월 ○일

주식회사 ○○호텔	주식회사 ○○호텔 노동조합
대표이사 ○ ○ ○	위원장 ○ ○ ○

부록

근로기준법

관광 · 호텔
인적자원관리론

부록

근로기준법

제1장 총칙

제1조(목적) 이 법은 헌법에 따라 근로조건의 기준을 정함으로써 근로자의 기본적 생활을 보장, 향상시키며 균형 있는 국민경제의 발전을 꾀하는 것을 목적으로 한다.

제2조(정의) ① 이 법에서 사용하는 용어의 뜻은 다음과 같다.

1. "근로자"란 직업의 종류와 관계없이 임금을 목적으로 사업이나 사업장에 근로를 제공하는 자를 말한다.
2. "사용자"란 사업주 또는 사업 경영 담당자, 그 밖에 근로자에 관한 사항에 대하여 사업주를 위하여 행위하는 자를 말한다.
3. "근로"란 정신노동과 육체노동을 말한다.
4. "근로계약"이란 근로자가 사용자에게 근로를 제공하고 사용자는 이에 대하여 임금을 지급하는 것을 목적으로 체결된 계약을 말한다.
5. "임금"이란 사용자가 근로의 대가로 근로자에게 임금, 봉급, 그 밖에 어떠한 명칭으로든지 지급하는 일체의 금품을 말한다.
6. "평균임금"이란 이를 산정하여야 할 사유가 발생한 날 이전 3개월 동안에 그 근로자에게 지급된 임금의 총액을 그 기간의 총일수로 나눈 금액을 말한다. 근로자가 취업한 후 3개월 미만인 경우도 이에 준한다.
7. "소정(所定)근로시간"이란 제50조, 제69조 본문 또는 「산업안전보건법」 제46조에 따른 근로시간의 범위에서 근로자와 사용자 사이에 정한 근로시간을 말한다.
8. "단시간근로자"란 1주 동안의 소정근로시간이 그 사업장에서 같은 종류의 업무에 종사하는 통상 근로자의 1주 동안의 소정근로시간에 비하여 짧은 근로자를 말한다.

② 제1항제6호에 따라 산출된 금액이 그 근로자의 통상임금보다 적으면 그 통상임금액을 평균임금으로 한다.

제3조(근로조건의 기준) 이 법에서 정하는 근로조건은 최저기준이므로 근로 관계 당사자는 이 기준을 이유로 근로조건을 낮출 수 없다.

제4조(근로조건의 결정) 근로조건은 근로자와 사용자가 동등한 지위에서 자유의사에 따라 결정하여야 한다.

제5조(근로조건의 준수) 근로자와 사용자는 각자가 단체협약, 취업규칙과 근로계약을 지키고 성실하게 이행할 의무가 있다.

제6조(균등한 처우) 사용자는 근로자에 대하여 남녀의 성(性)을 이유로 차별적 대우를 하지 못하고, 국적 · 신앙 또는 사회적 신분을 이유로 근로조건에 대한 차별적 처우를 하지 못한다.

제7조(강제 근로의 금지) 사용자는 폭행, 협박, 감금, 그 밖에 정신상 또는 신체상의 자유를 부당하게 구속하는 수단으로써 근로자의 자유의사에 어긋나는 근로를 강요하지 못한다.

제8조(폭행의 금지) 사용자는 사고의 발생이나 그 밖의 어떠한 이유로도 근로자에게 폭행을 하지 못한다.

제9조(중간착취의 배제) 누구든지 법률에 따르지 아니하고는 영리로 다른 사람의 취업에 개입하거나 중간인으로서 이익을 취득하지 못한다.

제10조(공민권 행사의 보장) 사용자는 근로자가 근로시간 중에 선거권, 그 밖의 공민권(公民權) 행사 또는 공(公)의 직무를 집행하기 위하여 필요한 시간을 청구하면 거부하지 못한다. 다만, 그 권리 행사나 공(公)의 직무를 수행하는 데에 지장이 없으면 청구한 시간을 변경할 수 있다.

제11조(적용 범위) ① 이 법은 상시 5명 이상의 근로자를 사용하는 모든 사업 또는 사업장에 적용한다. 다만, 동거하는 친족만을 사용하는 사업 또는 사업장과 가사(家事) 사용인에 대하여는 적용하지 아니한다.

② 상시 4명 이하의 근로자를 사용하는 사업 또는 사업장에 대하여는 대통령령으로 정하는 바에 따라 이 법의 일부 규정을 적용할 수 있다.

③ 이 법을 적용하는 경우에 상시 사용하는 근로자 수를 산정하는 방법은 대통령령으로 정한다.

제12조(적용 범위) 이 법과 이 법에 따른 대통령령은 국가, 특별시 · 광역시 · 도, 시 · 군 · 구, 읍 · 면 · 동, 그 밖에 이에 준하는 것에 대하여도 적용된다.

제13조(보고, 출석의 의무) 사용자 또는 근로자는 이 법의 시행에 관하여 고용노동부장관·「노동위원회법」에 따른 노동위원회(이하 "노동위원회"라 한다) 또는 근로감독관의 요구가 있으면 지체 없이 필요한 사항에 대하여 보고하거나 출석하여야 한다.

제14조(법령 요지 등의 게시) ① 사용자는 이 법과 이 법에 따른 대통령령의 요지(要旨)와 취업규칙을 근로자가 자유롭게 열람할 수 있는 장소에 항상 게시하거나 갖추어 두어 근로자에게 널리 알려야 한다.

② 사용자는 제1항에 따른 대통령령 중 기숙사에 관한 규정과 제99조제1항에 따른 기숙사규칙을 기숙사에 게시하거나 갖추어 두어 기숙(寄宿)하는 근로자에게 널리 알려야 한다.

제2장 근로계약

제15조(이 법을 위반한 근로계약) ① 이 법에서 정하는 기준에 미치지 못하는 근로조건을 정한 근로계약은 그 부분에 한하여 무효로 한다.

② 제1항에 따라 무효로 된 부분은 이 법에서 정한 기준에 따른다.

제16조(계약기간) 근로계약은 기간을 정하지 아니한 것과 일정한 사업의 완료에 필요한 기간을 정한 것 외에는 그 기간은 1년을 초과하지 못한다.

제17조(근로조건의 명시) ① 사용자는 근로계약을 체결할 때에 근로자에게 다음 각 호의 사항을 명시하여야 한다. 근로계약 체결 후 다음 각 호의 사항을 변경하는 경우에도 또한 같다.

1. 임금
2. 소정근로시간
3. 제55조에 따른 휴일
4. 제60조에 따른 연차 유급휴가
5. 그 밖에 대통령령으로 정하는 근로조건

② 사용자는 제1항제1호와 관련한 임금의 구성항목·계산방법·지급방법 및 제2호부터 제4호까지의 사항이 명시된 서면을 근로자에게 교부하여야 한다. 다만, 본문에 따른 사항이 단체협약 또는 취업규칙의 변경 등 대통령령으로 정하는 사유로 인하여 변경되는 경우에는 근로자의 요구가 있으면 그 근로자에게 교부하여야 한다.

제18조(단시간근로자의 근로조건) ① 단시간근로자의 근로조건은 그 사업장의 같은 종류의 업무에 종사하는 통상 근로자의 근로시간을 기준으로 산정한 비율에 따라 결정되어야 한다.

② 제1항에 따라 근로조건을 결정할 때에 기준이 되는 사항이나 그 밖에 필요한 사항은 대통령령으로 정한다.

③ 4주 동안(4주 미만으로 근로하는 경우에는 그 기간)을 평균하여 1주 동안의 소정 근로시간이 15시간 미만인 근로자에 대하여는 제55조와 제60조를 적용하지 아니한다.

제19조(근로조건의 위반) ① 제17조에 따라 명시된 근로조건이 사실과 다를 경우에 근로자는 근로조건 위반을 이유로 손해의 배상을 청구할 수 있으며 즉시 근로계약을 해제할 수 있다.

② 제1항에 따라 근로자가 손해배상을 청구할 경우에는 노동위원회에 신청할 수 있으며, 근로계약이 해제되었을 경우에는 사용자는 취업을 목적으로 거주를 변경하는 근로자에게 귀향 여비를 지급하여야 한다.

제20조(위약 예정의 금지) 사용자는 근로계약 불이행에 대한 위약금 또는 손해배상액을 예정하는 계약을 체결하지 못한다.

제21조(전차금 상계의 금지) 사용자는 전차금(前借金)이나 그 밖에 근로할 것을 조건으로 하는 전대(前貸)채권과 임금을 상계하지 못한다.

제22조(강제 저금의 금지) ① 사용자는 근로계약에 덧붙여 강제 저축 또는 저축금의 관리를 규정하는 계약을 체결하지 못한다.

② 사용자가 근로자의 위탁으로 저축을 관리하는 경우에는 다음 각 호의 사항을 지켜야 한다.

1. 저축의 종류 · 기간 및 금융기관을 근로자가 결정하고, 근로자 본인의 이름으로 저축할 것
2. 근로자가 저축증서 등 관련 자료의 열람 또는 반환을 요구할 때에는 즉시 이에 따를 것

제23조(해고 등의 제한) ① 사용자는 근로자에게 정당한 이유 없이 해고, 휴직, 정직, 전직, 감봉, 그 밖의 징벌(懲罰)(이하 "부당해고등"이라 한다)을 하지 못한다.

② 사용자는 근로자가 업무상 부상 또는 질병의 요양을 위하여 휴업한 기간과 그 후 30일 동안 또는 산전(産前) · 산후(産後)의 여성이 이 법에 따라 휴업한 기간과 그 후 30일 동안은 해고하지 못한다. 다만, 사용자가 제84조에 따라 일시보상을 하였을 경우 또는 사업을 계속할 수 없게 된 경우에는 그러하지 아니하다.

제24조(경영상 이유에 의한 해고의 제한) ① 사용자가 경영상 이유에 의하여 근로자를 해고하려면 긴박한 경영상의 필요가 있어야 한다. 이 경우 경영 악화를 방지하기 위한 사업의 양도 · 인수 · 합병은 긴박한 경영상의 필요가 있는 것으로 본다.

② 제1항의 경우에 사용자는 해고를 피하기 위한 노력을 다하여야 하며, 합리적이고 공정한 해고의 기준을 정하고 이에 따라 그 대상자를 선정하여야 한다. 이 경우 남녀의 성을 이유로 차별하여서는 아니 된다.

③ 사용자는 제2항에 따른 해고를 피하기 위한 방법과 해고의 기준 등에 관하여 그 사업 또는 사업장에 근로자의 과반수로 조직된 노동조합이 있는 경우에는 그 노동조합(근로자의 과반수로 조직된 노동조합이 없는 경우에는 근로자의 과반수를 대표하는 자를 말한다. 이하 "근로자대표"라 한다)에 해고를 하려는 날의 50일 전까지 통보하고 성실하게 협의하여야 한다.

④ 사용자는 제1항에 따라 대통령령으로 정하는 일정한 규모 이상의 인원을 해고하려면 대통령령으로 정하는 바에 따라 고용노동부장관에게 신고하여야 한다.

⑤ 사용자가 제1항부터 제3항까지의 규정에 따른 요건을 갖추어 근로자를 해고한 경우에는 제23조제1항에 따른 정당한 이유가 있는 해고를 한 것으로 본다.

제25조(우선 재고용 등) ① 제24조에 따라 근로자를 해고한 사용자는 근로자를 해고한 날부터 3년 이내에 해고된 근로자가 해고 당시 담당하였던 업무와 같은 업무를 할 근로자를 채용하려고 할 경우 제24조에 따라 해고된 근로자가 원하면 그 근로자를 우선적으로 고용하여야 한다.

② 정부는 제24조에 따라 해고된 근로자에 대하여 생계안정, 재취업, 직업훈련 등 필요한 조치를 우선적으로 취하여야 한다.

제26조(해고의 예고) 사용자는 근로자를 해고(경영상 이유에 의한 해고를 포함한다)하려면 적어도 30일 전에 예고를 하여야 하고, 30일 전에 예고를 하지 아니하였을 때에는 30일분 이상의 통상임금을 지급하여야 한다. 다만, 천재·사변, 그 밖의 부득이한 사유로 사업을 계속하는 것이 불가능한 경우 또는 근로자가 고의로 사업에 막대한 지장을 초래하거나 재산상 손해를 끼친 경우로서 고용노동부령으로 정하는 사유에 해당하는 경우에는 그러하지 아니하다.

제27조(해고사유 등의 서면통지) ① 사용자는 근로자를 해고하려면 해고사유와 해고시기를 서면으로 통지하여야 한다.

② 근로자에 대한 해고는 제1항에 따라 서면으로 통지하여야 효력이 있다.

③ 사용자가 제26조에 따른 해고의 예고를 해고사유와 해고시기를 명시하여 서면으로 한 경우에는 제1항에 따른 통지를 한 것으로 본다.

제28조(부당해고등의 구제신청) ① 사용자가 근로자에게 부당해고등을 하면 근로자는 노동위원회에 구제를 신청할 수 있다.

② 제1항에 따른 구제신청은 부당해고등이 있었던 날부터 3개월 이내에 하여야 한다.

제29조(조사 등) ① 노동위원회는 제28조에 따른 구제신청을 받으면 지체 없이 필요한 조사를 하여야 하며 관계 당사자를 심문하여야 한다.

② 노동위원회는 제1항에 따라 심문을 할 때에는 관계 당사자의 신청이나 직권으로 증인을 출석하게 하여 필요한 사항을 질문할 수 있다.

③ 노동위원회는 제1항에 따라 심문을 할 때에는 관계 당사자에게 증거 제출과 증인에 대한 반대심문을 할 수 있는 충분한 기회를 주어야 한다.

④ 제1항에 따른 노동위원회의 조사와 심문에 관한 세부절차는 「노동위원회법」에 따른 중앙노동위원회(이하 "중앙노동위원회"라 한다)가 정하는 바에 따른다.

제30조(구제명령 등) ① 노동위원회는 제29조에 따른 심문을 끝내고 부당해고등이 성립한다고 판정하면 사용자에게 구제명령을 하여야 하며, 부당해고등이 성립하지 아니한다고 판정하면 구제신청을 기각하는 결정을 하여야 한다.

② 제1항에 따른 판정, 구제명령 및 기각결정은 사용자와 근로자에게 각각 서면으로 통지하여야 한다.

③ 노동위원회는 제1항에 따른 구제명령(해고에 대한 구제명령만을 말한다)을 할 때에 근로자가 원직복직(原職復職)을 원하지 아니하면 원직복직을 명하는 대신 근로자가 해고기간 동안 근로를 제공하였더라면 받을 수 있었던 임금 상당액 이상의 금품을 근로자에게 지급하도록 명할 수 있다.

제31조(구제명령 등의 확정) ① 「노동위원회법」에 따른 지방노동위원회의 구제명령이나 기각결정에 불복하는 사용자나 근로자는 구제명령서나 기각결정서를 통지받은 날부터 10일 이내에 중앙노동위원회에 재심을 신청할 수 있다.

② 제1항에 따른 중앙노동위원회의 재심판정에 대하여 사용자나 근로자는 재심판정서를 송달받은 날부터 15일 이내에 「행정소송법」의 규정에 따라 소(訴)를 제기할 수 있다.

③ 제1항과 제2항에 따른 기간 이내에 재심을 신청하지 아니하거나 행정소송을 제기하지 아니하면 그 구제명령, 기각결정 또는 재심판정은 확정된다.

제32조(구제명령 등의 효력) 노동위원회의 구제명령, 기각결정 또는 재심판정은 제31조에 따른 중앙노동위원회에 대한 재심 신청이나 행정소송 제기에 의하여 그 효력이 정지되지 아니한다.

제33조(이행강제금) ① 노동위원회는 구제명령(구제명령을 내용으로 하는 재심판정을 포함한다. 이하 이 조에서 같다)을 받은 후 이행기한까지 구제명령을 이행하지 아니한 사용자에게 2천만원 이하의 이행강제금을 부과한다.

② 노동위원회는 제1항에 따른 이행강제금을 부과하기 30일 전까지 이행강제금을 부과·징수한다는 뜻을 사용자에게 미리 문서로써 알려 주어야 한다.

③ 제1항에 따른 이행강제금을 부과할 때에는 이행강제금의 액수, 부과 사유, 납부기한, 수납기관, 이의제기방법 및 이의제기기관 등을 명시한 문서로써 하여야 한다.

④ 제1항에 따라 이행강제금을 부과하는 위반행위의 종류와 위반 정도에 따른 금액, 부과·징수된 이행강제금의 반환절차, 그 밖에 필요한 사항은 대통령령으로 정한다.

⑤ 노동위원회는 최초의 구제명령을 한 날을 기준으로 매년 2회의 범위에서 구제명

령이 이행될 때까지 반복하여 제1항에 따른 이행강제금을 부과 · 징수할 수 있다. 이 경우 이행강제금은 2년을 초과하여 부과 · 징수하지 못한다.

⑥ 노동위원회는 구제명령을 받은 자가 구제명령을 이행하면 새로운 이행강제금을 부과하지 아니하되, 구제명령을 이행하기 전에 이미 부과된 이행강제금은 징수하여야 한다.

⑦ 노동위원회는 이행강제금 납부의무자가 납부기한까지 이행강제금을 내지 아니하면 기간을 정하여 독촉을 하고 지정된 기간에 제1항에 따른 이행강제금을 내지 아니하면 국세 체납처분의 예에 따라 징수할 수 있다.

⑧ 근로자는 구제명령을 받은 사용자가 이행기한까지 구제명령을 이행하지 아니하면 이행기한이 지난 때부터 15일 이내에 그 사실을 노동위원회에 알려줄 수 있다.

第34조(퇴직급여 제도) 사용자가 퇴직하는 근로자에게 지급하는 퇴직급여 제도에 관하여는 「근로자퇴직급여 보장법」이 정하는 대로 따른다.

第35조(예고해고의 적용 예외) 제26조는 다음 각 호의 어느 하나에 해당하는 근로자에게는 적용하지 아니한다.

1. 일용근로자로서 3개월을 계속 근무하지 아니한 자
2. 2개월 이내의 기간을 정하여 사용된 자
3. 월급근로자로서 6개월이 되지 못한 자
4. 계절적 업무에 6개월 이내의 기간을 정하여 사용된 자
5. 수습 사용 중인 근로자

第36조(금품 청산) 사용자는 근로자가 사망 또는 퇴직한 경우에는 그 지급 사유가 발생한 때부터 14일 이내에 임금, 보상금, 그 밖에 일체의 금품을 지급하여야 한다. 다만, 특별한 사정이 있을 경우에는 당사자 사이의 합의에 의하여 기일을 연장할 수 있다.

第37조(미지급 임금에 대한 지연이자) ① 사용자는 제36조에 따라 지급하여야 하는 임금 및 「근로자퇴직급여 보장법」 제2조제5호에 따른 급여(일시금만 해당된다)의 전부 또는 일부를 그 지급 사유가 발생한 날부터 14일 이내에 지급하지 아니한 경우 그 다음 날부터 지급하는 날까지의 지연 일수에 대하여 연 100분의 40 이내의 범위에서 「은행법」에 따른 은행이 적용하는 연체금리 등 경제 여건을 고려하여 대통령령으로 정하는 이율에 따른 지연이자를 지급하여야 한다.

② 제1항은 사용자가 천재 · 사변, 그 밖에 대통령령으로 정하는 사유에 따라 임금 지급을 지연하는 경우 그 사유가 존속하는 기간에 대하여는 적용하지 아니한다.

第38조(임금채권의 우선변제) ① 임금, 재해보상금, 그 밖에 근로 관계로 인한 채권은 사용자의 총재산에 대하여 질권(質權) · 저당권 또는 「동산 · 채권 등의 담보에 관한 법률」에 따른 담보권에 따라 담보된 채권 외에는 조세 · 공과금 및 다른 채권에 우

선하여 변제되어야 한다. 다만, 질권 · 저당권 또는 「동산 · 채권 등의 담보에 관한 법률」에 따른 담보권에 우선하는 조세 · 공과금에 대하여는 그러하지 아니하다.

② 제1항에도 불구하고 다음 각 호의 어느 하나에 해당하는 채권은 사용자의 총재산에 대하여 질권 · 저당권 또는 「동산 · 채권 등의 담보에 관한 법률」에 따른 담보권에 따라 담보된 채권, 조세 · 공과금 및 다른 채권에 우선하여 변제되어야 한다.

1. 최종 3개월분의 임금
2. 재해보상금

제39조(사용증명서) ① 사용자는 근로자가 퇴직한 후라도 사용 기간, 업무 종류, 지위와 임금, 그 밖에 필요한 사항에 관한 증명서를 청구하면 사실대로 적은 증명서를 즉시 내주어야 한다.

② 제1항의 증명서에는 근로자가 요구한 사항만을 적어야 한다.

제40조(취업 방해의 금지) 누구든지 근로자의 취업을 방해할 목적으로 비밀 기호 또는 명부를 작성 · 사용하거나 통신을 하여서는 아니 된다.

제41조(근로자의 명부) ① 사용자는 각 사업장별로 근로자 명부를 작성하고 근로자의 성명, 생년월일, 이력, 그 밖에 대통령령으로 정하는 사항을 적어야 한다.

② 제1항에 따라 근로자 명부에 적을 사항이 변경된 경우에는 지체 없이 정정하여야 한다.

제42조(계약 서류의 보존) 사용자는 근로자 명부와 대통령령으로 정하는 근로계약에 관한 중요한 서류를 3년간 보존하여야 한다.

제3장 임금

제43조(임금 지급) ① 임금은 통화(通貨)로 직접 근로자에게 그 전액을 지급하여야 한다. 다만, 법령 또는 단체협약에 특별한 규정이 있는 경우에는 임금의 일부를 공제하거나 통화 이외의 것으로 지급할 수 있다.

② 임금은 매월 1회 이상 일정한 날짜를 정하여 지급하여야 한다. 다만, 임시로 지급하는 임금, 수당, 그 밖에 이에 준하는 것 또는 대통령령으로 정하는 임금에 대하여는 그러하지 아니하다.

제43조의2(체불사업주 명단 공개) ① 고용노동부장관은 제36조, 제43조, 제56조에 따른 임금, 보상금, 수당, 그 밖에 일체의 금품(이하 "임금등"이라 한다)을 지급하지 아니한 사업주(법인인 경우에는 그 대표자를 포함한다. 이하 "체불사업주"라 한다)가 명단 공개 기준일 이전 3년 이내 임금등을 체불하여 2회 이상 유죄가 확정된 자로서 명단 공개 기준일 이전 1년 이내 임금등의 체불총액이 3천만원 이상인 경우에는 그 인적사항 등을 공개할 수 있다. 다만, 체불사업주의 사망 · 폐업으로 명단 공개의 실효성이 없는 경우 등 대통령령으로 정하는 사유가 있는 경우에는 그러하지 아니하다.

② 고용노동부장관은 제1항에 따라 명단 공개를 할 경우에 체불사업주에게 3개월 이상의 기간을 정하여 소명 기회를 주어야 한다.
③ 제1항에 따른 체불사업주의 인적사항 등에 대한 공개 여부를 심의하기 위하여 고용노동부에 임금체불정보심의위원회(이하 이 조에서 "위원회"라 한다)를 둔다. 이 경우 위원회의 구성 · 운영 등 필요한 사항은 고용노동부령으로 정한다.
④ 제1항에 따른 명단 공개의 구체적인 내용, 기간 및 방법 등 명단 공개에 필요한 사항은 대통령령으로 정한다.

제43조의3(임금등 체불자료의 제공) ① 고용노동부장관은 「신용정보의 이용 및 보호에 관한 법률」 제25조제2항제1호에 따른 종합신용정보집중기관이 임금등 체불자료 제공일 이전 3년 이내 임금등을 체불하여 2회 이상 유죄가 확정된 자로서 임금등 체불자료 제공일 이전 1년 이내 임금등의 체불총액이 2천만원 이상인 체불사업주의 인적사항과 체불액 등에 관한 자료(이하 "임금등 체불자료"라 한다)를 요구할 때에는 임금등의 체불을 예방하기 위하여 필요하다고 인정하는 경우에 그 자료를 제공할 수 있다. 다만, 체불사업주의 사망 · 폐업으로 임금등 체불자료 제공의 실효성이 없는 경우 등 대통령령으로 정하는 사유가 있는 경우에는 그러하지 아니하다.
② 제1항에 따라 임금등 체불자료를 받은 자는 이를 체불사업주의 신용도 · 신용거래능력 판단과 관련한 업무 외의 목적으로 이용하거나 누설하여서는 아니 된다.
③ 제1항에 따른 임금등 체불자료의 제공 절차 및 방법 등 임금등 체불자료의 제공에 필요한 사항은 대통령령으로 정한다.

제44조(도급 사업에 대한 임금 지급) ① 사업이 여러 차례의 도급에 따라 행하여지는 경우에 하수급인(下受給人)이 직상(直上) 수급인의 귀책사유로 근로자에게 임금을 지급하지 못한 경우에는 그 직상 수급인은 그 하수급인과 연대하여 책임을 진다. 다만, 직상 수급인의 귀책사유가 그 상위 수급인의 귀책사유에 의하여 발생한 경우에는 그 상위 수급인도 연대하여 책임을 진다.
② 제1항의 귀책사유 범위는 대통령령으로 정한다.

제44조의2(건설업에서의 임금 지급 연대책임) ① 건설업에서 사업이 2차례 이상 「건설산업기본법」 제2조제11호에 따른 도급(이하 "공사도급"이라 한다)이 이루어진 경우에 같은 법 제2조제7호에 따른 건설업자가 아닌 하수급인이 그가 사용한 근로자에게 임금(해당 건설공사에서 발생한 임금으로 한정한다)을 지급하지 못한 경우에는 그 직상 수급인은 하수급인과 연대하여 하수급인이 사용한 근로자의 임금을 지급할 책임을 진다.
② 제1항의 직상 수급인이 「건설산업기본법」 제2조제7호에 따른 건설업자가 아닌 때에는 그 상위 수급인 중에서 최하위의 같은 호에 따른 건설업자를 직상 수급인으로 본다.

제44조의3(건설업의 공사도급에 있어서의 임금에 관한 특례) ① 공사도급이 이루어진 경우로서 다음 각 호의 어느 하나에 해당하는 때에는 직상 수급인은 하수급인에게 지급하여야 하는 하도급 대금 채무의 부담 범위에서 그 하수급인이 사용한 근로자가 청구하면 하수급인이 지급하여야 하는 임금(해당 건설공사에서 발생한 임금으로 한정한다)에 해당하는 금액을 근로자에게 직접 지급하여야 한다.

1. 직상 수급인이 하수급인을 대신하여 하수급인이 사용한 근로자에게 지급하여야 하는 임금을 직접 지급할 수 있다는 뜻과 그 지급방법 및 절차에 관하여 직상 수급인과 하수급인이 합의한 경우
2. 「민사집행법」 제56조제3호에 따른 확정된 지급명령, 하수급인의 근로자에게 하수급인에 대하여 임금채권이 있음을 증명하는 같은 법 제56조제4호에 따른 집행증서,「소액사건심판법」 제5조의7에 따라 확정된 이행권고결정, 그 밖에 이에 준하는 집행권원이 있는 경우
3. 하수급인이 그가 사용한 근로자에 대하여 지급하여야 할 임금채무가 있음을 직상 수급인에게 알려주고, 직상 수급인이 파산 등의 사유로 하수급인이 임금을 지급할 수 없는 명백한 사유가 있다고 인정하는 경우

②「건설산업기본법」 제2조제10호에 따른 발주자의 수급인(이하 "원수급인"이라 한다)으로부터 공사도급이 2차례 이상 이루어진 경우로서 하수급인(도급받은 하수급인으로부터 재하도급 받은 하수급인을 포함한다. 이하 이 항에서 같다)이 사용한 근로자에게 그 하수급인에 대한 제1항제2호에 따른 집행권원이 있는 경우에는 근로자는 하수급인이 지급하여야 하는 임금(해당 건설공사에서 발생한 임금으로 한정한다)에 해당하는 금액을 원수급인에게 직접 지급할 것을 요구할 수 있다. 원수급인은 근로자가 자신에 대하여 「민법」 제404조에 따른 채권자대위권을 행사할 수 있는 금액의 범위에서 이에 따라야 한다.

③ 직상 수급인 또는 원수급인이 제1항 및 제2항에 따라 하수급인이 사용한 근로자에게 임금에 해당하는 금액을 지급한 경우에는 하수급인에 대한 하도급 대금 채무는 그 범위에서 소멸한 것으로 본다.

제45조(비상시 지급) 사용자는 근로자가 출산, 질병, 재해, 그 밖에 대통령령으로 정하는 비상(非常)한 경우의 비용에 충당하기 위하여 임금 지급을 청구하면 지급기일 전이라도 이미 제공한 근로에 대한 임금을 지급하여야 한다.

제46조(휴업수당) ① 사용자의 귀책사유로 휴업하는 경우에 사용자는 휴업기간 동안 그 근로자에게 평균임금의 100분의 70 이상의 수당을 지급하여야 한다. 다만, 평균임금의 100분의 70에 해당하는 금액이 통상임금을 초과하는 경우에는 통상임금을 휴업수당으로 지급할 수 있다.

② 제1항에도 불구하고 부득이한 사유로 사업을 계속하는 것이 불가능하여 노동위

원회의 승인을 받은 경우에는 제1항의 기준에 못 미치는 휴업수당을 지급할 수 있다.

제47조(도급 근로자) 사용자는 도급이나 그 밖에 이에 준하는 제도로 사용하는 근로자에게 근로시간에 따라 일정액의 임금을 보장하여야 한다.

제48조(임금대장) 사용자는 각 사업장별로 임금대장을 작성하고 임금과 가족수당 계산의 기초가 되는 사항, 임금액, 그 밖에 대통령령으로 정하는 사항을 임금을 지급할 때마다 적어야 한다.

제49조(임금의 시효) 이 법에 따른 임금채권은 3년간 행사하지 아니하면 시효로 소멸한다.

제4장 근로시간과 휴식

제50조(근로시간) ① 1주 간의 근로시간은 휴게시간을 제외하고 40시간을 초과할 수 없다.

② 1일의 근로시간은 휴게시간을 제외하고 8시간을 초과할 수 없다.

③ 제1항 및 제2항에 따른 근로시간을 산정함에 있어 작업을 위하여 근로자가 사용자의 지휘·감독 아래에 있는 대기시간 등은 근로시간으로 본다.

제51조(탄력적 근로시간제) ① 사용자는 취업규칙(취업규칙에 준하는 것을 포함한다)에서 정하는 바에 따라 2주 이내의 일정한 단위기간을 평균하여 1주 간의 근로시간이 제50조제1항의 근로시간을 초과하지 아니하는 범위에서 특정한 주에 제50조제1항의 근로시간을, 특정한 날에 제50조제2항의 근로시간을 초과하여 근로하게 할 수 있다. 다만, 특정한 주의 근로시간은 48시간을 초과할 수 없다.

② 사용자는 근로자대표와의 서면 합의에 따라 다음 각 호의 사항을 정하면 3개월 이내의 단위기간을 평균하여 1주 간의 근로시간이 제50조제1항의 근로시간을 초과하지 아니하는 범위에서 특정한 주에 제50조제1항의 근로시간을, 특정한 날에 제50조제2항의 근로시간을 초과하여 근로하게 할 수 있다. 다만, 특정한 주의 근로시간은 52시간을, 특정한 날의 근로시간은 12시간을 초과할 수 없다.

1. 대상 근로자의 범위
2. 단위기간(3개월 이내의 일정한 기간으로 정하여야 한다)
3. 단위기간의 근로일과 그 근로일별 근로시간
4. 그 밖에 대통령령으로 정하는 사항

③ 제1항과 제2항은 15세 이상 18세 미만의 근로자와 임신 중인 여성 근로자에 대하여는 적용하지 아니한다.

④ 사용자는 제1항 및 제2항에 따라 근로자를 근로시킬 경우에는 기존의 임금 수준이 낮아지지 아니하도록 임금보전방안(賃金補塡方案)을 강구하여야 한다.

제52조(선택적 근로시간제) 사용자는 취업규칙(취업규칙에 준하는 것을 포함한다)에 따라 업무의 시작 및 종료 시각을 근로자의 결정에 맡기기로 한 근로자에 대하여 근로자대표와의 서면 합의에 따라 다음 각 호의 사항을 정하면 1개월 이내의 정산기간을 평균하여 1주간의 근로시간이 제50조제1항의 근로시간을 초과하지 아니하는 범위에서 1주 간에 제50조제1항의 근로시간을, 1일에 제50조제2항의 근로시간을 초과하여 근로하게 할 수 있다.

1. 대상 근로자의 범위(15세 이상 18세 미만의 근로자는 제외한다)
2. 정산기간(1개월 이내의 일정한 기간으로 정하여야 한다)
3. 정산기간의 총 근로시간
4. 반드시 근로하여야 할 시간대를 정하는 경우에는 그 시작 및 종료 시각
5. 근로자가 그의 결정에 따라 근로할 수 있는 시간대를 정하는 경우에는 그 시작 및 종료 시각
6. 그 밖에 대통령령으로 정하는 사항

제53조(연장 근로의 제한) ① 당사자 간에 합의하면 1주 간에 12시간을 한도로 제50조의 근로시간을 연장할 수 있다.

② 당사자 간에 합의하면 1주 간에 12시간을 한도로 제51조의 근로시간을 연장할 수 있고, 제52조제2호의 정산기간을 평균하여 1주 간에 12시간을 초과하지 아니하는 범위에서 제52조의 근로시간을 연장할 수 있다.

③ 사용자는 특별한 사정이 있으면 고용노동부장관의 인가와 근로자의 동의를 받아 제1항과 제2항의 근로시간을 연장할 수 있다. 다만, 사태가 급박하여 고용노동부장관의 인가를 받을 시간이 없는 경우에는 사후에 지체 없이 승인을 받아야 한다.

④ 고용노동부장관은 제3항에 따른 근로시간의 연장이 부적당하다고 인정하면 그 후 연장시간에 상당하는 휴게시간이나 휴일을 줄 것을 명할 수 있다.

제54조(휴게) ① 사용자는 근로시간이 4시간인 경우에는 30분 이상, 8시간인 경우에는 1시간 이상의 휴게시간을 근로시간 도중에 주어야 한다.

② 휴게시간은 근로자가 자유롭게 이용할 수 있다.

제55조(휴일) 사용자는 근로자에게 1주일에 평균 1회 이상의 유급휴일을 주어야 한다.

제56조(연장 · 야간 및 휴일 근로) 사용자는 연장근로(제53조 · 제59조 및 제69조 단서에 따라 연장된 시간의 근로)와 야간근로(오후 10시부터 오전 6시까지 사이의 근로) 또는 휴일근로에 대하여는 통상임금의 100분의 50 이상을 가산하여 지급하여야 한다.

제57조(보상 휴가제) 사용자는 근로자대표와의 서면 합의에 따라 제56조에 따른 연장근로 · 야간근로 및 휴일근로에 대하여 임금을 지급하는 것을 갈음하여 휴가를 줄 수 있다.

제58조(근로시간 계산의 특례) ① 근로자가 출장이나 그 밖의 사유로 근로시간의 전부 또는 일부를 사업장 밖에서 근로하여 근로시간을 산정하기 어려운 경우에는 소정근로시간을 근로한 것으로 본다. 다만, 그 업무를 수행하기 위하여 통상적으로 소정근로시간을 초과하여 근로할 필요가 있는 경우에는 그 업무의 수행에 통상 필요한 시간을 근로한 것으로 본다.

② 제1항 단서에도 불구하고 그 업무에 관하여 근로자대표와의 서면 합의를 한 경우에는 그 합의에서 정하는 시간을 그 업무의 수행에 통상 필요한 시간으로 본다.

③ 업무의 성질에 비추어 업무 수행 방법을 근로자의 재량에 위임할 필요가 있는 업무로서 대통령령으로 정하는 업무는 사용자가 근로자대표와 서면 합의로 정한 시간을 근로한 것으로 본다. 이 경우 그 서면 합의에는 다음 각 호의 사항을 명시하여야 한다.

1. 대상 업무
2. 사용자가 업무의 수행 수단 및 시간 배분 등에 관하여 근로자에게 구체적인 지시를 하지 아니한다는 내용
3. 근로시간의 산정은 그 서면 합의로 정하는 바에 따른다는 내용

④ 제1항과 제3항의 시행에 필요한 사항은 대통령령으로 정한다.

제59조(근로시간 및 휴게시간의 특례) 다음 각 호의 어느 하나에 해당하는 사업에 대하여 사용자가 근로자대표와 서면 합의를 한 경우에는 제53조제1항에 따른 주(週) 12시간을 초과하여 연장근로를 하게 하거나 제54조에 따른 휴게시간을 변경할 수 있다.

1. 운수업, 물품 판매 및 보관업, 금융보험업
2. 영화 제작 및 흥행업, 통신업, 교육연구 및 조사 사업, 광고업
3. 의료 및 위생 사업, 접객업, 소각 및 청소업, 이용업
4. 그 밖에 공중의 편의 또는 업무의 특성상 필요한 경우로서 대통령령으로 정하는 사업

제60조(연차 유급휴가) ① 사용자는 1년간 80퍼센트 이상 출근한 근로자에게 15일의 유급휴가를 주어야 한다.

② 사용자는 계속하여 근로한 기간이 1년 미만인 근로자 또는 1년간 80퍼센트 미만 출근한 근로자에게 1개월 개근 시 1일의 유급휴가를 주어야 한다.

③ 사용자는 근로자의 최초 1년 간의 근로에 대하여 유급휴가를 주는 경우에는 제2항에 따른 휴가를 포함하여 15일로 하고, 근로자가 제2항에 따른 휴가를 이미 사용한 경우에는 그 사용한 휴가 일수를 15일에서 뺀다.

④ 사용자는 3년 이상 계속하여 근로한 근로자에게는 제1항에 따른 휴가에 최초 1년을 초과하는 계속 근로 연수 매 2년에 대하여 1일을 가산한 유급휴가를 주어야 한다. 이 경우 가산휴가를 포함한 총 휴가 일수는 25일을 한도로 한다.

⑤ 사용자는 제1항부터 제4항까지의 규정에 따른 휴가를 근로자가 청구한 시기에 주어야 하고, 그 기간에 대하여는 취업규칙 등에서 정하는 통상임금 또는 평균임금을 지급하여야 한다. 다만, 근로자가 청구한 시기에 휴가를 주는 것이 사업 운영에 막대한 지장이 있는 경우에는 그 시기를 변경할 수 있다.
⑥ 제1항부터 제3항까지의 규정을 적용하는 경우 다음 각 호의 어느 하나에 해당하는 기간은 출근한 것으로 본다.
1. 근로자가 업무상의 부상 또는 질병으로 휴업한 기간
2. 임신 중의 여성이 제74조제1항부터 제3항까지의 규정에 따른 휴가로 휴업한 기간
⑦ 제1항부터 제4항까지의 규정에 따른 휴가는 1년간 행사하지 아니하면 소멸된다. 다만, 사용자의 귀책사유로 사용하지 못한 경우에는 그러하지 아니하다.

제61조(연차 유급휴가의 사용 촉진) 사용자가 제60조제1항 · 제3항 및 제4항에 따른 유급휴가의 사용을 촉진하기 위하여 다음 각 호의 조치를 하였음에도 불구하고 근로자가 휴가를 사용하지 아니하여 제60조제7항 본문에 따라 소멸된 경우에는 사용자는 그 사용하지 아니한 휴가에 대하여 보상할 의무가 없고, 제60조제7항 단서에 따른 사용자의 귀책사유에 해당하지 아니하는 것으로 본다.
1. 제60조제7항 본문에 따른 기간이 끝나기 6개월 전을 기준으로 10일 이내에 사용자가 근로자별로 사용하지 아니한 휴가 일수를 알려주고, 근로자가 그 사용 시기를 정하여 사용자에게 통보하도록 서면으로 촉구할 것
2. 제1호에 따른 촉구에도 불구하고 근로자가 촉구를 받은 때부터 10일 이내에 사용하지 아니한 휴가의 전부 또는 일부의 사용 시기를 정하여 사용자에게 통보하지 아니하면 제60조제7항 본문에 따른 기간이 끝나기 2개월 전까지 사용자가 사용하지 아니한 휴가의 사용 시기를 정하여 근로자에게 서면으로 통보할 것

제62조(유급휴가의 대체) 사용자는 근로자대표와의 서면 합의에 따라 제60조에 따른 연차 유급휴가일을 갈음하여 특정한 근로일에 근로자를 휴무시킬 수 있다.

제63조(적용의 제외) 이 장과 제5장에서 정한 근로시간, 휴게와 휴일에 관한 규정은 다음 각 호의 어느 하나에 해당하는 근로자에 대하여는 적용하지 아니한다.
1. 토지의 경작 · 개간, 식물의 재식(栽植) · 재배 · 채취 사업, 그 밖의 농림 사업
2. 동물의 사육, 수산 동식물의 채포(採捕) · 양식 사업, 그 밖의 축산, 양잠, 수산 사업
3. 감시(監視) 또는 단속적(斷續的)으로 근로에 종사하는 자로서 사용자가 고용노동부장관의 승인을 받은 자
4. 대통령령으로 정하는 업무에 종사하는 근로자

제5장 여성과 소년

제64조(최저 연령과 취직인허증) ① 15세 미만인 자(「초 · 중등교육법」에 따른 중학교에 재학 중인 18세 미만인 자를 포함한다)는 근로자로 사용하지 못한다. 다만, 대통령령으로 정하는 기준에 따라 고용노동부장관이 발급한 취직인허증(就職認許證)을 지닌 자는 근로자로 사용할 수 있다.

② 제1항의 취직인허증은 본인의 신청에 따라 의무교육에 지장이 없는 경우에는 직종(職種)을 지정하여서만 발행할 수 있다.

③ 고용노동부장관은 거짓이나 그 밖의 부정한 방법으로 제1항 단서의 취직인허증을 발급받은 자에게는 그 인허를 취소하여야 한다.

제65조(사용 금지) ① 사용자는 임신 중이거나 산후 1년이 지나지 아니한 여성(이하 "임산부"라 한다)과 18세 미만자를 도덕상 또는 보건상 유해 · 위험한 사업에 사용하지 못한다.

② 사용자는 임산부가 아닌 18세 이상의 여성을 제1항에 따른 보건상 유해 · 위험한 사업 중 임신 또는 출산에 관한 기능에 유해 · 위험한 사업에 사용하지 못한다.

③ 제1항 및 제2항에 따른 금지 직종은 대통령령으로 정한다.

제66조(연소자 증명서) 사용자는 18세 미만인 자에 대하여는 그 연령을 증명하는 가족관계기록사항에 관한 증명서와 친권자 또는 후견인의 동의서를 사업장에 갖추어 두어야 한다.

제67조(근로계약) ① 친권자나 후견인은 미성년자의 근로계약을 대리할 수 없다.

② 친권자, 후견인 또는 고용노동부장관은 근로계약이 미성년자에게 불리하다고 인정하는 경우에는 이를 해지할 수 있다.

③ 사용자는 18세 미만인 자와 근로계약을 체결하는 경우에는 제17조에 따른 근로조건을 서면으로 명시하여 교부하여야 한다.

제68조(임금의 청구) 미성년자는 독자적으로 임금을 청구할 수 있다.

제69조(근로시간) 15세 이상 18세 미만인 자의 근로시간은 1일에 7시간, 1주일에 40시간을 초과하지 못한다. 다만, 당사자 사이의 합의에 따라 1일에 1시간, 1주일에 6시간을 한도로 연장할 수 있다.

제70조(야간근로와 휴일근로의 제한) ① 사용자는 18세 이상의 여성을 오후 10시부터 오전 6시까지의 시간 및 휴일에 근로시키려면 그 근로자의 동의를 받아야 한다.

② 사용자는 임산부와 18세 미만자를 오후 10시부터 오전 6시까지의 시간 및 휴일에 근로시키지 못한다. 다만, 다음 각 호의 어느 하나에 해당하는 경우로서 고용노동부장관의 인가를 받으면 그러하지 아니하다.

1. 18세 미만자의 동의가 있는 경우

2. 산후 1년이 지나지 아니한 여성의 동의가 있는 경우
3. 임신 중의 여성이 명시적으로 청구하는 경우

③ 사용자는 제2항의 경우 고용노동부장관의 인가를 받기 전에 근로자의 건강 및 모성 보호를 위하여 그 시행 여부와 방법 등에 관하여 그 사업 또는 사업장의 근로자대표와 성실하게 협의하여야 한다.

제71조(시간외근로) 사용자는 산후 1년이 지나지 아니한 여성에 대하여는 단체협약이 있는 경우라도 1일에 2시간, 1주일에 6시간, 1년에 150시간을 초과하는 시간외근로를 시키지 못한다.

제72조(갱내근로의 금지) 사용자는 여성과 18세 미만인 자를 갱내(坑內)에서 근로시키지 못한다. 다만, 보건 · 의료, 보도 · 취재 등 대통령령으로 정하는 업무를 수행하기 위하여 일시적으로 필요한 경우에는 그러하지 아니하다.

제73조(생리휴가) 사용자는 여성 근로자가 청구하면 월 1일의 생리휴가를 주어야 한다.

제74조(임산부의 보호) ① 사용자는 임신 중의 여성에게 출산 전과 출산 후를 통하여 90일(한 번에 둘 이상 자녀를 임신한 경우에는 120일)의 출산전후휴가를 주어야 한다. 이 경우 휴가 기간의 배정은 출산 후에 45일(한 번에 둘 이상 자녀를 임신한 경우에는 60일) 이상이 되어야 한다.

② 사용자는 임신 중인 여성 근로자가 유산의 경험 등 대통령령으로 정하는 사유로 제1항의 휴가를 청구하는 경우 출산 전 어느 때 라도 휴가를 나누어 사용할 수 있도록 하여야 한다. 이 경우 출산 후의 휴가 기간은 연속하여 45일(한 번에 둘 이상 자녀를 임신한 경우에는 60일) 이상이 되어야 한다.

③ 사용자는 임신 중인 여성이 유산 또는 사산한 경우로서 그 근로자가 청구하면 대통령령으로 정하는 바에 따라 유산 · 사산 휴가를 주어야 한다. 다만, 인공 임신중절 수술(「모자보건법」 제14조제1항에 따른 경우는 제외한다)에 따른 유산의 경우는 그러하지 아니하다.

④ 제1항부터 제3항까지의 규정에 따른 휴가 중 최초 60일(한 번에 둘 이상 자녀를 임신한 경우에는 75일)은 유급으로 한다. 다만, 「남녀고용평등과 일 · 가정 양립 지원에 관한 법률」 제18조에 따라 출산전후휴가급여 등이 지급된 경우에는 그 금액의 한도에서 지급의 책임을 면한다.

⑤ 사용자는 임신 중의 여성 근로자에게 시간외근로를 하게 하여서는 아니 되며, 그 근로자의 요구가 있는 경우에는 쉬운 종류의 근로로 전환하여야 한다.

⑥ 사업주는 제1항에 따른 출산전후휴가 종료 후에는 휴가 전과 동일한 업무 또는 동등한 수준의 임금을 지급하는 직무에 복귀시켜야 한다.

⑦ 사용자는 임신 후 12주 이내 또는 36주 이후에 있는 여성 근로자가 1일 2시간의 근로시간 단축을 신청하는 경우 이를 허용하여야 한다. 다만, 1일 근로시간이 8시

간 미만인 근로자에 대하여는 1일 근로시간이 6시간이 되도록 근로시간 단축을 허용할 수 있다.

⑧ 사용자는 제7항에 따른 근로시간 단축을 이유로 해당 근로자의 임금을 삭감하여서는 아니 된다.

⑨ 제7항에 따른 근로시간 단축의 신청방법 및 절차 등에 필요한 사항은 대통령령으로 정한다.

1. 상시 300명 이상의 근로자를 사용하는 사업 또는 사업장: 공포 후 6개월이 경과한 날
2. 상시 300명 미만의 근로자를 사용하는 사업 또는 사업장: 공포 후 2년이 경과한 날

제74조의2(태아검진 시간의 허용 등) ① 사용자는 임신한 여성근로자가 「모자보건법」 제10조에 따른 임산부 정기건강진단을 받는데 필요한 시간을 청구하는 경우 이를 허용하여 주어야 한다.

② 사용자는 제1항에 따른 건강진단 시간을 이유로 그 근로자의 임금을 삭감하여서는 아니 된다.

제75조(육아 시간) 생후 1년 미만의 유아(乳兒)를 가진 여성 근로자가 청구하면 1일 2회 각각 30분 이상의 유급 수유 시간을 주어야 한다.

제6장 안전과 보건

제76조(안전과 보건) 근로자의 안전과 보건에 관하여는 「산업안전보건법」에서 정하는 바에 따른다.

제7장 기능 습득

제77조(기능 습득자의 보호) 사용자는 양성공, 수습, 그 밖의 명칭을 불문하고 기능의 습득을 목적으로 하는 근로자를 혹사하거나 가사, 그 밖의 기능 습득에 관계없는 업무에 종사시키지 못한다.

제8장 재해보상

제78조(요양보상) ① 근로자가 업무상 부상 또는 질병에 걸리면 사용자는 그 비용으로 필요한 요양을 행하거나 필요한 요양비를 부담하여야 한다.

② 제1항에 따른 업무상 질병과 요양의 범위 및 요양보상의 시기는 대통령령으로 정한다.

제79조(휴업보상) ① 사용자는 제78조에 따라 요양 중에 있는 근로자에게 그 근로자의 요양 중 평균임금의 100분의 60의 휴업보상을 하여야 한다.

② 제1항에 따른 휴업보상을 받을 기간에 그 보상을 받을 자가 임금의 일부를 지급받은 경우에는 사용자는 평균임금에서 그 지급받은 금액을 뺀 금액의 100분의 60의 휴업보상을 하여야 한다.

③ 휴업보상의 시기는 대통령령으로 정한다.

제80조(장해보상) ① 근로자가 업무상 부상 또는 질병에 걸리고, 완치된 후 신체에 장해가 있으면 사용자는 그 장해 정도에 따라 평균임금에 별표에서 정한 일수를 곱한 금액의 장해보상을 하여야 한다.

② 이미 신체에 장해가 있는 자가 부상 또는 질병으로 인하여 같은 부위에 장해가 더 심해진 경우에 그 장해에 대한 장해보상 금액은 장해 정도가 더 심해진 장해등급에 해당하는 장해보상의 일수에서 기존의 장해등급에 해당하는 장해보상의 일수를 뺀 일수에 보상청구사유 발생 당시의 평균임금을 곱하여 산정한 금액으로 한다.

③ 장해보상을 하여야 하는 신체장해 등급의 결정 기준과 장해보상의 시기는 대통령령으로 정한다.

제81조(휴업보상과 장해보상의 예외) 근로자가 중대한 과실로 업무상 부상 또는 질병에 걸리고 또한 사용자가 그 과실에 대하여 노동위원회의 인정을 받으면 휴업보상이나 장해보상을 하지 아니하여도 된다.

제82조(유족보상) ① 근로자가 업무상 사망한 경우에는 사용자는 근로자가 사망한 후 지체 없이 그 유족에게 평균임금 1,000일분의 유족보상을 하여야 한다.

② 제1항에서의 유족의 범위, 유족보상의 순위 및 보상을 받기로 확정된 자가 사망한 경우의 유족보상의 순위는 대통령령으로 정한다.

제83조(장의비) 근로자가 업무상 사망한 경우에는 사용자는 근로자가 사망한 후 지체 없이 평균임금 90일분의 장의비를 지급하여야 한다.

제84조(일시보상) 제78조에 따라 보상을 받는 근로자가 요양을 시작한 지 2년이 지나도 부상 또는 질병이 완치되지 아니하는 경우에는 사용자는 그 근로자에게 평균임금 1,340일분의 일시보상을 하여 그 후의 이 법에 따른 모든 보상책임을 면할 수 있다.

제85조(분할보상) 사용자는 지급 능력이 있는 것을 증명하고 보상을 받는 자의 동의를 받으면 제80조, 제82조 또는 제84조에 따른 보상금을 1년에 걸쳐 분할보상을 할 수 있다.

제86조(보상 청구권) 보상을 받을 권리는 퇴직으로 인하여 변경되지 아니하고, 양도나 압류하지 못한다.

제87조(다른 손해배상과의 관계) 보상을 받게 될 자가 동일한 사유에 대하여 「민법」이나 그 밖의 법령에 따라 이 법의 재해보상에 상당한 금품을 받으면 그 가액(價額)의 한도에서 사용자는 보상의 책임을 면한다.

제88조(고용노동부장관의 심사와 중재) ① 업무상의 부상, 질병 또는 사망의 인정, 요양의 방법, 보상금액의 결정, 그 밖에 보상의 실시에 관하여 이의가 있는 자는 고용노동부장관에게 심사나 사건의 중재를 청구할 수 있다.

② 제1항의 청구가 있으면 고용노동부장관은 1개월 이내에 심사나 중재를 하여야 한다.
③ 고용노동부장관은 필요에 따라 직권으로 심사나 사건의 중재를 할 수 있다.
④ 고용노동부장관은 심사나 중재를 위하여 필요하다고 인정하면 의사에게 진단이나 검안을 시킬 수 있다.
⑤ 제1항에 따른 심사나 중재의 청구와 제2항에 따른 심사나 중재의 시작은 시효의 중단에 관하여는 재판상의 청구로 본다.

제89조(노동위원회의 심사와 중재) ① 고용노동부장관이 제88조제2항의 기간에 심사 또는 중재를 하지 아니하거나 심사와 중재의 결과에 불복하는 자는 노동위원회에 심사나 중재를 청구할 수 있다.
② 제1항의 청구가 있으면 노동위원회는 1개월 이내에 심사나 중재를 하여야 한다.

제90조(도급 사업에 대한 예외) ① 사업이 여러 차례의 도급에 따라 행하여지는 경우의 재해보상에 대하여는 원수급인(元受給人)을 사용자로 본다.
② 제1항의 경우에 원수급인이 서면상 계약으로 하수급인에게 보상을 담당하게 하는 경우에는 그 수급인도 사용자로 본다. 다만, 2명 이상의 하수급인에게 똑같은 사업에 대하여 중복하여 보상을 담당하게 하지 못한다.
③ 제2항의 경우에 원수급인이 보상의 청구를 받으면 보상을 담당한 하수급인에게 우선 최고(催告)할 것을 청구할 수 있다. 다만, 그 하수급인이 파산의 선고를 받거나 행방이 알려지지 아니하는 경우에는 그러하지 아니하다.

제91조(서류의 보존) 사용자는 재해보상에 관한 중요한 서류를 재해보상이 끝나지 아니하거나 제92조에 따라 재해보상 청구권이 시효로 소멸되기 전에 폐기하여서는 아니 된다.

제92조(시효) 이 법의 규정에 따른 재해보상 청구권은 3년간 행사하지 아니하면 시효로 소멸한다.

제9장 취업규칙

제93조(취업규칙의 작성 · 신고) 상시 10명 이상의 근로자를 사용하는 사용자는 다음 각 호의 사항에 관한 취업규칙을 작성하여 고용노동부장관에게 신고하여야 한다. 이를 변경하는 경우에도 또한 같다.

1. 업무의 시작과 종료 시각, 휴게시간, 휴일, 휴가 및 교대 근로에 관한 사항
2. 임금의 결정 · 계산 · 지급 방법, 임금의 산정기간 · 지급시기 및 승급(昇給)에 관한 사항
3. 가족수당의 계산 · 지급 방법에 관한 사항
4. 퇴직에 관한 사항

5. 「근로자퇴직급여 보장법」 제4조에 따라 설정된 퇴직급여, 상여 및 최저임금에 관한 사항
6. 근로자의 식비, 작업 용품 등의 부담에 관한 사항
7. 근로자를 위한 교육시설에 관한 사항
8. 출산전후휴가 · 육아휴직 등 근로자의 모성 보호 및 일 · 가정 양립 지원에 관한 사항
9. 안전과 보건에 관한 사항
9의2. 근로자의 성별 · 연령 또는 신체적 조건 등의 특성에 따른 사업장 환경의 개선에 관한 사항
10. 업무상과 업무 외의 재해부조(災害扶助)에 관한 사항
11. 표창과 제재에 관한 사항
12. 그 밖에 해당 사업 또는 사업장의 근로자 전체에 적용될 사항

제94조(규칙의 작성, 변경 절차) ① 사용자는 취업규칙의 작성 또는 변경에 관하여 해당 사업 또는 사업장에 근로자의 과반수로 조직된 노동조합이 있는 경우에는 그 노동조합, 근로자의 과반수로 조직된 노동조합이 없는 경우에는 근로자의 과반수의 의견을 들어야 한다. 다만, 취업규칙을 근로자에게 불리하게 변경하는 경우에는 그 동의를 받아야 한다.
② 사용자는 제93조에 따라 취업규칙을 신고할 때에는 제1항의 의견을 적은 서면을 첨부하여야 한다.

제95조(제재 규정의 제한) 취업규칙에서 근로자에 대하여 감급(減給)의 제재를 정할 경우에 그 감액은 1회의 금액이 평균임금의 1일분의 2분의 1을, 총액이 1임금지급기의 임금 총액의 10분의 1을 초과하지 못한다.

제96조(단체협약의 준수) ① 취업규칙은 법령이나 해당 사업 또는 사업장에 대하여 적용되는 단체협약과 어긋나서는 아니 된다.
② 고용노동부장관은 법령이나 단체협약에 어긋나는 취업규칙의 변경을 명할 수 있다.

제97조(위반의 효력) 취업규칙에서 정한 기준에 미달하는 근로조건을 정한 근로계약은 그 부분에 관하여는 무효로 한다. 이 경우 무효로 된 부분은 취업규칙에 정한 기준에 따른다.

제10장 기숙사

제98조(기숙사 생활의 보장) ① 사용자는 사업 또는 사업장의 부속 기숙사에 기숙하는 근로자의 사생활의 자유를 침해하지 못한다.
② 사용자는 기숙사 생활의 자치에 필요한 임원 선거에 간섭하지 못한다.

제99조(규칙의 작성과 변경) ① 부속 기숙사에 근로자를 기숙시키는 사용자는 다음 각 호의 사항에 관하여 기숙사규칙을 작성하여야 한다.

1. 기상(起床), 취침, 외출과 외박에 관한 사항
2. 행사에 관한 사항
3. 식사에 관한 사항
4. 안전과 보건에 관한 사항
5. 건설물과 설비의 관리에 관한 사항
6. 그 밖에 기숙사에 기숙하는 근로자 전체에 적용될 사항

② 사용자는 제1항에 따른 규칙의 작성 또는 변경에 관하여 기숙사에 기숙하는 근로자의 과반수를 대표하는 자의 동의를 받아야 한다.

③ 사용자와 기숙사에 기숙하는 근로자는 기숙사규칙을 지켜야 한다.

제100조(설비와 안전 위생) ① 사용자는 부속 기숙사에 대하여 근로자의 건강, 풍기(風紀)와 생명의 유지에 필요한 조치를 강구하여야 한다.

② 제1항에 따라 강구하여야 할 조치의 기준은 대통령령으로 정한다.

제11장 근로감독관 등

제101조(감독 기관) ① 근로조건의 기준을 확보하기 위하여 고용노동부와 그 소속 기관에 근로감독관을 둔다.

② 근로감독관의 자격, 임면(任免), 직무 배치에 관한 사항은 대통령령으로 정한다.

제102조(근로감독관의 권한) ① 근로감독관은 사업장, 기숙사, 그 밖의 부속 건물에 임검(臨檢)하고 장부와 서류의 제출을 요구할 수 있으며 사용자와 근로자에 대하여 심문(尋問)할 수 있다.

② 의사인 근로감독관이나 근로감독관의 위촉을 받은 의사는 취업을 금지하여야 할 질병에 걸릴 의심이 있는 근로자에 대하여 검진할 수 있다.

③ 제1항 및 제2항의 경우에 근로감독관이나 그 위촉을 받은 의사는 그 신분증명서와 고용노동부장관의 임검 또는 검진지령서(檢診指令書)를 제시하여야 한다.

④ 제3항의 임검 또는 검진지령서에는 그 일시, 장소 및 범위를 분명하게 적어야 한다.

⑤ 근로감독관은 이 법이나 그 밖의 노동 관계 법령 위반의 죄에 관하여 「사법경찰관리의 직무를 행할 자와 그 직무범위에 관한 법률」에서 정하는 바에 따라 사법경찰관의 직무를 수행한다.

제103조(근로감독관의 의무) 근로감독관은 직무상 알게 된 비밀을 엄수하여야 한다. 근로감독관을 그만 둔 경우에도 또한 같다.

제104조(감독 기관에 대한 신고) ① 사업 또는 사업장에서 이 법 또는 이 법에 따른

대통령령을 위반한 사실이 있으면 근로자는 그 사실을 고용노동부장관이나 근로감독관에게 통보할 수 있다.

② 사용자는 제1항의 통보를 이유로 근로자에게 해고나 그 밖에 불리한 처우를 하지 못한다.

제105조(사법경찰권 행사자의 제한) 이 법이나 그 밖의 노동 관계 법령에 따른 임검, 서류의 제출, 심문 등의 수사는 검사와 근로감독관이 전담하여 수행한다. 다만, 근로감독관의 직무에 관한 범죄의 수사는 그러하지 아니하다.

제106조(권한의 위임) 이 법에 따른 고용노동부장관의 권한은 대통령령으로 정하는 바에 따라 그 일부를 지방고용노동관서의 장에게 위임할 수 있다.

참고문헌

김대권 · 김복동, 『호텔관광인적자원관리』, 백산출판사, 2005.

김식현 · 백삼균, 『인사관리』, 한국방송통신대학교출판부, 2004.

김원경, 『전략적 인적자원관리』, 형설출판사, 2005.

박경규, 『신인사관리론』, 홍문사, 1997.

서성무 · 이지우, 『경영학원론』, 형설출판사, 1997.

신수식 · 김종진, 『노사관계론』, 한국방송통신대학교출판부, 2004.

신유근 · 한인수 · 백삼균, 『조직행위론』, 한국방송통신대학교출판부, 2003.

이순구 · 서원석, 『호텔인사관리론』, 대왕사, 2004.

이재규 · 김진극 · 김동조, 『디지털대시대의 인적자원관리』, 문영사, 2003.

이학종 · 양혁승, 『전략적 인적자원관리』, 박영사, 2006.

임창희, 『신인적자원관리』, 명경사, 2003.

최용식, 『21세기 경영학』, 창민사, 2006.

최해진, 『전략적 인사관리론』, 형설출판사, 1998.

허문구 · 김종진, 『경영전략론』, 한국방송통신대학고출판부, 2002.

Robert H. Woods, *Human Resources Management*, AHMA, 1997.

찾아보기

저자소개

- 연세대학교 행정학과 졸업
- 경주대학교 대학원 관광경영학과 석사
- 계명대학교 대학원 관광경영학과 박사
- 서울롯데호텔 인사부, 구매부, 부대사업부
- 서울힐튼호텔 인사과장, 판촉과장, 홍보실장
- 경주힐튼호텔 구매부장
- 경주관광호텔 총지배인
- 서라벌대학 초빙교수
- 동서대학교 국제관계학부 교수
- 성심외국어대학 호텔경영과 교수
- 영산대학교 호텔관광대학 교수

관광 · 호텔 인적자원관리론

2007년 8월 31일 초　판 발행
2011년 2월 25일 2판 1쇄 발행
2019년 8월 31일 3판 1쇄 개정판 발행

저　자 공 기 열
발행인 한 인 환
발행처 도서출판 **기 문 사**
등　록 1978. 8. 9. NO. 6-0637
주　소 서울시 동대문구 안암로 50-1(용두동) 홍신빌딩 3층
전　화 02) 2265-7214 / 922-8662~8663
팩　스 02) 922-8772

homepage : www.kimoonsa.co.kr
e-mail : book@kimoonsa.co.kr

ISBN : 978-89-7723-837-4 93590

정가 : 20,000원